陳弘毅　韓大元　楊曉楠　主編

憲法、香港基本法與香港國安法十講

中華書局

□ 責任編輯：郭子晴
□ 裝幀設計：高　林
□ 封面圖片：Shutterstock

憲法、香港基本法與香港國安法十講

□
主編
陳弘毅　韓大元　楊曉楠

□
出版
中華書局（香港）有限公司
香港北角英皇道 499 號北角工業大廈一樓 B
電話：（852）2137 2338　傳真：（852）2713 8202
電子郵件：info@chunghwabook.com.hk
網址：http://www.chunghwabook.com.hk

□
發行
香港聯合書刊物流有限公司
香港新界荃灣德士古道 228-240 號
荃灣工業中心16樓
電話：(852) 2150 2100　傳真：（852）2407 3062
電子郵件：info@suplogistics.com.hk

□
版次
2022 年 7 月初版
2024 年 6 月第 3 次印刷

□
規格
特 16 開（238 mm×170 mm）

□
ISBN：978-988-8807-79-6

目　錄

第二講　1982 年憲法的基本原則與變遷　　　　　韓大元

第三講　《香港基本法》的起草和制定　　葉海波

第四講　中央與特別行政區關係　　　　　　　　　　王磊

第五講　香港特別行政區的政治體制　　　　　　　　夏正林

第六講　香港法制與權利保障　　　　　　　　　楊曉楠

第七講　香港基本法解釋　　　　　　　　　　　鄒平學

第八講　香港的選舉制度　　　　　　　　　　　陳端洪

第九講　《香港國安法》的基本原則和設立的機構　　黃明濤

第一節　分裂國家的犯罪

第二節　顛覆國家政權的犯罪

第三節　恐怖活動犯罪

第四節　勾結外國或者境外勢力危害國家安全犯罪

序　言

　　香港特別行政區政府近年來大力推行關於中國憲法、香港特別行政區基本法和香港國安法的教育。香港大學法律學院去年聯同由胡漢清資深大律師創辦的基本法研究中心，向特區政府的「《基本法》推廣活動資助計劃」申請了撥款，準備舉行一系列關於憲法、《香港基本法》和《香港國安法》的講座，邀請熟悉有關課題的專家學者負責作講座。

　　由於大部分的專家學者都在中國內地，而在疫情的影響下，無法來港，所以這系列講座暫時還未能舉行。港大法律學院原來準備把講座的內容輯錄成書，作為這方面的教材。在講座未能如期舉行的情況下，我們決定先邀請有關專家學者撰寫原來計劃的十個講座的課題文章，結集成書，作為日後的教材。

　　這便是本書的緣起。我們萬分感謝本書的各位作者不辭勞苦，在接到邀請後的第一時間完成了本書的各章。我們也非常感謝香港中華書局的總經理兼總編輯侯明女士和副總編輯黎耀強先生的大力支持，使本書得以面世。

　　本書將出版於香港特別行政區慶祝其成立 25 周年之際，我們把本書獻給從上世紀八十年代到今天那些為「一國兩制」的事業作出過努力和貢獻的無數的人。但願「一國兩制」方針政策在香港經歷多番考驗後，能夠走向更光明的未來，但願港人能為「中華民族的偉大復興」和「中國夢」的實現，作出其應有的貢獻。

陳弘毅、韓大元、楊曉楠

2022 年 4 月

緒論：
「一國兩制」在香港特別行政區的實踐*

陳弘毅

* 本文部分內容來自筆者以下英文論文的翻譯：Albert H. Y. Chen, "Hong Kong in China: The Project of 'One Country, Two Systems' and the Question of National Security", in *China's National Security – Endangering Hong Kong's Rule Of Law?* 19-40 (Cora Chan & Fiona de Londras eds., 2020)，以及拙作〈「一國兩制」在香港特別行政區的實踐〉，《中研院法學期刊》，2022 年「香港法治之變局」特刊。

前 言

　　中華人民共和國香港特別行政區成立於 1997 年，至今已有近四分之一個世紀。近年來，「一國兩制」的「一國」和「兩制」之間的矛盾有所激化，反映於 2019 年被認為有「顏色革命」色彩的「修例風波」，終於導致 2020 年的《中華人民共和國香港特別行政區維護國家安全法》（以下簡稱《香港國安法》）的制定以及 2021 年香港選舉制度的改革。從我國中央政府（以下簡稱「中央」或「中央政府」）和愛國愛港人士的角度看，這些舉措的目的在於使「一國兩制」方針政策的實施重回正軌，但有反對意見認為「一國」已凌駕於「兩制」，香港的自由和民主的空間大不如前。

　　「一國兩制」這一方針政策最初是如何產生的呢？從 1997 年至今，它的實施情況如何？香港作為我國的一個特別行政區，究竟處於怎樣的憲制地位？香港享有的「高度自治」——這個詞語在 1984 年的《中華人民共和國政府和大不列顛及北愛爾蘭聯合王國政府關於香港問題的聯合聲明》（以下簡稱「《中英聯合聲明》」）和 1990 年的《中華人民共和國香港特別行政區基本法》（以下簡稱「《香港基本法》」）中都有出現——的性質如何？《香港國安法》的制定和最近的選舉制度改革的意義何在？本緒論將探討這些問題。

　　雖然香港特別行政區是本文的討論焦點，但必須留意，香港是中華人民共和國的兩個特別行政區之一，還有另一個是澳門。在香港和澳門分別於 1997 年和 1999 年回歸祖國後，我國的國家結構，除中央層次的國家機關外，在其之下有 27 個省級國家機關（包括 5 個少數民族自治區），以及 4 個直轄市和 2 個特別行政區（香港和澳門）的國家機關。

　　從憲法學和政治學的觀點看，中華人民共和國是一個單一制國家。我國不實行聯邦制；《中華人民共和國憲法》（以下簡稱「《憲法》」）裏沒有任何關於

在中央國家機關和省、直轄市和特別行政區的地方政府機關之間的權力劃分的規定。也就是說，《憲法》並無規定中央國家機關不能就任何省、市和特別行政區的某些地方事務行使其權力。雖然《憲法》中沒有這樣的規定，但是全國人大制定的部分法律中存在一些中央和地方權力分配的規定，《中華人民共和國立法法》便是一個例子。香港和澳門兩個特別行政區的《中華人民共和國澳門特別行政區基本法》及《香港基本法》制定後，中央國家機關就特別行政區有關事務行使權力時，也必須遵守《基本法》的有關規定。我們可以這樣說：在我國境內設立享有高度自治權的特別行政區這個理念，以及「一國兩制」的方針政策，代表對原有的權力高度集中的單一制國家的初始模式作出了調整和改革。

第一節　「一國兩制」方針政策的由來

　　「一國兩制」這個概念起源自上世紀 70 年代末我國政府對台灣政策的改變，最終在 1982 至 1984 年中英兩國就香港在 1997 年之後的憲制地位進行談判時才得到全面闡述。1949 年中華人民共和國建國以來，其對台灣的基本立場一直是希望能夠「解放台灣」。「解放」這兩個字當然含有從資本主義和帝國主義之中得到「解放」，以及進行社會主義革命的意思。[1]

　　包含「一國兩制」雛形的對台新政策，是在 1979 年之後幾份官方文件中提出的。這其中最重要的，就是時任全國人大常委會委員長葉劍英於 1981 年 9 月 30 日提出的「有關和平統一台灣的九條方針政策」（以下簡稱「葉九條」），其基本設想是，讓台灣成為中國的一個「特別行政區」，以實現祖國的和平統一。根據此構想，台灣可以在統一後保留原有的社會、經濟制度和生活方式，並享有「高度的自治權」，中央政府不干預台灣地方事務；台灣還可以繼續和其他國家保持經濟和文化關係，甚至可以保留自己的軍隊。

　　1982 年 1 月，鄧小平首次公開提出「一個國家，兩種制度」這個概念，他表示「葉九條」「實際上就是一個國家兩種制度。兩種制度是可以允許的」。1982 年 12 月，全國人大制定了新憲法，（以下簡稱「82 憲法」）。為了體現上述構想，「82 憲法」第 31 條規定，國家在必要時得設立特別行政區。在特別行政區內實行的制度按照具體情況由全國人民代表大會以法律規定。這條文意味着將來特別行政區可以實行和中國其他地方不同的社會、政治和經濟制度。

　　1982 年 9 月，英國首相戴卓爾（Thatcher）夫人訪問北京，尋求解決香港

---

[1]　參見張勉勵：〈新中國成立初期一個中國原則基本內涵的確定〉，《當代中國史研究》，2021 年 28 卷 4 期，頁 77-92。

1997 年之後的憲制地位問題的辦法。英國政府之所以關心 1997 年的問題，主要是他們認為 1997 年之後英國對「新界」的管治將失去法律依據。英國政府認為，與港島和九龍半島分別於 1842 年和 1860 年「永久割讓」給大英帝國不同，「新界」是清政府於 1898 年租借給英國的一塊土地，租期為 99 年。在戴卓爾夫人訪華之後，兩國政府開啟了關於香港前途的談判。經過兩年艱苦的討價還價和大量研究和起草工作，《中英聯合聲明》於 1984 年 9 月草簽，並於同年 12 月在北京正式簽署。根據《中英聯合聲明》，香港將在 1997 年回歸祖國，「82 憲法」和《香港基本法》將成為香港的憲制基礎。1987 年的《中華人民共和國政府和葡萄牙共和國政府關於澳門問題的聯合聲明》也就澳門在 1999 年的回歸作出類似規定。

第二節　《香港基本法》和「高度自治」

　　1990 年，全國人大根據「82 憲法」第 31 條制定了《香港基本法》，把「一國兩制」的方針政策具體化，並轉化為可操作的法律規範。《香港基本法》於 1997 年 7 月 1 日香港特別行政區成立時開始在香港全面實施，《憲法》和《香港基本法》共同構成了特別行政區的憲制基礎，作為港英政府在香港管治所依據的憲制文件的《英皇制誥》（Hong Kong Letters Patent）被這個新的憲制秩序取而代之。《香港基本法》規定了香港特別行政區的政權機關的組成和運作模式，明確了特別行政區和中國中央國家機關的關係以及中央授權特別行政區實行高度自治的範圍，確定了特別行政區的法律淵源，保障了特別行政區居民的人權，還規定了特別行政區實行的社會、經濟等制度和政策。

　　根據《香港基本法》，香港特別行政區的政權機關（包括行政長官、行政機關、立法機關和司法機關）的「自治範圍」（即其有權管理的事務）相當廣泛，比一般聯邦制國家裏的州所享有的自治範圍還要大得多。由於篇幅所限，我們在這裏不會羅列出特別行政區享有的所有權力，只舉出例子說明有關自治事務的廣泛性：

　　絕大部分全國性法律（即全國人大及其常委會制定的法律）都不在香港實施，基本上香港保留其原有的普通法制度和原有立法機關制定的成文法。適用於香港特別行政區的全國性法律僅限於那些列在《香港基本法》附件三中的法律，目前共有 14 部，包括《國籍法》《國旗法》《國徽法》《國歌法》《領海及毗連區法》《駐軍法》《外交特權與豁免條例》等，也包括本文下述的《香港國安法》。

　　在香港法院提起訴訟的案件全都在香港的法院系統內處理；香港終審法院是香港特別行政區最高層級的上訴法院，香港的案件不能上訴到中國內地的法院或者其他機構。根據《香港基本法》第 158 條，香港終審法院在某些情況下必須

就《香港基本法》的有關規定的解釋問題，提請全國人大常委會解釋。但是，全國人大常委會作出的解釋不能推翻此前香港法院已作出的判決：例如，終審法院已經判決的案件的當事人根據該判決所獲得的權益，不會受到全國人大常委會日後所作解釋的影響。

香港居民無須向中央政府交稅，他們向特別行政區政府交的稅也完全用於特別行政區；香港特別行政區政府的財政收入全部用於自身需要，不上繳中央人民政府。

香港特別行政區可以繼續發行港幣。

香港特別行政區對進出特別行政區的人士自行實行出入境管制。

香港特別行政區是有別於中國其他地方的單獨的關稅地區。

香港特別行政區可以「中國香港」的名義參加不以國家為單位參加的國際組織和國際會議（比如世界貿易組織），並在若干領域以「中國香港」的名義，單獨地同世界各國、各地區及有關國際組織保持和發展關係，簽訂和履行有關協議。《香港基本法》第 7 章授權香港特別行政區政府處理部分對外事務，儘管一般而言涉及香港的外交事務屬中央政府的事權。

大致來說，香港特別行政區根據《基本法》享有的自治權比香港在英國殖民統治時期更為廣泛。事實上，香港在殖民地時期享有的自治大部分是不成文的實踐和憲法性慣例的產物，《基本法》則明文在許多領域賦予和保障了香港特別行政區的高度自治權。

根據主權原則和中國的單一制國家性質，中央政府對香港特別行政區享有全面管治權，但全國人大授權香港特別行政區依照《基本法》的規定實行高度自治，「香港特別行政區是中華人民共和國的一個享有高度自治權的地方行政區域」。同時，香港特別行政區直轄於中央人民政府，其行政長官在香港通過選舉產生後由中央任命，須對中央人民政府和香港特別行政區負責。中央的全面管治權和特區的高度自治權同時存在，並行不悖，是「有機的結合」。

第三節　中央國家機關的權力

在對香港特別行政區政權機關作出諸多授權的同時，《香港基本法》也明文規定了中央國家機關就香港管治的重要權力。這些權力可以視為是對特別行政區自治的限制，因此有「香港特別行政區享有的高度自治權不是完全自治」的提法。《香港基本法》中體現中央國家機關權力的條文包括《香港基本法》第 13 條（管理外交事務）、第 14 條（管理國防事務）、第 15 條（任命行政長官和主要官員）、第 17 條（否決香港的立法）、第 18 條（將全國性法律列入《香港基本法》附件三以適用於香港，以及在戰爭狀態或香港進入緊急狀態時將全國性法律適用於香港）、第 158 條（解釋《基本法》）和第 159 條（修改《基本法》）等。在實踐中，除任命行政長官和主要官員外，由全國人大常委會解釋基本法及作出相關決定，是中央比較常用並在實踐中有較大作用的權力。

正如前文所指出，如果有關案件符合一定的條件（即如果案件涉及對《香港基本法》中「關於中央人民政府管理的事務或中央和香港特別行政區關係的條款」的解釋），終審法院在審理該案件時須根據《香港基本法》第 158 條第三款的規定提請全國人大常委會就有關條文作出解釋。1999 年以來確立的實踐是，即便終審法院沒有向全國人大常委會提請釋法，全國人大常委會根據《香港基本法》第 158 條第一款可以主動或者應特別行政區行政長官的請求對《香港基本法》作出解釋。

截至目前，全國人大常委會對《香港基本法》一共作出了 5 次解釋。第一次是 1999 年，針對的是《香港基本法》第 22 和 24 條，關係到香港永久性居民在中國內地所生子女的居港權問題。之所以要進行這次解釋，是因為香港終審法

院於 1999 年初就吳嘉玲案² 和陳錦雅案³ 作出判決後，特別行政區行政長官董建華向中央政府提出由全國人大常委會釋法的請求。終審法院認為，香港永久性居民在內地出生的子女享有居港權，不論後者出生時其父母是否是已經是香港永久性居民。特區政府估計，終審法院對《香港基本法》有關條文的解釋，將導致未來十年內有 167 萬內地居民有權移民香港。於是，全國人大常委會於 1999 年 6 月首次對《香港基本法》作出解釋，該解釋與終審法院的解釋不同，否定了終審法院對有關條文的解釋。

全國人大常委會的這次釋法在當時極具爭議性，因為《香港基本法》沒有明文規定在終審法院沒有向全國人大常委會提出釋法請求的情況下，全國人大常委會是否可以自行解釋《基本法》；還有，如果可以的話，它會在何種情況下行使此釋法權，如行政長官是否可以請求全國人大常委會解釋《基本法》。

那麼，1999 年全國人大常委會釋法的具體效果如何？正如前文所述，根據《香港基本法》第 158 條第三款，全國人大常委會的解釋不能改變終審法院在這次釋法前已經就吳嘉玲案和陳錦雅所作的判決對有關當事人的效力；全國人大常委會釋法只意味着香港法院在未來審理案件時，如涉及《香港基本法》有關條文的適用，則必須遵從全國人大常委會對該條文的解釋，而不是終審法院以前對該條文的解釋。在 1999 年底的劉港榕案⁴ 中，終審法院審視了全國人大常委會解釋《基本法》的權力，並承認 1999 年 6 月釋法的約束力。終審法院同時也接受全國人大常委會解釋《基本法》的權力是可以隨時行使的，也就是說，全國人大常委會可以在香港法院沒有提出請求全國人大常委會釋法的情況下，自行、主動地行使這項權力。

1999 年之後，全國人大常委會 4 次行使了解釋《基本法》的權力。2004 年，全國人大常委會自行（而不是基於特別行政區行政長官或終審法院的請求）對《香港基本法》關於選舉制度改革的程序規定進行解釋。2005 年，應特別行政區署理行政長官的請求，全國人大常委會就在完成其任期前辭職的行政長官的

2　Ng Ka Ling v. Director of Immigration, [1999] 2 H.K.C.F.A.R. 4 (C.F.A.).

3　Chan Kam Nga v. Director of Immigration, [1999] 2 H.K.C.F.A.R. 82 (C.F.A.).

4　Lau Kong Yung and Others v. The Director Of Immigration, [1999] 2 H.K.C.F.A.R. 300 (C.F.A.).

繼任者任期問題進行釋法。2011 年，終審法院在剛果（金）案[5]中首次根據《香港基本法》第 158 條第三款規定的程序，提請全國人大常委會就《香港基本法》關於外交事務和「國家行為」的條款進行解釋。剛果（金）案涉及的法律問題主要是，香港特別行政區關於外國政府及其財產在民事訴訟中享有多少豁免權的法律原則，是否要與中國內地的有關原則保持一致。

2016 年 11 月，全國人大常委會進行了第 5 次釋法，這是它自行主動對《香港基本法》第 104 條作出解釋，該條是關於政府官員、法官、立法會和行政會議議員的就職宣誓要求。這次釋法在香港引起較大爭議，因為該釋法是在香港高等法院原訟庭就一宗與兩位主張「港獨」的立法會議員的就職宣誓有關的案件進行聆訊後三天作出的，當時法院還沒有就該案頒佈判決。在這宗訴訟裏，[6]特區政府主張，該兩名議員因為不符合《香港基本法》第 104 條和香港其他法律規定的宣誓要求，已經喪失其議員資格。

至於《香港基本法》規定中央享有的其他權力而言，中央行使這些權力的情況大致如下。根據《香港基本法》第 17 條，全國人大常委會可以否決香港特別行政區立法機關制定的法律；自從 1997 年香港特別行政區成立以來，中央還沒有行使過這項權力。根據《香港基本法》第 18 條，列於《香港基本法》附件三的全國性法律可以在香港特別行政區實施；目前來說，《香港基本法》附件三列有 14 部全國性法律，包括在 1997 年 7 月 1 日或以前已經放進附件三的全國性法律，以及在此以後加進附件三的 4 部全國性法律（包括 2020 年制定的《香港

5　Democratic Republic of the Congo and ors v. FG Hemisphere Associates LLC. [2011] 14 H.K.C.F.A.R. 95, 395.

6　Chief Executive of the HKSAR v. President of the Legislative Council and Leung Chung Hang Sixtus, , HCAL 185/2016 (C.F.I. Nov. 15, 2016); Chief Executive of HKSAR v. President of the Legislative Council, [2017] 1 HKLRD 460 (C.A.); Yau Wai Ching v. Chief Executive of HKSAR, [2017] 20 HKCFAR 390，本案導致 2 位涉案議員被取消其議員資格。在這次人大釋法後，特區政府再提起訴訟，請求法院以其未能符合宣誓要求為由取消另外 4 位立法會議員的資格，政府在案件中勝訴，參見 Secretary for Justice v. Nathan Law Kwun Chung, [2017] 4 HKLRD 115 (C.F.I.); Secretary for Justice v. Leung Kwok Hung, CACV 201/2017 (C.F.A. Feb. 15, 2019)。可參見朱含、陳弘毅：〈2016 年香港立法會選舉及宣誓風波法律評析——歷史和比較法的視角〉，《法學評論》，2017 年第 4 期，頁 24-37。

國安法》）。此外，正如下文所述，全國人大在 2021 年作出《關於完善香港特別
行政區選舉制度的決定》，根據此決定的授權，全國人大常委會在 2021 年修改
了《香港基本法》的附件一和附件二。[7]

　　總的來看，根據《香港基本法》，香港特別行政區享有自治的事務的範圍相
當廣泛，但香港特別行政區法院在適用和解釋《基本法》方面的司法權，則受
制於全國人大常委會可以自行主動或應終審法院請求而解釋《基本法》的凌駕性
權力。本文下一部分還會探討中央政府任命特別行政區行政長官和主要官員的權
力，以及這種制度設計背後的政策理念，這些方面也將有助於我們了解香港特別
行政區的自治的性質和界限。

7　《香港基本法》第 159 條規範了《香港基本法》的修改程序。《香港基本法》附件一和附
　　件二的修改程序在該兩附件中有所規定，該兩附件在 2010 年曾作出修改，在 2021 年再
　　作修改。

第四節　香港的政治制度

　　地方自治的主要特徵之一是有關地區的地方政府是由該地區的人民通過民主方式產生，從而確保該地方政府能在行使其自治權時，以當地人民的利益和意願為依歸。因此，研究香港特別行政區的「高度自治」時，除審視上文討論中央授予特區的政權機關的權力外，還須了解特區政治制度的設計及其具體運作。

　　首先，我們討論行政長官和立法會的產生辦法。我們在這裏先說明《香港基本法》及其附件原有規定以及 2010 年對附件一和附件二的有關修改，至於《香港基本法》附件一和附件二在 2021 年的修改，將在本緒論第八節探討。

　　根據全國人大在 1990 年通過的《關於香港特別行政區第一屆政府和立法會產生辦法的決定》，第一任行政長官由 400 人組成的推選委員會選舉產生，推選委員會的成員則由香港特別行政區籌備委員會從工商界、專業界、政界和其他社會界別和團體中選任。根據《香港基本法》附件一的規定，第二和第三任行政長官由 800 人組成的選舉委員會選舉產生，選舉委員會由工商界、專業界、政界和其他社會界別選舉產生，這「四大界別」的每一界別的代表佔委員會成員的四分之一。2010 年《香港基本法》附件一修改後，在 2012 年和 2017 年，行政長官由 1200 人組成的選舉委員會選舉產生，委員會的成員也是來自四大界別的代表，每個界別仍佔委員會的四分之一。每一次選舉結束後，當選者必須根據《香港基本法》第 15 條和第 45 條獲得中央人民政府任命，才能成為行政長官。

　　根據《香港基本法》，中央不僅有權任命行政長官，特區政府主要官員也是由中央根據行政長官的提名任命的。《香港基本法》的這個制度設計的背景是鄧小平上世紀 80 年代提出的「港人治港」（而不是內地官員治港）即「愛國者治港」的想法：在香港政制中佔關鍵位置的港人，必須是中央認為可以接受和值得信任的愛國愛港人士。根據《香港基本法》第 12 條，香港特別行政區是「享有

高度自治權的地方行政區域，直轄於中央人民政府」，《香港基本法》第 43 條則規定，行政長官「依照本法的規定對中央人民政府和香港特別行政區負責」，因此，中央對行政長官的任命權是實質性的，而不只是形式性或者儀式性的。時任國務院港澳事務辦公室主任王光亞在 2017 年 3 月的行政長官選舉前公開表示，行政長官要符合四個條件：愛國愛港、中央信任、有管治能力、港人擁護。

除行政長官和主要官員外，香港特別行政區立法會在香港政制中也扮演關鍵角色，因為它享有立法權、財政權、監督權等重要權力。根據《香港基本法》附件二，香港特別行政區立法機關通過混合式的選舉方法產生，即有不同的選舉方式同時存在。立法會部分議員由分區直接選舉（即普選）產生，部分議員由工商界、專業界和其他社會界別構成的功能界別（又稱「功能組別」，英文是 functional constituencies）或「功能團體」選舉產生。在第一、二屆立法會，有少數成員由選舉委員會選舉產生，但根據《香港基本法》附件二，從第三屆立法會（2004 年選舉產生）開始便不再採用這種選舉方式。（至於 1997 至 1998 年的臨時立法會的產生，則根據當時特別行政區籌備委員會訂立的特別安排。至於 2021 年對《香港基本法》附件二的修改，在本緒論第八節討論。）

根據 2010 年通過的對《香港基本法》附件二的修改，從 2012 年起，立法會議員的人數從 60 人增加到 70 人，其中一半由分區直接選舉產生，另一半由功能界別選舉產生，其中包括由所謂「超級區議會」功能界別選出的 5 名區議會的民選議員。由於這個新增功能界別的選民由超過三百萬不屬任何其他原有功能界別的香港永久性居民組成，所以這個功能界別的選舉可以說是一種「准普選」。

《香港基本法》第 45 條和第 68 條規定，行政長官和立法會的選舉辦法根據特區的「實際情況和循序漸進的原則而規定」，最終達到普選的目標。就這些選舉辦法的改革來說，《香港基本法》附件一和附件二（在 2021 年的修訂之前）規定，香港和中央的政府機構有其各自的角色。根據附件一：「2007 年以後各任行政長官的產生辦法如需修改，須經立法會全體議員三分之二多數通過，行政長官同意，並報全國人民代表大會常務委員會批准」。而根據全國人大常委會在 2004 年對《香港基本法》的解釋，香港特別行政區政府如果要啟動有關選舉辦法的修改（即所謂「政制改革」），必須先由行政長官向全國人大常委會提交報告，如

常委會在考慮了這份報告後同意有需要修改有關選舉辦法，行政長官才能向立法會提出政制改革的方案。實踐中，全國人大常委會還會在回應行政長官報告的決定中，規定其允許的政制改革範圍，以至政制改革的時間表。[8]

如上所述，《香港基本法》規定了香港特別行政區的政制改革的最終目標。就立法會來說，《香港基本法》第 68 條規定最終目標是「全部議員由普選產生」。就行政長官來說，《香港基本法》第 45 條規定最終目標是「由一個有廣泛代表性的提名委員會按民主程序提名後普選產生」行政長官。2007 年，全國人大常委會就時任香港特別行政區行政長官曾蔭權提交的政改報告作出決定，表明在 2017 年行政長官可以由普選產生。

2014 年 8 月 31 日，全國人大常委會就時任行政長官梁振英提交的政改報告作出決定（即所謂「八三一」決定），規定有關行政長官普選的提名程序，包括由（類似於原有的負責選舉行政長官的選舉委員會的組成方式組成的）提名委員會按民主程序提名 2 至 3 名候選人，每名候選人須獲得提名委員會半數以上成員的支持。這個較高的提名門檻的設置目的，似乎是保證最後被提名的候選人都是「愛國愛港」的、可以被中央接受的人士，如果某候選人在普選中勝出，中央會願意任命他（她）成為行政長官；這樣的提名制度便可避免有當選人不被中央任命所可能導致的憲政危機。

但是，上述提名機制被「反對派」（或稱「泛民主派」）批評為對於候選人的「政治篩選」，不是「真普選」。2014 年 9 月，以爭取「真普選」為目標的「佔領中環」運動爆發，持續至 12 月。行政長官普選的政改方案終於在 2015 年 6 月在立法會被否決：根據《香港基本法》附件一，政改方案必須得到立法會中三分之二的議員的支持才能通過，但當時「反對派」在立法會中佔超過三分之一的議席。因此，香港特別行政區未能根據全國人大常委會在 2007 年訂出的「普選時間表」在 2017 年實現行政長官普選，原有的選舉辦法繼續有效，並用於 2017 年行政長官的選舉。

總的來看，我們可以說 1990 年制定的《香港基本法》所確立的政治制度是

8　全國人大常委會在 2004 年、2007 年及 2014 年作出了有關決定。

一種具有相當民主成分的「混合政體」，既有「普選」的成分（主要在立法會），也有代表工商界、專業界和其他社會界別的功能團體參政成分，也有中央在一定程度上的參與（尤其是在行政長官和主要官員的任命方面）。由於香港沒有由普選產生的行政長官和立法會，但《香港基本法》對各種人權和自由有合乎國際標準的保障，故著名政治社會學學者劉兆佳教授曾把香港特別行政區的「獨特政治形態」，描述為「一個自由威權政體的特殊個案」。[9]

9　參見劉兆佳:《回歸後香港的獨特政治形態———一個自由威權政體的特殊個案》(2017 年)。

第五節　香港政制的運作

以上介紹了《香港基本法》關於香港特別行政區政治制度的設計，本節將進一步探討這個政治制度的具體運作。從 1997 年到 2020 年的政治實踐來看（2021年的選舉制度改革後的情況應作別論），香港的參政力量大致可以分為「建制派」（或稱為「愛國愛港」陣營）和「非建制派」（或稱為「反對派」，包括「泛民主派」和在 2016 年立法會選舉中爭取到一定支持的新興「本土派」）[10]。「建制派」陣營支持中央對香港的政策，包括中央對香港的政制改革持有的謹慎的態度，即改革必須符合香港的實際情況，循序漸進，並保證「愛國者治港」。此外，「建制派」陣營也認同和支持中國內地實行中國共產黨領導的中國特色社會主義制度。另一方面，「泛民主派」主張在香港發展西方式的民主政治，包括行政長官和立法會所有議席的「真普選」，他們並對中國內地的政治體制及人權狀況持批判態度。

「泛民主派」（最初稱為「民主派」）自從上世紀 80 年代登上政治舞台以來，一直得到相當數目香港選民的支持。值得注意的是，自從 1991 年香港立法局部分議席實行由分區直接選舉產生的「普選」制度以來，直至 2016 年（即下述 2021 年選舉改革之前的最後一次立法會選舉）[11]，「民主派」或「泛民主派」的

10　參見蔡子強、陳雋文：〈立法會選舉結果初步評析〉，《明報》，2016 年 9 月 6 日，A28 版。

11　2016 年後的下一次立法會選舉原定於 2020 年 9 月舉行，但在 2020 年 7 月 31 日，香港特區政府以新冠疫情為由決定延遲這次選舉。2020 年 8 月 11 日，全國人大常委會決定在 2016 年選舉產生的第六屆立法會在押後的第七屆立法會選舉之前可繼續履行其職權。2020 年 11 月 11 日，全國人大常委會作出關於香港特別行政區立法會議員資格問題的決定，導致 4 名第六屆立法會議員（因曾在 2020 年報名參加原定在 2020 年 9 月舉行的立法會選舉時，被選舉主任裁定不符合參選資格）不能參加延任的立法會，另外 15 名「反對派」立法會議員集體辭職以表抗議。

候選人一直在殖民地時代的立法局及後來香港特別行政區立法會的地區直接選舉中，穩定地獲得 55% 至 60% 的選民支持。[12] 一般估計，如果立法會所有議席都由普選產生，「非建制派」或「反對派」很可能取得大多數的議席。同時，如果行政長官由普選產生，而提名候選人的程序採用「反對派」在 2014 年主張的「公民提名」，「反對派」的候選人也有相當機會當選為行政長官（雖然很可能不獲中央任命）。但是，根據「愛國者治港」的原則，行政長官和立法會多數議員必須由「愛國愛港」人士出任。因此，中央政府認為立法會的選舉制度中應保留一直都由「建制派」陣營佔多數的功能界別議席，而如果行政長官由普選產生，候選人必須根據《香港基本法》第 45 條的規定由提名委員會作「機構提名」。

　　《香港基本法》關於香港特別行政區的政治體制的設計是行政主導的。自從香港特別行政區成立以來，特區政府的行政主導一直有賴於在立法會佔多數議席的「建制派」陣營支持。但該陣營中各位議員的聯合是相當鬆散的，議員的立場會隨着不同的議題和環境而不斷變化。香港特別行政區從來沒有出現任何「執政黨」。沒有任何單一政黨曾通過選舉取得立法會的多數或接近半數的議席。正如前文所述，負責選舉產生行政長官的選舉委員會是獨立於立法會的，沒有任何政黨曾在選舉委員會中取得多數或接近半數的席位，在實踐中該委員會也不受任何政黨支配，雖然多數成員屬「建制派」或持有親「建制派」的立場。

　　在實踐中，立法會內「建制派」陣營的議員基本上會支持行政長官及其管治團隊，不過這種支持不能完全落實到每一項政策、法案或者財政撥款，因為這些議員畢竟是由選舉產生，還需要對他們的選民負責。這個情況也就一定程度上解釋了 2003 年《香港基本法》第 23 條立法失敗的原因。實踐中，中央政府及其

12　參見 NGOK MA, POLITICAL DEVELOPMENT IN HONG KONG: STATE, POLITICAL SOCIETY, AND CIVIL SOCIETY 154, 223 (2007); Ngok Ma, "The Rise of 'Anti-China' Sentiments in Hong Kong and the 2012 Legislative Council Elections", 15 CHINA REVIEW 39 (2015).

駐港聯絡辦公室在協調香港「建制派」陣營內的政治力量方面扮演着重要角色，並盡量推動他們支持行政長官和特區政府依法施政。[13]

13　參見 SONNY SHIU-HING LO ET AL., CHINA'S NEW UNITED FRONT WORK IN HONG KONG: PENETRATIVE POLITICS AND ITS IMPLICATIONS (2019); Eliza Lee, "United Front, Clientelism, and Indirect Rule: Theorizing the Role of the 'Liaison Office' in Hong Kong", 29 JOURNAL OF CONTEMPORARY CHINA 763 (2020).

第六節　「一國兩制」政策的演進

　　「一國兩制」的制度設計，基本上是一種務實或實用主義的安排，目的是實現港英統治的香港和平回歸祖國，維持香港的繁榮和安定，並保障國家的主權、安全和發展利益。它允許香港作為我國的一個特別行政區繼續實行西方式的資本主義制度、英倫普通法、符合國際人權公約的人權保障，以及具有西方民主政治元素的立法機關部分議席的普選和多黨競爭。「一國兩制」的制度保障來自《香港基本法》，《香港基本法》第 159 條規定，對《香港基本法》的任何修改，「均不得同中華人民共和國對香港既定的基本方針政策相抵觸」，至於這些方針政策是什麼，《香港基本法》序言提供了答案：「國家對香港的基本方針政策，已由中國政府在中英聯合聲明中予以闡明」。

　　自從 1997 年付諸實施以來，「一國兩制」方針政策屢次面臨重大挑戰和考驗，比如 2003 年反對《香港基本法》第 23 條立法的「七一」50 萬人大遊行、2012 年的「反國民教育」運動、2014 年的「佔領中環」運動、2016 年的旺角騷亂，以至 2019 年涉及持續數月的暴動的「修例風波」。有意見認為，這些事件反映部分港人對於「一國兩制」下特區的管治不滿，也有學者以「敵對螺旋」來形容中央和部分港人的惡性互動。[14] 一連串事件和事態的發展都是設計「一國兩制」和起草《香港基本法》時未能預測得到的。因此，中央政府有需要因應香港局勢的發展而作出回應；正如有學者指出，有必要採取一個動態性的「危機─轉化視角」來理解中央對香港特別行政區的政策的演變。[15]

14　參見趙心樹：〈螺旋惡化的陸港矛盾（代前言）〉，收於：陳弘毅、趙心樹合著、張小佳編：《民主與選舉──香港政改的回顧前瞻》（2017 年），頁 9-27。

15　參見 Alvin Y. So, "'One Country, Two Systems' and Hong Kong-China National Integration: A Crisis-Transformation Perspective", 41 JOURNAL OF CONTEMPORARY ASIA 99 (2011).

　　眾所周知，1997 年之後中央對香港特別行政區政策的演變的第一個分水嶺，是 2003 年 7 月 1 日反對實施《香港基本法》第 23 條的《國家安全（立法條文）條例草案》的大遊行。在那之前，中央政府一直認為，香港事務基本上可完全交由特區行政長官及其政府處理，中央應盡量不予介入。2003 年的動盪及其之後「泛民主派」發起的爭取「雙普選」運動的興起，驅使中央調整了之前的不干預政策或所謂「井水不犯河水」，改為較積極參與和介入香港的管治，尤其是香港政制發展的問題。[16] 因此，後來有分析認為，香港存在兩支管治隊伍—香港特別行政區政府，以及中央授權處理香港事務的官員（包括國務院港澳事務辦公室、中央人民政府駐港聯絡辦公室等）[17]。

　　我們可以通過檢視中央國家領導人在不同歷史階段關於「一國兩制」政策的公開講話，觀察到該政策根據香港特別行政區不斷變化的形勢而逐漸發展和調整的軌跡。值得注意的是，一些沒有出現在《香港基本法》和基本法起草委員會主任姬鵬飛 1990 年向全國人大就《香港基本法》草案進行說明的講話裏的重要詞語和概念，陸續進入了官方話語體系。

　　比如，「行政主導」這個用語沒有出現在《香港基本法》或者姬鵬飛的講話裏。但是，從上世紀 90 年代以來，學者（包括曾參與起草《基本法》的學者）和官員不斷強調，香港的政治體制是「行政主導」的，而且絕不允許它變成一個「立法主導」的體制[18]。對「行政主導」的強調，符合《香港基本法》規定的特區政治體制與中央的憲制關係，因為行政機關（包括行政長官和主要官員）不同於立法機關，是由中央任命的，行政長官和主要官員得到中央的信任而獲任命，他們理應享有相應的權力和權威。

　　《香港基本法》的序言提到「一國兩制」的目的是「維護國家的統一和領

16　參見 Jie Cheng（程潔），"The Story of a New Policy", HONG KONG JOURNAL (July, 2009), http://www.hkbasiclaw.com/Hong%20Kong%20Journal/Cheng%20Jie%20article.htm

17　參見曹二寶：〈一國兩制條件下香港的管治力量〉，《學習時報》，422 期，2008 年 1 月 29 日，http://www.legco.gov.hk/yr08-09/chinese/panels/ca/papers/ca0420cb2-1389-2-c.pdf（曹二寶乃時任中央人民政府駐港聯絡辦公室研究部部長）。

18　參見王叔文編：《香港特別行政區基本法導論》，3 版，頁 210-212；羅沛然、陳弘毅：〈香港特別行政區判例法中的權力分置原則〉，《浙江社會科學》，2020 年第 10 期，頁 54-66。

土完整，保持香港的繁榮和穩定」；近年來中央一再強調的是，在「一國兩制」下，中國的「主權、安全和發展利益」必須得到保障。2014 年香港社會就行政長官普選辦法進行辯論期間，國務院新聞辦公室就「一國兩制」發表《白皮書》，提出了中央對香港擁有「全面管治權」的概念。其後，習近平主席 2017年的兩篇講話，對「一國兩制」方針政策作出了簡要和清晰的闡述。

在 2017 年 7 月 1 日慶祝香港特別行政區成立 20 周年大會上的講話中，習主席指出：[19]

「始終準確把握『一國』和『兩制』的關係。『一國』是根，……香港回歸後，我們更要堅定維護國家主權、安全、發展利益。……任何危害國家主權安全、挑戰中央權力和香港特別行政區基本法權威、利用香港對內地進行滲透破壞的活動，都是對底線的觸碰，都是絕不能允許的。與此同時，在『一國』的基礎之上，『兩制』的關係應該也完全可以做到和諧相處、相互促進。要把堅持『一國』原則和尊重『兩制』差異、維護中央權力和保障香港特別行政區高度自治權、發揮祖國內地堅強後盾作用和提高香港自身競爭力有機結合起來，任何時候都不能偏廢。只有這樣，『一國兩制』這艘航船才能劈波斬浪、行穩致遠。」

在 2017 年 10 月 18 日中國共產黨第 19 次全國代表大會的報告中，習主席說道：[20]

「必須把維護中央對香港、澳門特別行政區全面管治權和保障特別行政區高度自治權有機結合起來，確保『一國兩制』方針不會變、不動搖，確保『一國兩制』實踐不變形、不走樣。」

以上講話強調中國的「主權、安全和發展利益」，強調「一國」原則是「兩制」的基礎，強調中央對特別行政區的「全面管治權」和特別行政區的高度自治權「有機結合」，反映出中央政府對香港的政治趨勢的關注和警惕。2014 年「佔

19　習主席的講話見於「習近平在慶祝香港回歸祖國 20 周年大會暨香港特別行政區第五屆政府就職典禮上的講話」，新華社，2017 年 7 月 1 日，http://www.locpg.hk/2017-07/01/c_129645318.htm（最後瀏覽日：2021 年 11 月 30 日）。

20　參見習近平：「決勝全面建成小康社會奪取新時代中國特色社會主義偉大勝利——在中國共產黨第十九次全國代表大會上的報告」，新華社，2017 年 10 月 27 日，http://www.gov.cn/zhuanti/2017-10/27/content_5234876.htm（最後瀏覽日：2021 年 11 月 30 日）。

領中環」運動構成對中央管治香港的權威的挑戰，之後主張「港獨」或「自決」的「反中亂港」勢力的冒起，都反映了一種令中央擔心的政治趨勢。從中央的角度看，這種趨勢構成對「一國兩制」政策在香港特別行政區的準確和有效實施的重大威脅。如果不能扭轉這一負面趨勢，香港將變成我國日後的穩定發展以至「中華民族的偉大復興」的「負資產」。

根據一項研究，[21] 在 2012 年立法會選舉中，「反中國內地」的情緒滋長已很明顯，到了 2016 年的立法會選舉，這種情況變本加厲。在這幾年間，香港政治出現了一種邁向「本土主義」的轉向，[22] 一批不滿傳統「泛民主派」的主流想法和策略的「本土主義者」異軍突起。有些「本土主義者」主張港人「自決」香港前途甚至香「港獨」立，從而挑戰中央對香港特別行政區高度自治的容忍極限。雖然有些「本土主義」人士被禁止參加 2016 年的立法會選舉，[23] 最後還是有六名「本土主義者」在這次選舉中被選進了立法會，他們在分區直接選舉中總共得到了 19% 的選票。[24]

這次選舉後，一些獲選為議員的「本土主義者」在特區政府提起的訴訟中，被法院以他們在就職宣誓時的言行不符合《香港基本法》和其他法律中關於就職宣誓的要求而被逐出立法會，全國人大常委會也在 2016 年 11 月對《香港基本法》第 104 條關於就職宣誓的要求進行了解釋。在 2016 年立法會選舉中被取消參選資格的陳浩天 [25] 所建立主張「港獨」的「香港民族黨」，於 2018 年 9 月 24 日被保安局局長根據《社團條例》禁止其運作。該黨向行政長官會同行政會議提出的上訴，於 2019 年 2 月 19 日被駁回。2 月 26 日，中央人民政府向行政長官發出一封「公函」，表達了對特區政府取締「香港民族黨」這項決定的支持，強調「依法維護國家安全」是香港特別行政區的憲制責任，並要求行政長官就「香

21　參見 Ngok Ma, "The Rise of 'Anti-China' Sentiments in Hong Kong and the 2012 Legislative Council Elections"（注 12）。

22　參見 JOSEPH Y. S. CHENG ED., NEW TRENDS OF POLITICAL PARTICIPATION IN HONG KONG (2014).

23　這些人士包括陳浩天，參見下注 25。

24　參見蔡子強、陳雋文（注 10）。

25　陳浩天曾以選舉呈請方式提起訴訟，對選舉主任取消他參選資格的決定提出質疑，但並不成功：參見 Chan Ho Tin v. Lo Ying Ki Alan and Others, [2018] 2 H.K.L.R.D. 7 (C.F.I.)

港民族黨」事件提交報告。[26]

　　「本土主義」的興起可以追溯至 2014 年的「佔領中環」運動。[27]「佔領中環」運動要求在香港實行「真普選」，運動的發起人對「普選」的理解是，根據所謂「國際標準」，通過多黨競爭，在全民普選中產生行政長官和所有立法會議員。在他們看來，任何得到相當數量選民支持的候選人或者政黨，都不應因為《香港基本法》規定的行政長官候選人提名機制而不能參選。然而，這不是中央對香港特別行政區選舉的看法，也不是《香港基本法》的制度設計。在《香港基本法》制定的時候，提名委員會的制度設計就寫進了《香港基本法》第 45 條。全國人大常委會 2014 年 8 月 31 日的決定把第 45 條設立的提名安排細化，這個方案與鄧小平最初設想的「愛國者治港」是一致的，也是對這一設想的具體運用。[28]

　　「泛民主派」一向認為，民主普選應該是「一國兩制」之下香港政治體制作為「兩制」其中之一的組成部分。2015 年「政改」失敗後，新一代的「本土主義者」採取更激進的立場，不再認同港人應該在中華人民共和國境內、作為其特別行政區的居民而實現民主普選的這個目標，他們與傳統「泛民主派」分道揚

26　有關公函見於：中華人民共和國中央人民政府國務院，國函 [2019]19 號，2019 年 2 月 26 日，http://www.gov.cn/zhengce/content/2019-02/26/content_5368672.htm；行政長官其後提交的報告見於關於「香港特別行政區政府依法禁止「香港民族黨」運作等有關情況的報告」，2019 年 4 月 18 日，http://gia.info.gov.hk/general/201904/18/P2019041800415_308614_1_1555572199159.pdf（最後瀏覽日：2022 年 2 月 18 日）。

27　參見 BRIAN C. JONES ED., LAW AND POLITICS OF THE TAIWAN SUNFLOWER AND HONG KONG UMBRELLA MOVEMENTS (2017); CHING KWAN LEE & MING SING EDS., TAKE BACK OUR FUTURE: AN EVENTFUL SOCIOLOGY OF THE HONG KONG UMBRELLA MOVEMENT (2019); NGOK MA & EDMUND W. CHENG EDS., THE UMBRELLA MOVEMENT: CIVIL RESISTANCE AND CONTENTIOUS SPACE IN HONG KONG (2019)。

28　《基本法》第 45 條第二款規定，「行政長官的產生辦法根據香港特別行政區的實際情況和循序漸進的原則而規定，最終達至由一個有廣泛代表性的提名委員會按民主程序提名後普選產生的目標。」行政長官由普選產生的最終目標來自《基本法》的這個規定；《中英聯合聲明》沒有對香港特別行政區行政長官的選舉方法作出規定，《中英聯合聲明》的有關條文只提到，「行政長官在當地通過選舉或協商產生，由中央人民政府任命。」就立法機關的產生，《中英聯合聲明》（在其附件一）只提到「立法機關由選舉產生」，但沒有規定選舉方式（如是否普選）。

鑣。[29] 對他們而言，問題不再簡單是一個「民主」問題，而是一個更加根本的、更深層次的「身份認同」問題。從追求「民主」到追求「身份認同」，或者說從「爭取民主的政治」轉化為「爭取自決的政治」，把「一國兩制」這個憲制設計中固有的張力和矛盾帶到了前所未有的高度。於是，在「一國兩制」能否繼續有效實施的問題上，出現了一個根本性、而且嚴重程度前所未有的挑戰。

　　主張「獨立」或「自決」的政治勢力的出現，是任何允許在一國之內有部分區域實行高度自治的憲制安排都可能遇到的問題，它反映高度自治和國家主權的內在張力，同時也反映出高度自治的政治運作確實有可能產生國家分裂的風險。從維持國家領土完整和確保國民對國家的忠誠的考慮看，在一國之內部分地區的人民實行高度自治的實踐，可能是一把「雙刃劍」。一方面，它可以在地區的多元發展和促進國家統一之間取得較好的平衡，讓自治地區的人民和全體國民都能從中受益。另一方面，高度自治的制度設計，也可能助長或加強自治地區的人民的集體身份認同，這種身份認同與「一國」原則之間有可能形成張力：因為根據「一國」原則，國家領土的完整是神聖而不可分離的，一國之內所有人民具有單一國民身份和單一的效忠對象，就是這個主權國家和作為國家的共同體。從主權國家的中央政府的角度看，最壞的情況是自治地區的人民認為「高度自治」並不足夠，轉而爭取獨立。這便是在「一國兩制」下的香港出現的國家安全問題。

29　參見 Sonny Shiu-hing Lo, "Ideologies and Factionalism in Beijing-Hong Kong Relations", 58 ASIAN SURVEY 392 (2018)。

第七節　《香港國安法》的制訂

《香港基本法》的起草者認識到，香港特別行政區作為中華人民共和國的一部份，必須具備保障中華人民共和國國家安全的立法。世界各國都有保障國家安全的立法，在有地方自治安排的國家，無論是聯邦制國家（如美、加、澳洲），還是單一制國家（如英國—蘇格蘭在英國境內享有高度自治權），關於國家安全問題的立法權都是掌握在中央政府或聯邦政府的，通常不會授予地方政府。但是，《香港基本法》卻在這方面作出了特殊的安排，《香港基本法》第 23 條規定：

「香港特別行政區應自行立法禁止任何叛國、分裂國家、煽動叛亂、顛覆中央人民政府及竊取國家機密的行為，禁止外國的政治性組織或團體在香港特別行政區進行政治活動，禁止香港特別行政區的政治性組織或團體與外國的政治性組織或團體建立聯繫。」

《香港基本法》第 23 條之所以這樣規定，是因為《香港基本法》起草於上世紀 80 年代後期，當時中國還未有關於「危害國家安全罪」的法律，當時的中國刑法只有關於「反革命罪」的規定，這些規定相當於其他國家的危害國家安全罪的規定。根據「一國兩制」原則，香港是資本主義社會，社會主義法制下的反革命罪不適宜適用於香港，因此便有《香港基本法》第 23 條的特殊安排，規定由特別行政區自行立法處理有關的危害國家安全的罪行。

有論者認為，由於《香港基本法》第 23 條已經授權香港特別行政區自行立法禁止有關罪行，因此，就這些罪行制定保障國家安全的法律，屬香港特別行政區的高度自治權和專屬立法權的範圍，中央政府機關無權就這些罪行立法。這個觀點是值得商榷的，因為《香港基本法》第 23 條規定香港特別行政區應自行立法禁止有關行為，這項規定不只是賦予特區制定有關法例的權力，也同時要求特區承擔一種法律上的義務和憲制責任，完成有關立法。如香港特別行政區在《香

港基本法》生效後的一段合理時間內，仍未能履行其根據《香港基本法》第 23 條應承擔的憲制責任，那麼中央政府機關理應可以就有關保障國家安全立法的問題採取行動。

《香港基本法》第 23 條並不是說香港特別行政區享有對於國家安全立法的獨有或專屬（exclusive）的立法權；反之，中央政府並沒有在《香港基本法》裏放棄其關於國家安全立法的權力或或把此權力移轉予香港特別行政區。在《香港基本法》設立的「一國兩制」的憲制框架中，就國家安全問題進行立法的權力，應理解為中央和特區共有或共享（concurrent）的權力。

由中央和地方政府共享某些權力的概念在外國憲制中也是廣泛存在的：這即是說，關於某些事項，中央或聯邦政府享有獨有或專屬的立法權，關於另一些事項，地方政府（根據有關聯邦制國家的憲法）享有獨有或專屬的立法權、或（根據有關單一制國家的法律）被授予立法權（在一般情況下中央不就這些事項行使立法權），第三種情況是就一些事項來說，中央和地方政府同時享有立法權。

《香港基本法》第 23 條便屬這第三種情況，它的制度安排是，首先由特別行政區承擔國家安全立法的義務及行使有關立法權，特區應在成立後一段合理時間內履行此基本憲制責任。如特區長時期未履行此基本憲制責任，而在特區出現了嚴重危害國家安全的情況或其風險，那麼中央便可行使其權力去制定有關的國家安全立法。這個觀點在法理上是可以成立的：因為國家安全立法保障的主要是中央或國家的利益，而不只是特別行政區自身的利益；《香港基本法》第 23 條主要是設定義務的條款，雖然它也對特別行政區作出授權，讓它行使這項立法權力來履行其義務。[30] 如果香港特別行政區未能履行其義務以保障國家的利益，中央理應能行使其權力以保障國家的利益。

30　參見張勇：「國家安全立法：現狀與展望」，《基本法》頒佈三十周年研討會，香港特區政府主辦（2020 年 6 月 8 日），https://www.basiclaw.gov.hk/filemanager/content/tc/files/anniversary30/speeches_file3.pdf（最後瀏覽日：2022 年 2 月 18 日）。

在 1997 年香港回歸時，《香港基本法》第 23 條關於政治性組織的部分，已經通過在《社團條例》和《公司條例》中引入新規定而予以實施。[31] 為了實施《香港基本法》第 23 條的其他部分，香港特別行政區政府於 2003 年向立法會提交了《國家安全（立法條文）條例草案》。[32] 眾所周知的是，這部草案因為 2003 年 7 月 1 日的一場估計有 50 萬人參加的遊行而流產。從那以後，香港特區政府再也沒有試圖就第 23 條進行立法。2016 年以來，隨着香港政治局勢的變化和「港獨」勢力的冒起，不時有人呼籲要進行《香港基本法》第 23 條立法。特區政府官員反覆表示，香港特別行政區負有就《香港基本法》第 23 條進行立法的憲制責任，[33] 但是一直沒有就立法時間表作出承諾。

有一種觀點認為，除了關於政治性組織的部分已經通過前面提到的方式落實之外，《香港基本法》第 23 條的其他部分也已經為香港原有法律所覆蓋；這種觀點是難以成立的。港英時代的《刑事罪行條例》規定了叛國罪和煽動叛亂罪，但這些罪名的有關規定的具體表述還沒有根據回歸後的新憲制秩序作出專門修改，在包含香港所有法例的正式中英文版本的《香港法律彙編》（Laws of Hong Kong）裏，《刑事罪行條例》中關於叛國和煽動叛亂等條文仍保留原有關於英皇的提述而並未作出「適應化」或「本地化」。[34] 更重要的是，香港特別行政區法律中並沒有明文禁止或針對「分裂國家」和「顛覆」的條款，因此，就《香港基本法》第 23 條提到的「分裂國家」和「顛覆」等問題，香港特別行政區的法律很明顯存在漏洞或真空。

在 2019 年，因陳同佳涉嫌在台灣殺人而導致特區政府提出修例建議，即修改現行法律以容許香港和中國內地、澳門或台灣之間進行相互的逃犯引渡。反對修例者反對香港和中國內地之間的逃犯移交，香港出現了史無前例的政治風

31　《1997 年社團（修訂）條例》，1997 年第 118 號條例。

32　參見香港特別行政區政府，《國家安全（立法條文）條例草案》委員會，https://www.legco.gov.hk/yr02-03/chinese/bc/bc55/general/bc55.htm（最後瀏覽日：2022 年 2 月 18 日）。

33　參見行政長官林鄭月娥在 2019 年 4 月 15 日在「全民國家安全教育日」研討會上的發言，見於《文匯報》，2019 年 4 月 16 日，A12 版。

34　一般性的「適應化」的條文見於《香港回歸條例》(Hong Kong Reunification Ordinance)。

暴，即使在行政長官宣佈無限期擱置、並在後來撤回「修例」草案的情況下，社會動亂仍越演越烈，出現了各種挑戰中央政府的底線的言行，包括「黑暴」、「攬炒」、「港獨」、主張「光復香港、時代革命」等，[35]「一國兩制」遂陷入前所未有的危機。[36]

在「修例風波」中，有些香港政界人士甚至尋求美國等西方國家的支持來與特區政府對抗，例如他們呼籲和支持美國制定《香港人權和民主法》（Hong Kong Human Rights and Democracy Act）和《香港自治法》（Hong Kong Autonomy Act），這些法律授權美國當局對香港和中國中央政府官員作出制裁以及取消美國給予香港較中國大陸更優厚的待遇。[37] 中央政府分析情勢後，認為香港出現了外國勢力介入的類似「顏色革命」的情況，恐怕香港成為美國在「新冷戰」時代制約中國的崛起的一隻棋子，甚至成為西方勢力顛覆中國社會主義政體的基地。

鑒於中國的國家安全已經因為香港問題而面臨重大威脅，而在超過半年來飽受「修例風波」困擾的特區政府已經沒有推行給《香港基本法》第23條立法的政治能量，[38] 所以中央決定採取行動，行使其關於國家安全問題的事權，去堵

35　參見中央港澳工作領導小組辦公室、國務院港澳事務辦公室：〈完善香港選舉制度，落實「愛國者治港」，確保「一國兩制」實踐行穩致遠〉，《求是》，2021年4月16日，www.qstheory.cn/dukan/qs/2021-04/16/c_1127330765.htm（最後瀏覽日：2021年11月30日）。

36　參見 ZURAIDAH IBRAHIM & JEFFIE LAM EDS., REBEL CITY: HONG KONG'S YEAR OF WATER AND FIRE (2020)；SONNY SHIU-HING LO ET. AL., THE DYNAMICS OF PEACEFUL AND VIOLENT PROTESTS IN HONG KONG: THE ANTI-EXTRADITION MOVEMENT (2021).

37　參見中國外交部發表的文件：「美國干預香港事務、支持反中亂港勢力事實清單」，中國外交部，2021年9月24日，https://www.fmprc.gov.cn/web/wjdt_674879/sjxw_674887/202109/t20210924_9585025.shtml（最後瀏覽日：2021年11月30日）。

38　香港行政長官林鄭月娥說：「香港回歸祖國將近23年，特區在《基本法》第23條下應自行立法禁止危害國家安全行為的工作，因為種種原因並無寸進。這是令人十分失望的。鑒於目前的政治形勢，部分激進示威者採取的『攬炒』手段和議會內非建制派企圖癱瘓政府的行徑，再加上反對力量多年來把23條立法污名化，特區政府無論是行政機關或是立法機關將難以在一段可見時間內自行完成維護國家安全有關的立法，這是香港社會不得不承認的現實。」參見香港特別行政區政府，新聞公報，2020年5月22日，https://www.info.gov.hk/gia/general/202005/22/P2020052200858.htm（最後瀏覽日：2021年11月30日）。

塞第 23 條長期未能完成立法的法律漏洞。[39] 於是在 2020 年 5 月 28 日，全國人民代表大會通過了《關於建立健全香港特別行政區維護國家安全的法律制度和執行機制的決定》（以下簡稱：《決定》）。

中央政府官員表示，[40] 這個《決定》的目的，不是改變或減損「一國兩制」，而是要保證「一國兩制」的順利和準確的實施，使它能夠「行穩致遠」。制定港區國安法的目的，在於遏止分裂國家和顛覆國家政權的行為、恐怖活動和外國勢力對於香港事務的干預，如能達到這些目的，「一國兩制」便能順利地繼續推行，香港的繁榮和安定以至國際投資者在香港的利益才得以保障。

2020 年 6 月 30 日，全國人大常委會根據上述全國人大《決定》的授權，通過了《香港國安法》，並根據《香港基本法》第 18 條，把《香港國安法》列入《香港基本法》附件三，在香港公佈實施。《香港國安法》設立了分裂國家、顛覆國家政權、恐怖活動和勾結外國勢力以作出危害國家安全的行為等四類刑事罪行。在設定這些刑事罪行的同時，《香港國安法》也引進了關於法治和人權保障的原則性的規定。[41] 和其他刑事立法一樣，《香港國安法》沒有追溯力，《香港國安法》不能用於檢控在《香港國安法》生效以前的行為或活動。

從中央政府的角度看，《香港國安法》為「一國兩制」下的「一國」原則以法律方式劃出明確的底線，只要香港市民日後的言行不再跨越這條底線，「一國兩制」的事業便可重回正軌、重新上路，香港作為「兩制」中其中「一制」仍有發展空間，[42] 這是中央政府制定《香港國安法》時的構想和目標。

39　參見王晨作關於《全國人民代表大會關於建立健全香港特別行政區維護國家安全的法律制度和執行機制的決定（草案）》的說明，新華網，2020 年 5 月 22 日，www.xinhuanet.com/politics/2020-05/22/c_1126019468.htm（最後瀏覽日：2021 年 11 月 30 日）。

40　同前註。

41　參見《香港國安法》第 4、5 條。但根據香港終審法院在黎智英「保釋案」的判決（HKSAR v. Lai Chee Ying, [2021] HKCFA 3, [2021] 24 H.K.C.F.A.R. 33 (C.F.A.)），香港法院無權審查《香港國安法》的個別條文是否因違反《基本法》規定的人權保障標準而無效。

42　參見張曉明：《國家安全底線愈牢，「一國兩制」空間愈大》，《基本法》頒佈三十周年研討會，香港特區政府主辦（2020 年 6 月 8 日），https://www.basiclaw.gov.hk/filemanager/content/sc/files/anniversary30/speeches_file2.pdf（最後瀏覽日：2022 年 2 月 18 日）。

　　《香港國安法》的制度設計的特點之一，便是依靠香港原有法律制度，由原有的執法和司法機關去處理有關案件和涉案人士的逮捕、調查、檢控和審判工作，即是由警方負責行使逮捕權和進行調查，然後把證據移交律政司，由律政司司長根據《香港基本法》獨立行使檢控權，然後由法院根據司法獨立原則和適用的法律進行審理，被告人原則上享有《香港基本法》、《香港人權法案條例》和國際人權公約所保障的各種基本權利，案件在初審後可按正常程序上訴至較高級法院。[43]

　　《香港國安法》設立了一些組織架構和職位，去訂立與保障國家安全有關的政策和措施，並保證《香港國安法》的規定能得以落實。這些組織架構包括香港特別行政區的維護國家安全委員會和警務處、律政司和法院內專門負責處理國安案件的部門、官員或法官。此外，《香港國安法》設立了維護國家安全委員會的國家安全事務顧問的職位，由中央政府任命。[44]

　　關於法官方面，《香港國安法》授權行政長官從現任法官中挑選若干人士，列在這名單上的法官才有資格審理《香港國安法》案件。[45] 根據現行制度，香港各級法官由行政長官根據獨立的司法人員推薦委員會的推薦而任命，該委員會的主席是終審法院首席法官[46]。《香港國安法》規定，在訂出可審理《香港國安法》案件的法官名單時，行政長官可徵詢終審法院首席法官和維護國家安全委員會的

43　值得留意的是，《香港國安法》第 42 條第 2 款就被捕的被告人申請保釋候審的門檻訂下了高於其他刑事案件的標準（參見 HKSAR v. Lai Chee Ying（黎智英），[2021] 24 H.K.C.F.A.R. 33 (C.F.A.)）；《香港國安法》第 46 條規定，律政司司長可發出指示，要求高等法院原訟法庭在審判《港區國安法》案件時，由三位高院法官組成合議庭審訊（而非像一般刑事案件由一位高院法官會同市民組成的陪審團審訊）（參見 Tong Ying Kit（唐英傑）v. Secretary for Justice, CACV 293/2021 (C.A. June 22, 2021)）。

44　見《香港國安法》第 15 條。現任國家安全事務顧問是駱惠寧先生，他同時是中央人民政府駐港聯絡辦公室主任。

45　見《香港國安法》第 44 條。在唐英傑案（Tong Ying Kit v. HKSAR, [2020] 4 H.K.L.R.D. 382 (C.F.I.)），高等法院原訟法庭認為這種「指定法官」的制度並不違反司法獨立原則。

46　參見《司法人員推薦委員會條例》第 3 條。

意見。[47] 一般估計，作出法官挑選時考慮的因素和標準，可能包括有關法官的國籍以及其以往審理案件的專長和經驗等。

　　在對香港的執法和司法機構作出授權以處理涉及《香港國安法》的案件的同時，《香港國安法》也保留了中央在必要時直接處理案件的權力。中央政府根據《香港國安法》在香港設立維護國家安全公署，其職權包括就維護國家安全的戰略和政策提出意見和建議，「監督、指導、協調、支持香港特別行政區履行維護國家安全的職責」等。公署在香港的法律地位，類似於原有的中央駐港的三個機構，即中央政府駐港聯絡辦公室、外交部駐港特派員公署和解放軍駐港部隊。根據《香港國安法》的規定，除非是該法第 55 條規定的特殊情況，否則駐港國安公署將不會行使執法權或檢控權。

　　《香港國安法》第 55 條規定中央駐港維護國家安全公署有權在三種特定情形下對國安法案件行使管轄權，有關案件將適用中國的刑事訴訟法。在《香港國安法》草案提交全國人大常委會審議時作出的說明中提到，[48] 第 55 條其中一個目的，是避免出現《香港基本法》第 18 條第四款的情況。根據《香港基本法》第 18 條，如香港發生特區政府「不能控制的危及國家統一或安全的動亂」，中央可宣佈香港進入緊急狀態，並把有關全國性法律在香港實施。《香港國安法》第 55 條規定的情況，包括特區出現特區政府「無法執行本法的嚴重情況」和「國家安全面臨重大現實威脅的情況」，這些也可理解為一些緊急情況，因此《香港國安法》關於由香港執法和司法機關行使管轄權的一般性規定不宜適用，需要有例外的處理。相信需要動用《香港國安法》第 55 條的情況是非常特殊、罕有和極端的。

47　參見《香港國安法》第 44 條。關於香港終審法院時任首席法官馬道立對此的立場，見於「終審法院首席法官聲明」，香港特別行政區政府新聞公報，2020 年 7 月 2 日，https://www.info.gov.hk/gia/general/202007/02/P2020070200412.htm?fontSize=1（最後瀏覽日：2021 年 11 月 30 日）。

48　「法制工作委員會負責人向十三屆全國人大常委第十九次會議作關於《中華人民共和國香港特別行政區維護國家安全法（草案）》的說明」，人民網，2020 年 6 月 21 日，http://npc.people.com.cn/gb/n1/2020/0621/c14576-31754045.html（最後瀏覽日：2021 年 11 月 30 日）。

　　《香港國安法》規定其解釋權屬全國人大常委會，這體現了中國法律制度的一般性原則。根據《憲法》，全國人大常委會有權解釋法律，以往人大常委會除解釋《香港基本法》外，亦多次解釋《刑法》等其他中國法律。《香港國安法》規定其解釋權在全國人大常委會，意思應是其最終解釋權屬於人大常委會。根據香港現行法律制度，法院在審理案件時把法律適用於案情事實，應用法律時無可避免地有可能需要解釋法律；因此，香港法院在審理《香港國安法》案件時，是有權解釋《香港國安法》的，但如全國人大常委會頒佈了一項解釋，法院便必須遵從。

　　《香港國安法》頒佈以來，直至 2022 年 4 月 15 日，因涉嫌觸犯危害國家安全的罪行而被香港警方國安處拘捕的總共有 182 人，其中的 114 人後來被檢控，絕大部分案件仍有待法院審理。[49] 到 2022 年 3 月底為止，根據國安法的檢控而審結的案件只有 3 宗，便是唐英傑案[50]、馬俊文案[51]和鍾翰林案[52]，3 名被告人均被判罪名成立，唐被判入獄 9 年，馬被判入獄 5 年 9 個月，鍾被判入獄 3 年 7 個月。此外，《香港國安法》的制定及其執行也產生相當社會效應，例如《蘋果日報》《立場新聞》和《眾新聞》的相繼結業，在公民社會裏，有一些可能被懷疑觸犯《香港國安法》的民間社團先後自行解散，包括香港教育專業人員協會（教

49　〈警國安處至今拘 182 人，檢控 114 人〉，《明報》，2022 年 4 月 16 日，A4 版。除根據《香港國安法》的檢控外，特區政府也動用了港英時代的《刑事罪行條例》(Crimes Ordinance) 第 9-10 條的煽動叛亂罪 (sedition) 提出一些檢控，可參見香港特別行政區訴許佩怡，DCCC 177/2020, [2021] H.K.D.C. 504 (D.C. Apr. 20, 2021); HKSAR v. Cho Suet Sum（曹雪芯），DCCC 767/2021, [2022] H.K.D.C. 119 (D.C. Jan. 31, 2022)；香港特別行政區訴譚得志，DCCC 927/2020, [2020] H.K.D.C. 208, [2022] H.K.D.C. 343 (D.C. Mar. 2, Apr. 20, 2022)。香港終審法院認為，煽動叛亂罪也屬危害國家安全的罪行，故《香港國安法》的一些程序性條款（如關於保釋候審的規定）也適用於煽動叛亂罪的案件：HKSAR v. Ng Hau Yi Sidney（伍巧怡），DCCC 854/2021, FAMC 32/2021, [2021] H.K.C.F.A. 42 (CFA Dec. 14, 2021)。

50　HKSAR v. Tong Ying Kit, HCCC 280/2020, [2021] HKCFI 2200 (C.F.I. July 27, 2021); HKSAR v. Tong Ying Kit, HCCC 280/2020, [2021] HKCFI 2239 (C.F.I. July 30, 2021).

51　HKSAR v. Ma Chun-man（馬俊文），DCCC 122/2021, [2021] HKDC 1325 (D.C. Oct. 25, 2021); HKSAR v. Ma Chun-man, DCCC 122/2021, [2021] HKDC 1406 (D.C. Nov. 11, 2021).

52　HKSAR v. CHUNG Hon Lam（鍾翰林），DCCC 27/2021, [2021] HKDC 1484 (D.C. Nov. 23, 2021).

協）、香港民間人權陣線（民陣）、香港市民支持愛國民主運動聯合會（支聯會）、香港職工會聯盟（職工盟）等。[53]

53　參見〈警拘 7 人涉煽動刊物，立場停運〉，《明報》，2021 年 12 月 30 日，A2 版；〈鍾沛權林紹桐遭起訴，保釋被拒〉，《明報》，2021 年 12 月 31 日，A3 版；〈眾新聞告別，憂執法界線難掌握〉，《信報》，2022 年 1 月 4 日，A13 版；〈解散香港：至少 49 組織今年宣佈解散、停運〉，立場新聞，https://www.thestandnews.com/politics/%E8%A7%A3%E6%95%A3%E9%A6%99%E6%B8%AF%E5%9C%8B%E5%AE%89%E6%B3%95%E4%B8%8B-%E8%87%B3%E5%B0%91-49-%E7%B5%84%E7%B9%94%E4%BB%8A%E5%B9%B4%E5%AE%A3%E5%B8%83%E8%A7%A3%E6%95%A3%E5%81%9C%E9%81%8B（最後瀏覽日：2021 年 11 月 13 日；之後「立場新聞」因其負責人被檢控而宣佈結業，本網頁不復存在）。

第八節　選舉制度的改革

　　2019 年的「修例風波」促使中央政府全面檢討 1990 年制定的《香港基本法》對「一國兩制」的制度設計，結果是中央方面認為，香港特別行政區不但在法制上存在漏洞，未能維護國家安全，而且香港的政治體制、尤其是其選舉制度，也存在漏洞和缺陷，未能為「愛國者治港」、「行政主導」等原則和特區的有效管治，提供足夠的制度保障。於是，繼 2020 年制定《香港國安法》後，中央政府在 2021 年對香港特別行政區的選舉制度進行了大幅度的改造。《香港國安法》的制定和選舉制度的改革被中央官員稱為一套「組合拳」的兩個構成部分：[54]《香港國安法》的功能在於阻嚇和懲治危害國家安全的行為，而選舉制度改革的目的，則在於改變香港的政治格局和政治生態，為「愛國者治港」原則提供穩固的制度保障，以及防止「反對派」通過選舉奪取特別行政區的管治權、或在特別行政區的政權機構取得能發揮關鍵作用的議席數量。[55]

　　2021 年 3 月 11 日，全國人大通過了《關於完善香港特別行政區選舉制度的決定》，為香港的選舉制度改革訂出基本原則和方向，並授權全國人大常委會修改《香港基本法》附件一和附件二中關於行政長官和立法會的產生辦法的規定。2021 年 3 月 30 日，全國人大常委會完成了對於《香港基本法》附件一和附件二的修訂。2021 年 4 月 13 日，香港特別行政區政府啟動了《完善選舉制度（綜合

54　關於以「組合拳」來形容這兩項措施，參見〈改港選舉，栗戰書：打出法律組合拳〉，《明報》，2021 年 3 月 9 日，A4 版；〈港澳辦：循序漸進非次次擴直選〉，《明報》，2021 年 3 月 13 日，A3 版。

55　參見王晨（全國人大常委會副委員長）：關於《全國人民代表大會關於完善香港特別行政區選舉制度的決定（草案）》的説明，2021 年 3 月 5 日，www.npc.gov.cn/npc/kgfb/20210 3/83ef4cdc36d444eab3c2686311486121.shtml（最後瀏覽日：2021 年 11 月 30 日）。

修訂）條例》草案的立法程序，為實施修訂後的《香港基本法》附件一和附件二進行相關的本地立法，把有關選舉制度的改革具體化，並在操作層面提供相關法律規範和細則。該條例在 2021 年 5 月 27 日由立法會通過，以用於 2021 年 9 月舉行的選舉委員會選舉、2021 年 12 月舉行的立法會選舉和 2022 年 3 月舉行的行政長官選舉，以及日後的同類選舉。這次選舉制度改革的重點可綜合如下。

首先是香港立法會組成的改變。在這次選舉制度改革之前，立法會的組成由在 2010 年修訂的《香港基本法》附件二規定，立法會有 70 議席，其中 35 席由分區直接選舉（採用比例代表制的普選）產生，30 席由「傳統」功能組別（所謂「傳統」是指在 2010 年的政改前已存在的功能組別）選舉產生，5 席為 2010 年的政改所設立的「超級區議會」議席，由全港選民（已在「傳統」功能組別享有投票權者除外）從區議員中選舉產生（各區議會的議員本身則由分區直接選舉產生）。2021 年的選舉制度改革，則把立法會議席的總數增加至 90 席，其中 20 席由分區直接選舉產生（在每區採用「雙議席單票」制），30 席由功能組別選舉產生（選舉制度改革對部分「傳統」功能組別的選民資格有所調整），另外 40 席由重新構建的選舉委員會選舉產生。

選舉委員會的重構是這次選舉制度改革的核心設計。根據原有的《香港基本法》附件一，選舉委員會由社會中四大界別的代表組成，四大界別為工商、金融等界、專業界、勞工、宗教和社會服務等界以及政界，絕大部份代表由有關界別的「界別分組」選舉產生，各「界別分組」的選民資格大致上類似於立法會「傳統」功能組別的選民資格；在選舉制度改革之前，兩者的登記選民人數為二十多萬（包括團體和個人）[56]。

根據《香港基本法》原有的附件一和附件二，行政長官由選舉委員會選舉產生，另外，選舉委員會也負責選出第一屆立法會的 60 個議席中的其中 10 席，

56　參見 Simon N. M. Young, *Political System Transformation in Hong Kong*, VERFASSUNGS*BLOG* (Apr. 13, 2021), https://verfassungsblog.de/political-system-transformation-in-hong-kong/; Simon N. M. Young, "The Decision of the National People's Congress on Improving the Election System of the Hong Kong Special Administrative Region", 60 INTERNATIONAL LEGAL MATERIALS 1163 (2021).

以及第二屆立法會 60 個議席中的 6 席。根據《香港基本法》原有的附件二，從第三屆立法會開始，選舉委員會便不再選舉任何立法會議員，立法會議員一半由分區直選產生，另一半由功能組別選舉產生。

2021 年的選舉改革恢復了選舉委員會選舉立法會部分議席的功能（選委會選舉行政長官的職權則維持不變），而且由它負責選舉較大比例的立法會議員，這是這次選舉改革的重點之一。根據此改革，選舉委員會不但負責選舉部份立法會議員，而且選舉委員會的每位成員也享有對循不同途徑參選立法會的候選人的提名權，每名參選的候選人（包括分區直選、功能組別選舉和選委會選舉途徑參選者），必須獲得這個新的選舉委員會的五大界別中每個界別裏至少兩名選委會成員的提名，才能參選。此外，選舉制度改革還規定設立候選人資格審查委員會，此委員會可以決定候選人是否符合參選資格，在作出決定時，可考慮警務處的國家安全處對候選人是否擁護《香港基本法》和效忠香港特別行政區的審查意見，[57] 在這方面，修改後的《香港基本法》附件一和附件二明文規定，就委員會的決定不得提起訴訟。

至於選舉委員會的重構，根據這次選舉制度的改革，原有的由四大界別、每界別佔 300 人、總數為 1,200 人的選舉委員會，改為由五大界別的 1,500 人組成，每個界別產生的選委會成員人數為 300 人。五大界別包括原有的工商、金融界（第一界別）、專業界（第二界別），原有的第三界別（即「勞工、社會服務、宗教等界」）改組為「基層、勞工和宗教等界」（「基層」主要由基層社團和同鄉社團組成），第四界別則由立法會議員和「地區組織」的代表擔任選委會成

---

57 擁護《基本法》和效忠中華人民共和國香港特別行政區的要求源於《基本法》第 104 條，其進一步闡釋見於上述全國人大常委會 2016 年通過的對《基本法》第 104 條的解釋以及其在 2020 年通過的《關於香港特別行政區立法會議員資格問題的決定》，和香港特別行政區立法會在 2021 年 5 月 12 日通過的《公職（參選及任職）（雜項修訂）條例》。此《公職條例》同時要求區議會議員作類似於《基本法》第 104 條規定的就職宣誓，這條例的執行最終導致 49 名在 2019 年的區議會選舉中當選的區議員因被裁定宣誓無效（因其言行與其誓言不一致）而喪失其議員資格：參見〈區議員剩 151，四成泛民，原 479 席佔八成〉，《明報》，2021 年 10 月 22 日，A7 版。全港共有 18 個區議會，區議員原來有 479 人，在大批區議員辭職以及上述部分區議員被裁定喪失議員資格後，只剩下 151 人。

員（原有的第四界別中由區議員互選的選委會席位則被取消，在新的第四界別裏，有權選舉選委會成員的地區組織主要是由政府任命的地區性諮詢組織，也包括中國內地的港人團體），新的第五界別則由港區全國人大代表、港區全國政協委員和指定的全國性團體的香港成員的代表擔任選委會成員。此外，對於原有第一、第二和第三界別的選民資格也有所調整，基本上是取消原有的「界別分組」中個人的投票權，只有被指定的團體或機構才有投票權或有權委派其代表作為選委會的成員。

這次選舉制度改革的整體效果，是大大壓縮了原有的「反對派」（即「泛民主派」、「本土派」等「非建制派」陣營的人物）日後參政的空間，並同時保證由「建制派」或「愛國愛港」人士在日後長期佔有選舉委員會和立法會的絕大多數議席，從而主導這兩個機構。[58]

在中央政府負責領導港澳工作的韓正副總理在 2021 年全國人大會議期間指出，[59] 這次選舉制度改革涉及的不是「民主與不民主的問題」，而是「顛覆與反顛覆的鬥爭」，意思是說，選舉制度改革的目的，在於防止香港社會中的所謂「反中亂港」勢力通過選舉奪取香港特別行政區的管治權、或在選舉委員會和立法會

58　參見蔡子強：〈具中國特色的香港選舉：「提名」而非「投票」決定結果〉，《明報》，2021 年 11 月 10 日，B7 版。選舉制度改革後新的選舉委員會在 2021 年 9 月 19 日選舉產生，1,448 名選委會成員中只有 1 名「非建制派」政治人物，參見〈民建聯握一成票，泛民：選委清一色〉，《明報》，2021 年 9 月 21 日，A1 版。至於新一屆的立法會選舉，於 2021 年 12 月 19 日舉行，共有 153 名參選人（分區直接選舉、功能界別選舉和選委會選舉的參選人分別有 35、67 和 51 人）角逐 90 個議席，根據參選人自己報稱的政治立場，13 人屬「非建制派」，其中只有一人當選。一般分析認為這是由於以往支持「非建制派」的選民沒有在這次選舉出來投票；是次選舉的投票率為所有登記選民的 30.2%，相對於上一次（2016 年）立法會選舉的 58.28%）。參見〈154 人爭 90 席〉，《明報》，2021 年 11 月 13 日，A2 版；〈譚香文曾提光時，資審委准入閘〉，《明報》，2021 年 11 月 20 日，A2 版（154 名報名參選人士中有 1 名因其有兼職政府僱員的身份而被裁定不符合參選資格）；〈新制立選投票率三成，歷來最低〉，《明報》，2021 年 12 月 20 日，A1 版；〈非建制直選盡墨，狄志遠 1：89〉，《明報》，2021 年 12 月 21 日，A1 版；蔡子強、陳雋文：〈究竟哪些人沒有投票？〉《明報》，2021 年 12 月 22 日，B7 版。

59　參見韓正：〈完善香港選舉制度是保衛戰〉，《信報》，2021 年 3 月 8 日，A13 版；韓正：〈改制是顛覆反顛覆問題，非民主問題〉，《明報》，2021 年 3 月 8 日，A3 版。

取得相當數目的議席[60]。

　　從這次選舉制度改革的內容來看，中央政府在重新評估「一國兩制」及其政治體制和選舉制度的運作的情況後，已經斷定 1990 年制定的《香港基本法》的附件一和附件二所設計的選舉制度存在漏洞或缺陷，不能適應近年來香港愈趨惡劣的政治情況，尤其是不能保證「愛國者治港」、「行政主導」和特區的有效統治。再者，原有的附件一和附件二容許香港特別行政區在 2007 年以後，通過立法會中三分之二多數的同意，便可以修改香港的選舉制度，使它向《香港基本法》第 45 條和第 68 條規定的「雙普選」的目標邁進。現在中央在作出重新評估後，認為這是製造特區的政治不穩定的因素之一。[61] 因此，在修改後的《香港基本法》附件一和附件二中，已經再沒有由特別行政區自己啟動、並由其立法會以

60　中央港澳工作領導小組辦公室和國務院港澳事務辦公室在其共同發表的文章中指出，必須「切斷反中亂港勢力奪取香港管治權的制度通道」，並「為確保『愛國者治港』提供⋯堅實的制度保障」（參見中央港澳工作領導小組辦公室、國務院港澳事務辦公室（注 35）；另外，權威性官方刊物《求是》雜誌評論員指出，「這一次，全國人大及其常委會修改完善香港選舉制度，最直接、最重要的目的，就是要有效彌補香港特別行政區選舉制度中存在的漏洞和缺陷，確保行政長官必須由中央信任的堅定的愛國者擔任，確保愛國愛港力量在選舉委員會和立法會中穩定地佔據壓倒性優勢」，參見〈確保「一國兩制」實踐行穩致遠〉，《求是》，2021 年 4 月 30 日，www.qstheory.cn/dukan/qs/2021-04/30/c_1127389822.htm（最後瀏覽日：2021 年 11 月 30 日）；中華人民共和國國務院新聞辦公室：《「一國兩制」下香港的民主發展》（白皮書）（發表於 2021 年 12 月 20 日），http://www.gov.cn/zhengce/2021-12/20/content_5662052.htm（最後瀏覽日：2022 年 1 月 18 日）。值得留意的是，在「反修例運動」進行期間舉行的 2019 年 11 月 24 日的區議會選舉，支持「反修例」的「反對派」（包括「泛民主派」、「本土派」等）候選人在以往由「建制派」佔多數議席的全港 18 個區議會中，贏得 85% 的議席（包括在 17 個區議會中的絕大多數議席），令中央政府大為震驚。以得票率來說，「反對派」在這次選舉中取得約 57% 的選票，而在這次選舉中投票率和投票總人數都遠超以往的選舉。參見 2019 年 11 月 25-26 日的香港報章，如明報、South China Morning Post 等。

61　參見注 35 及注 60 所引的兩篇《求是》雜誌的文章。

三分之二多數通過的選舉制度改革的這種安排。[62]

　　中央政府似乎認為，香港特別行政區的政治發展，從 2014 年的「佔領中環」
到 2019 年「修例風波」，已經出現了嚴重失控的局面，必須動大的「手術」，[63]
實現一種管治上的「範式轉移」，[64] 才能使中央所願意實施的「一國兩制」重回正
軌。《香港基本法》原有附件一和附件二背後的假設是，直接選舉比由選舉委員
會選舉產生立法會議席更為民主，所以規定在特區成立的頭 10 年內，逐步減少
由選舉委員會選舉產生的議席，同時逐步增加分區直選的議席。但根據 2021 年
選舉制度改革的思路，由選舉委員會產生較大比例的立法會議員，有利於保障特
區的「整體利益」，並為「愛國者治港」、「行政主導」等原則提供更有效的制度

62　將來對《基本法》附件一和附件二規定的選舉制度的任何修改，只能由中央國家機關啟
　　動和通過。應當指出，《中英聯合聲明》沒有「雙普選」的規定，參見注 28。官方《瞭望》
　　雜誌指出：「全國人大及其常委會此次對基本法附件一、附件二作出修改，而沒有對基本
　　法第 45 條和第 68 條作出修改，而這兩條明確規定根據香港特別行政區的實際情況和循
　　序漸進的原則，最終達至普選產生行政長官和全部立法會議員由普選產生的目標。這充
　　分說明，中央堅定推進香港民主政制發展的方向和目標沒有變。」（白林、胡創偉、劉明
　　洋：〈全面落實「愛國者治港」：修改完善香港選舉制度始末〉，《瞭望》，2021 年 5 月 1 日，
　　http://www.locpg.gov.cn/jsdt/2021-05/01/c_1211138127.htm（最後瀏覽日：2021 年 11 月
　　30 日））。香港行政長官林鄭月娥在全國人大通過關於完善香港選舉制度的決定時表示：
　　「我知道大家對普選有一定的要求，而《基本法》第 45 條、第 68 條最終的目標都是希望
　　可以透過普選，即一人一票選出特區的行政長官，以及之後全部立法會議員都由普選產
　　生，這個最終目標沒有改變，在人大決定裡亦沒有改變。但是如何達至這個目標？是需
　　要共同的努力，因為它需要看香港的實際情況，要循序漸進。如果香港的實際情況令國
　　家安全不能獲得保證，談何有進一步的發展呢？我相信如果我們在今次完善選舉制度後
　　能夠保障國家安全，能夠令香港出現一個長治久安的局面，我們一定可以繼續探討如何
　　及何時可以落實《基本法》第 45 條及第 68 條內普選的目標。」參見行政長官就全國人
　　民代表大會通過關於完善香港特區選舉制度的決定會見傳媒開場發言及問答內容，香港
　　特別行政區政府公報，2021 年 3 月 11 日，https://www.info.gov.hk/gia/general/202103/11/
　　P2021031100808.htm（最後瀏覽日：2021 年 11 月 30 日）。
63　引述自國務院港澳辦副主任張曉明的發言，見於〈港澳辦：循序漸進非次次擴直選〉（注
　　54）。
64　參見社評：〈中央把關從嚴從緊，香港政治範式轉變〉，《明報》，2021 年 3 月 31 日，A6
　　版。

保障。[65]

　　總的來說，2021 年的選舉制度改革，反映中央政府認為西方式的民主或以普選和廣大群眾參與為核心的民主理念，並不適用於「一國兩制」下的香港特別行政區，[66]「一國兩制」下的香港必須發展適合香港特別行政區的情況的「具有香港特色的民主制度」，[67] 從而保障香港的「長期繁榮穩定」以及「國家主權、安全、發展利益」。[68]

65　參見王晨（注 55）。

66　參見 Lau Siu-kai（劉兆佳），"New election system sustains 'One Country, Two Systems'"，CHINA DAILY, Sept.20,2021, https://www.chinadailyhk.com/article/239193#New-election-system-sustains-'one-country-two-systems'; Lau Siu-kai, "Elite politics can serve common people in HK"，CHINA DAILY, Sept. 29, 2021, https://www.chinadailyhk.com/article/240672#Elite-politics-can-serve-common-people-in-HK.

67　引自中央港澳工作領導小組辦公室、國務院港澳事務辦公室（注 35）。另可參見中華人民共和國國務院新聞辦公室：《「一國兩制」下香港的民主發展》（注 60）。

68　參見《全國人民代表大會關於完善香港特別行政區選舉制度的決定》，2021 年 3 月 11 日通過。

小　結

　　「一國兩制」是鴻圖壯志的事業，特別是考慮到「一國」之內的「兩制」存在巨大差異的話，「兩制」在「一國」裏如何共存、如何互動，是一個創新性的課題。上世紀80年代初期提出「一國兩制」構想時，「兩制」之間的主要差異似乎被認為是經濟制度的不同；也就是說，「兩制」便是內地的社會主義和香港的資本主義。從那時起，我國進行的改革開放已經從根本上實現了從社會主義計劃經濟向社會主義市場經濟的過渡，內地與香港在經濟上的差距已經大為縮小，新的情況是「兩制」之間的差異主要在於政治和法律方面，而不在於經濟方面。

　　就特區政治體制的發展來說，《香港基本法》規定香港特別行政區的選舉制度可循序漸進地改革，朝「雙普選」的最終目標邁進；但正如本文所述，這導致香港政局長期處於不穩定狀態，這反映於從2014年的「佔領中環」運動到2019年的「修例風波」這段期間的愈趨激烈的社會衝突。至於旨在維護國家安全和統一的《香港基本法》第23條，又長期未能實施，直至2020年，全國人大的決定和其後全國人大常委會制定的《香港國安法》，終於填補了這個立法漏洞。2021年，中央政府採取了進一步的行動，修改了《香港基本法》原本設立的選舉制度，以保證「愛國愛港」人士能長期主導香港特別行政區的選舉委員會和立法會。

　　但是，《香港國安法》以後將怎樣實施，法院怎樣處理正待審訊的有關案件，修改後的選舉制度在實踐中將怎樣改變香港原來的政治運作，尚待觀察。「一國兩制」的實踐所面對的挑戰仍是巨大的；「一國」和「兩制」如何取得適當平衡，中央的全面管治權和香港的高度自治權如何「有機結合」，仍需各方進一步努力研究，上下而求索，尋求出路。

第一講
我國憲法的發展歷史

任喜榮

第一節　中華人民共和國成立前的憲法實踐

一、憲法的概念

　　理解中國憲法發展史首先從理解憲法開始。至於何為憲法，沒有一個標準的定義。人們通常把近代民主國家的出現作為憲法產生的政治基礎。在此之前即使有「憲法」這個詞語的使用，也往往與普通法律無區別。如在中國古代典籍中就有「憲」或「憲法」，《尚書‧說命下》中有「監於先王成憲，其永無愆」，《國語‧晉語》中有「賞善罰奸，國之憲法也」，但其含義與普通法律無異。而英文中的 constitution，其拉丁詞源為 constitutio，含義是組織、確立的意思，要麼指稱皇帝所頒佈的「詔令」「諭旨」之類的文件，要麼在組織法意義上被使用。近代民主國家產生以後，為將代議民主、限制王權、保障人權等理念和制度用法律形式確認下來，「憲法」被用來表示規定這種新制度的法律。憲法從此有了它的獨特性，成為現代國家法律體系中的根本法。與普通法律相比，憲法表現出如下特徵：

1.憲法是民主國家的法律標誌

　　1787 年，北美十三州中的十二州選派 55 名代表參加費城會議，這次會議制定的《美利堅合眾國憲法》是世界上第一部成文憲法，也是目前世界上適用時間最長的憲法。繼美國聯邦憲法後，1789 年法國制憲會議頒佈了享譽世界的《人和公民權利的宣言》，1791 年制定了歐洲大陸第一部成文憲法。19 世紀，憲法逐漸在世界流行開來，到了 19 世紀晚期，歐洲除俄國外，都紛紛制定了憲法。

18 世紀晚期出現的憲法是一種全新的法律形式。它隨着工業革命的發生、市場經濟的發展、代議民主制度的建立而出現。它的主要內容就是將代議民主制度下的國家權力配置關係固定下來，將人的基本權利確認下來。憲法因此被視為是「民主制度法律化」的基本形式，是民主國家的法律標誌物。

2.憲法規定國家最根本、最重要的問題

各國憲法內容多有不同。就其基本內容看，大致可分為三類：其一，國家權力的配置，包括國家橫向權力的配置，即立法權、行政權、司法權的分配，以及國家縱向權力的配置，即中央與地方權力的分配；其二，公民基本權利的確認，包括平等權、政治權利、人身自由權利、言論自由權利、財產權利、受教育權利、救濟權等；其三，國家在經濟、文化、社會、環境等方面的基本政策性規定。上述內容對於國家運行而言都是最根本、最重要的，普通法律或在內容上沒有如此廣泛的跨度，或僅是對憲法中原則性規定的具體化。

3.憲法的制定與修改程序比普通法律嚴格

憲法內容的根本性與重要性決定了憲法文本的穩定性，絕大多數國家在憲法的制定和修改程序上作了比普通法律更嚴格的規定。憲法的制定通常會成立制憲會議、憲法起草委員會等專門機構；憲法的修改在程序上比普通法律更為嚴格，如美國聯邦憲法修正案在國會通過後還需要 3/4 州議會的通過，我國憲法修正案則需要全國人大代表 2/3 以上多數通過，而普通法律只要半數通過即可。

4.憲法具有最高的法律效力

在法律體系中，憲法具有最高的法律效力。我國憲法序言規定：「本憲法以法律的形式確認了中國各族人民奮鬥的成果，規定了國家的根本制度和根本任務，是國家的根本法，具有最高的法律效力。全國各族人民、一切國家機關和武裝力量、各政黨和各社會團體、各企業事業組織，都必須以憲法為根本的活動

準則，並且負有維護憲法尊嚴、保證憲法實施的職責。」憲法是普通法律制定的基礎和依據，是所有社會主體的最高行為準則，與憲法相抵觸的普通法律全部或部分無效。為了保證憲法的最高法律效力，各國建立了各具特色的違憲審查制度，以糾正各類違憲現象，維護國家法制的統一。

綜上，可將憲法界定為：確認國家的民主事實，規範國家權力運行和保障公民基本權利的、具有最高法律效力的國家根本法。

二、晚清預備立憲的展開

1840 年鴉片戰爭至 1911 年辛亥革命前是晚清時期。1840 年後，西方列強侵入中國，清王朝內憂外患、風雨飄搖。經歷了第一次鴉片戰爭、第二次鴉片戰爭、中法戰爭、中日甲午戰爭並均遭敗績後，清王朝簽訂了一系列喪權辱國的不平等條約，不僅割地賠款，也喪失了治外法權，淪為半殖民地半封建國家。這嚴重地刺激了一部分中國人去思考如何治理國家，如何變革制度，避免「亡國滅種」的命運。

1. 近代憲法理念的傳播

19 世紀中葉以後，封建帝制的中國開始出現了「睜開眼睛看世界」的先進知識分子。他們當中傑出的代表包括魏源、鄭觀應、嚴復、康有為、梁啟超等人。他們接觸過西方文化，認為除了需要購置堅船利炮以強軍、發展經濟以強民外，更有必要引入西方的民主制度來改造中國。他們著書立說、翻譯西方啟蒙思想家的著作，傳播西方的民主法治思想。這就為中國憲法產生作了思想上、理論上的準備。鄭觀應在《盛世危言》中要求清政府「立憲法」「開議院」，實行君主立憲，首次將憲法概念介紹到中國。嚴復翻譯了英國生物學家赫胥黎（Thomas Henry Huxley）的《進化與倫理》，將「物競天擇，適者生存」的進化論思想傳播到中國，為維新變法提供了理論基礎。中日甲午戰敗，康有為、梁啟超等人提出了變法主張，主張設議院、開國會、定憲法，實行「三權鼎立」之制。

2. 法律體系的近代化

1906 年，清政府在內憂外患之下宣佈實行預備立憲，首先從官制改革和修訂法律入手為立憲準備。晚清官制改革從中央入手，參照君主立憲體制，釐清行政司法各官，官制改革表面上借鑒了西方「三權分立」主張，實際上仍然致力於鞏固皇權。1903 年，修訂法律館成立，開始按照大陸法系的六法制訂新的法律，主要制訂了《大清新刑律》《民律草案》《商律》《刑事訴訟律》《民事訴訟律》《法院編制法》等重要法律。晚清修律雖不足十年，卻取得了明顯的成果，成為中國法律近代化的開端。

3. 《欽定憲法大綱》

1908 年 8 月，清政府頒佈《欽定憲法大綱》，以日本明治憲法為藍本，制定了實行君主立憲的方案。《欽定憲法大綱》分為「君上大權」和附錄「臣民權利義務」兩部分。「君上大權」規定皇帝享有頒行法律、發交議案、召集及解散議院、設官制祿、黜陟百司、統帥陸海軍、編訂官制、宣戰、講和、訂立條約、宣告戒嚴之權，當緊急之時，得以發佈代法律之詔令限制人民之自由。「臣民權利義務」規定臣民依照法律規定，有納稅、當兵、遵守法律之義務，所有言論、著作、出版及集會、結社事宜，均須於法律範圍以內，始准其自由。對於這樣一部有名無實的憲法性文件，清政府仍無意立即實施，規定了為期 9 年的預備立憲期。

《欽定憲法大綱》是中西法律文化融合的產物，以全新的法律形式確認君上大權，其基本精神仍然在於維護滿清專制統治。1911 年辛亥革命爆發，清政府緊急炮製出另一部憲法性文件——《憲法重大信條十九條》，在形式上縮小皇帝的權力，擴大國會的權力，以圖挽救覆亡命運。1912 年 2 月 12 日，清帝宣佈退位，清王朝覆滅，《十九信條》隨之被廢棄。

三、多種類型憲法的實踐

　　20世紀上半葉，中國社會動盪不安，不僅經歷了從封建帝制到民主共和的轉變，也經歷了軍閥混戰和侵略者鐵蹄的踐踏。中國逐漸融入世界民主政治大潮，不同的政治勢力在獲得統治權的時間和地域範圍內，紛紛制定憲法或憲法性文件，開始了多種類型憲法的實踐。

1.《中華民國臨時約法》

　　孫中山領導的辛亥革命推翻清王朝統治，結束了中國兩千多年的封建帝制，建立了中華民國。孫中山主持制定《中華民國臨時約法》，於1912年3月11日正式頒佈實施，是中華民國初創時的臨時憲法。《臨時約法》規定「中華民國之主權，屬國民全體」，在中國歷史上首次以根本法的形式確認了人民主權原則。《臨時約法》依照三權分立的原則，構建了責任內閣制的政權組織形式。參議院是立法機關。臨時大總統是國家元首，執行法律、統率全國海陸軍，制定官制官規、任免文武職員、宣戰媾和對外締結條約等須經參議院同意或議決。法院是司法機關，由臨時大總統及司法總長分別任命的法官組成。《臨時約法》規定人民享有人身、財產、言論、結社、信仰、居住、遷徙等較為廣泛的權利和自由。還規定只有「認為增進公益、維持治安或非常緊急必要時」，才能依法對人民的權利和自由加以限制。《臨時約法》以根本法的形式廢除了在中國延續兩千多年的封建專制，確立了主權在民、「三權鼎立」等資產階級民主原則，具有反封建的重大進步作用和積極的歷史意義。但袁世凱就任大總統後，試圖擺脫《臨時約法》的束縛，1914年頒佈《中華民國約法》，史稱「袁記約法」，取消責任內閣制，實行總統制，後又復辟帝制。

2.《中華民國訓政時期約法》

　　南京國民政府在北伐戰爭勝利統一全國後，比附孫中山先生軍政、訓政、憲政的「建國三時期」理論，於1931年5月制定了《中華民國訓政時期約法》。

《訓政時期約法》奉行「三民主義」和「五權憲法」思想，除規定主權在民及人民之權利義務外，在政府組織形式部分，規定政府實行五院制，設立行政院、立法院、司法院、考試院、監察院。由於《訓政時期約法》中規定由國民黨全國代表大會代表國民大會行使中央統治權，國民黨代表大會閉會時，其職權由中央執行委員會行使。在具體內容上確認了國民黨一黨專政和蔣介石個人獨裁的專制統治，將「以黨治國」憲法化，沒有為中國帶來真正的民主。

3.《中華蘇維埃共和國憲法大綱》

1927 年，中國共產黨創建革命根據地，建立了工農民主政權——蘇維埃政權。1931 年，在江西瑞金召開的第一次全國蘇維埃代表大會通過了《中華蘇維埃共和國憲法大綱》，經 1934 年 1 月召開的第二次代表大會修改，正式公佈施行。《憲法大綱》明確了中華蘇維埃共和國的國家性質，「中華蘇維埃所建設的，是工人和農民的民主專政國家。蘇維埃政權是屬於工人、農民、紅色戰士及一切勞苦民眾的」。中華蘇維埃共和國的政治制度是根據民主集中制原則建立的工農兵蘇維埃代表大會制度，「中華蘇維埃共和國之最高政權，為全國工農兵蘇維埃代表大會。在大會閉會期間，全國蘇維埃臨時中央執行委員會為最高政權機關。在中央執行委員會下組織人民委員會，處理日常政務，發佈一切法律和決議案」。《憲法大綱》是中國共產黨領導人民制定的第一部憲法性文件，也是中國歷史上由人民政權制定並公佈實施的第一個憲法性文件。

4.《中華民國憲法》

《中華民國訓政時期約法》一經頒佈即面臨廣泛批評，「結束訓政、實行憲政」的呼聲日益高漲。迫於壓力，國民黨政府 1933 年 1 月成立憲法起草委員會，1936 年 5 月 5 日公佈憲法草案，稱「五五憲草」。因時局變化，「五五憲草」始終未生效。抗戰勝利內戰爆發後，1946 年 11 月，國民黨單方面召開「國民大會」，因中共和民盟拒絕參加而被視為「偽國大」。會議於 12 月 25 日通過了《中華民國憲法》，並於 1947 年 1 月 1 日正式公佈，共 14 章 175 條。這部憲法

以「五五憲草」為基礎，在很大程度上依據孫中山先生五權憲法思想制定，採用了權能分立的國民大會制和五權分立的五院制。這部憲法有總統制的痕跡，又具有責任內閣制的特徵，是多種政體模式的混合。如規定「總統依法公佈法律，發佈命令，須經行政院院長之副署，或行政院院長及有關部會首長之副署。」「總統依法宣佈戒嚴，但須經立法院之通過或追認」，行政院對「立法院負責」等。由於對總統權力限制頗多，憲法通過後，蔣介石即提出不再擔任總統。1948 年 4 月，國民大會通過《動員戡亂時期臨時條款》，幾乎解除了對總統權力的所有限制。國民政府退居台灣後，這個臨時條款直至 1991 年才得以廢除。

第二節　新中國臨時憲法：《共同綱領》

一、中華人民共和國的成立

　　1946 年國民黨政府挑起內戰後，軍事上節節敗退，1949 年初，中國共產黨領導的人民解放戰爭取得決定性勝利，這為建立社會主義的新中國提供了必要的軍事基礎。同時，中國共產黨在政治上也為建立新中國做積極準備。1948 年 4 月 30 日，中共中央發佈《紀念「五一」勞動節口號》，其中第 5 條號召：「各民主黨派、各人民團體及社會賢達，迅速召開新的政治協商會議，討論並實現召集人民代表大會，成立民主聯合政府」。中共中央的號召一經發出，就得到了各民主黨派、各人民團體、無黨派民主人士的積極響應和支持。5 月 5 日，當時在香港的各民主黨派領導人聯名致電毛澤東，熱烈響應中共號召。1949 年 1 月 22 日，李濟深、何香凝等 55 位民主黨派領導人和無黨派民主人士聯名發表《對時局的意見》，宣告「願在中共領導下獻其綿薄，共策進行」，「以期中國人民民主革命之迅速成功，獨立、自由、和平、幸福的新中國之早日實現」。召開政治協商會議、建立新中國的政治基礎已經形成。

　　1949 年 3 月 5 日至 13 日，中共七屆二中全會在西柏坡村舉行，全會批准了由中國共產黨發起，協同各民主黨派、人民團體和無黨派民主人士，召開沒有反動派參加的新的政治協商會議以及成立民主聯合政府的建議。這次會議的精神成為召開政協會議、制定共同綱領、建立新中國的理論基礎和政策基礎。

　　1949 年初，中共中央提出廢除國民黨舊法統的聲明，即「在國民黨反動統治下制定和建立的包括憲法在內一切法律、典章、政治制度、政治機構和政治權力等，均歸無效，均應徹底剷除」。1949 年 2 月，中共中央發佈了《廢除國民黨的六法全書與確立解放區的司法原則的指示》。同年 4 月，華北人民政府頒發了

《廢除國民黨的六法全書及一切反動的法律的訓令》。這個指示是中華人民共和國法制建設的基礎和出發點，對中國法制建設產生了深遠的影響。

1949 年 6 月 15 日，新政治協商會議籌備會在北平開幕。對於行將建立的新中國是一種什麼性質的國家這一問題，不得不提及 1949 年 6 月 30 日毛澤東發表的著名論文《論人民民主專政》。他指出：「總結我們的經驗，集中到一點，就是工人階級（經過共產黨）領導的以工農聯盟為基礎的人民民主專政。這個專政必須和國際革命力量團結一致。這就是我們的公式，這就是我們的主義經驗，這就是我們的主要綱領。」

1949 年 9 月 21 日，中國人民政治協商會議第一屆全體會議開幕。中國人民政治協商會議在當時具有兩種屬性：其一是統一戰線的組織形式，是一種政治協商的機制；其二行使了最高國家權力機關的職權。9 月 27 日，會議通過《中國人民政治協商會議組織法》《中華人民共和國中央人民政府組織法》，通過中華人民共和國國都、紀年、國歌、國旗四個議案，確定中華人民共和國定都北京，採用公元紀元，國歌為義勇軍進行曲，國旗為紅地五星旗，象徵中國革命人民大團結。29 日，政協第一屆全體會議莊嚴通過《中國人民政治協商會議共同綱領》。

中國人民政治協商會議第一屆全體會議選舉產生了中央人民政府主席、副主席和委員，組成了中央人民政府委員會。中央人民政府委員會於 1949 年 10 月 1 日在北京就職，一致決議：宣告中華人民共和國中央人民政府成立，接受共同綱領為中央人民政府的施政方針。

二、《共同綱領》體系與內容

《共同綱領》除序言外，分為總綱、政權機關、軍事制度、經濟政策、文化教育政策、民族政策和外交政策，共 7 章，總計 60 條。

1. 關於國家性質的規定

《共同綱領》序言宣告中國人民解放戰爭和人民革命的偉大勝利，帝國主

義、封建主義和官僚資本主義在中國的統治時代宣告結束。中國人民由被壓迫的地位變成為新國家的主人，人民民主專政的共和國將代替封建買辦法西斯專政的國民黨反動統治。中國的人民民主專政是中國工人階級、農民階級、小資產階級、民族資產階級及其他愛國民主分子的人民民主統一戰線的政權，而以工農聯盟為基礎，以工人階級為領導。總綱第一條規定：「中華人民共和國為新民主主義即人民民主主義的國家」。在序言中以歷史主義的視角闡明中國共產黨領導中國人民建立新中國的偉大成就，在總綱第一條明確規定國家的性質，成為以後歷部憲法的共同特點。

2. 關於人民權利和義務的規定

從《共同綱領》的結構來看，個人權利與義務被規定在第一章總綱部分。總綱規定人民享有選舉權和被選舉權；享有思想、言論、出版、集會、結社、通訊、人身、居住、遷徙、宗教信仰及示威遊行的自由權；婦女享有與男子平等的權利、各民族平等；以及國民均有保衛祖國、遵守法律、遵守勞動紀律、愛護公共財產、應徵公役兵役和繳納賦稅的義務。儘管權利的內容不夠詳細，但毫無疑問把權利的保護放在了重要的地位。

3. 人民代表大會制度的初步建構

中國人民代表大會制度的萌芽可以追溯到大革命時期的農民協會以及中華蘇維埃政權時期的工農兵代表大會。後經抗日戰爭時期的參議會制度及建國前的人民代表會議制度。《共同綱領》在我國正式建構了人民代表大會制度，規定：「人民行使國家政權的機關為各級人民代表大會和各級人民政府。各級人民代表大會由人民用普選方法產生之。各級人民代表大會選舉各級人民政府。各級人民代表大會閉會期間，各級人民政府為行使各級政權的機關。」「國家最高政權機關為全國人民代表大會。全國人民代表大會閉會期間，中央人民政府為行使國家政權的最高機關。」規定了民主集中制原則：「各級政權機關一律實行民主集中制。其主要原則為：人民代表大會向人民負責並報告工作。人民政府委員會向人

民代表大會負責並報告工作。在人民代表大會和人民政府委員會內，實行少數服從多數的制度。各下級人民政府均由上級人民政府加委並服從上級人民政府。全國各地方人民政府均服從中央人民政府。」

4. 人民司法制度的初步建立

《共同綱領》明確規定要廢除國民黨反動政府一切壓迫人民的法律、法令和司法制度，制定保護人民的法律、法令，建立人民司法制度。對於司法機構，《共同綱領》設計「在縣市以上的各級人民政府內，設人民監察機關，以監督各級國家機關和各種公務人員是否履行其職責，並糾舉其中之違法失職的機關和人員。」人民政協第一屆全體會議選舉產生最高人民法院院長、最高人民檢察署檢察長，社會主義司法制度正式建立起來。

5. 國家各方面制度基本架構的規定

《共同綱領》專門規定了軍事制度、經濟政策、文化教育政策、民族政策以及外交政策，國家各方面的基本制度都在綱領中作了原則規定，具有明顯的制度建構特徵。例如關於經濟政策，《共同綱領》規定了五種經濟形式，即國營經濟、合作社經濟、私營經濟、國家資本主義經濟。關於民族政策，規定中華人民共和國境內各民族一律平等。

三、對新中國憲法發展的影響

《共同綱領》在建國初期起到了臨時憲法的作用，是新中國法制史上重要的憲法性文件，是建設新中國的藍圖。1954 年憲法在序言中明確：「這個憲法以1949 年的中國人民政治協商會議共同綱領為基礎，又是共同綱領的發展。」

《共同綱領》的序言、總綱等體例對 1954 年憲法產生重要影響。包含眾多基本政策條款的「總綱」，是由《共同綱領》開創的。《共同綱領》被稱之為綱領，是因為有許多條款並不具有嚴格的規範性，是未來要爭取達到的奮鬥目標。這個

特點在其後的歷部憲法中都得到了表現。特別是憲法序言和總綱部分表現最為鮮明。

　　新中國民主制度的結構是由《共同綱領》開創的，人民民主專政的政權、人民代表大會制度、民族區域自治制度、公民基本權利和自由等在《共同綱領》中加以具體化。雖然 1954 年憲法及其後的歷次修改，在規定這些問題的時候各自調整，但根本制度的結構最先在《共同綱領》中寫明。甚至中華人民共和國這個國名，也是在《共同綱領》的起草過程中確定的。

　　總之，《共同綱領》是一部立足中國實際、切合人民需要的憲法性文件，起到了臨時憲法的作用，為 1954 年憲法制定奠定了基礎。《共同綱領》的實施，對建國初期的政治、經濟、文化和社會生活起了重要的作用。它鞏固和發展了人民民主專政，完成了民主革命的歷史遺留任務，恢復和發展了長期被破壞的國民經濟，為國家的社會主義改造和建設事業創造了良好的前提條件，是新中國憲法發展史上的里程碑。

第三節　新中國的第一部憲法：1954 年憲法

一、一屆全國人大一次會議

　　制定新中國第一部憲法的基本條件之一是在全國實現普選，並在此基礎上選舉產生全國人大代表。1953 年 2 月 11 日，《中華人民共和國全國人民代表大會及地方各級人民代表大會選舉法》審議通過，規定了選舉的平等性、普遍性、直接選舉與間接選舉並用的原則，提高了選舉制度的民主性。選舉法對各級人大代表名額作出規定，對選舉委員會成立、選民登記、代表候選人提出、選舉程序以及對破壞選舉等作出規定，在發展社會主義民主與發揮人民群眾的政治積極性方面發揮了重要作用。

　　根據選舉法的規定，1953 年 3 月 4 日，中央選舉委員會發出了關於基層選舉工作的指示。為配合選舉的進行，政務院還以 1953 年 6 月 30 日 24 時為計算標準時間，開展了人口普查。經過普查，全國人口總數為 601,912,371 人。這是中國有史以來第一次經過人口普查而得到準確的人口統計數字。1954 年 4 月開始，全國一些地方完成了基層選舉工作，建立了人民代表大會制度的基層政權。1954 年 6 月至 7 月，全國各地召開了人民代表大會會議。這次普選是一次生動的民主實踐，為第一屆全國人大的順利召開奠定了基礎，在新中國政治生活中具有重大意義。

　　9 月 15 日至 28 日，第一屆全國人大第一次會議在北京隆重舉行，大會的主要任務是制定憲法，通過《中華人民共和國全國人民代表大會組織法》《中華人民共和國國務院組織法》《中華人民共和國人民法院組織法》《中華人民共和國人民檢察院組織法》《中華人民共和國地方各級人民代表大會和地方各級人民委員

會組織法》等幾部重要法律，通過政府工作報告，選舉國家領導人等。

二、憲法起草

1.成立憲法起草委員會和憲法起草小組

在準備召開全國人大第一次會議同時，憲法起草工作同時展開。1953 年 1 月，成立憲法起草委員會，成員 33 人，民革、民盟、民建各 2 人，其餘民主黨派及人民團體各 1 人，毛澤東任主席。從委員會的構成看，它是高規格的、具有廣泛代表性的機構，體現憲法起草工作的權威性和嚴肅性。1954 年初，中共中央指定成立憲法起草小組，由毛澤東領導並親自參加工作。起草小組擬定的初稿，作為憲法起草委員會進行工作和討論的基礎。起草小組從 1954 年 1 月 7 日開始，3 月 9 日結束，歷時兩個月。

2.擬定憲法草案初稿

1954 年 1 月 9 日憲法起草小組正式展開工作。從憲法起草中毛澤東發給中央的電文可以看出，當時憲法起草主要參考文件包括：1936 年蘇聯憲法及斯大林報告；1918 年蘇俄憲法；羅馬尼亞、波蘭、德國、捷克等國憲法；1913 年天壇憲法草案、1923 年曹錕憲法、1946 年蔣介石憲法；法國 1946 年憲法。上述文件參考目的不同，參考羅、波是「取其較新」，參考德、捷是「取其較詳並有特異之點」，參考天壇憲草、曹錕憲法和蔣介石憲法是因為「可代表內閣制、聯省自治制、總統獨裁制三型」，參考法國憲法是因為它「可代表較進步較完整的資產階級內閣制憲法」。由此可見，當時的憲法起草保持了一個相當開放的態度，指導方針也確定為「以事實為根據，不能憑空臆造」，保證憲法與中國社會現實相契合。

毛澤東親自領導了整個憲法起草工作。最終形成的憲法草案初稿的結構分為憲法序言、第一章總綱、第二章國家組織系統、第三章公民的基本權利和義務、第四章國旗、國徽、首都。1954 年 3 月，毛澤東向憲法起草委員會提交了

中共中央擬定的憲法草案初稿，由憲法起草委員會充分討論並廣泛徵求意見。

3.草案的全民大討論

憲法草案初稿形成後，憲法起草委員會先後召開了 7 次全體會議進行討論，1954 年 6 月 14 日中央人民政府委員會正式通過《中華人民共和國憲法（草案）》，向全民公佈，徵求全國人民的意見。

據統計，全國參加討論的共有 1.5 億多人。從 6 月 15 日至 9 月 10 日，歷時近 3 個月的討論中，全國人民對憲法草案提出修改和補充的意見，經整理後共計 118 萬多條。這些意見從全國各地送達北京之後，由憲法起草委員會辦公室歸納分類，刊印成《全民討論意見彙編》共 16 冊。1954 年憲法是中國歷史上第一部人民自主運用制憲權而制定的民主憲法，體現了鮮明的人民性。整個制憲過程以民主原則為基礎，反映了民主的基本價值。民眾對憲法的廣泛關注與參與制憲過程的熱情實際上構成了這部憲法的社會基礎。

經過全國人民的討論，憲法草案最終形成，提交 1954 年 9 月 15 日召開的一屆全國人大一次會議審議。同年 9 月 20 日，會議全票通過《中華人民共和國憲法》，由主席團公佈後實施。

三、憲法的主要內容

1954 年憲法在結構上分為序言、總綱、國家機構、公民的基本權利和義務以及國旗、國徽、首都，共 4 章，總計 106 條。

1.關於過渡時期發展階段的規定

憲法序言規定「從中華人民共和國成立到社會主義社會建成，這是一個過渡時期。國家在過渡時期的總任務是逐步實現國家的社會主義工業化，逐步完成對農業、手工業和資本主義工商業的社會主義改造」。明確了制憲時中國還處於向社會主義過渡的過程中的事實，以根本法的形式規定了過渡時期的總任務。上

述規定決定了 1954 年憲法作為過渡時期憲法的性質。

2.關於國家性質的規定

總綱規定「中華人民共和國是工人階級領導的、以工農聯盟為基礎的人民民主國家」。在總綱第一條規定國家性質在結構上延續了《共同綱領》的特色，也是移植借鑒蘇聯 1936 年憲法的結果。按照馬克思主義觀點，任何國家都是階級專政的工具，因此，人民民主國家也就是人民民主專政的國家。與《共同綱領》第一條所規定的「實行工人階級領導的、以工農聯盟為基礎的、團結各民主階級和國內各民族的人民民主專政」相比，1954 年憲法有所發展，反映了國內的階級關係和力量的對比變化。

3.關於人民代表大會制度的規定

總綱規定：「中華人民共和國的一切權力屬人民。人民行使權力的機關是全國人民代表大會和地方各級人民代表大會。」「全國人民代表大會，地方各級人民代表大會和其他國家機關，一律實行民主集中制。」該條意味着人民代表大會制度在憲法體制上正式確立，與《共同綱領》的規定相比，人民代表大會的權力結構更加合理，即國家權力機關僅指各級人民代表大會，使中央人民政府回歸了行政機關的本質。民主集中制是我國人民代表大會制度的組織原則，其內涵表現為三方面：一是國家權力機關由人民選舉產生，並受選民或選舉單位監督；二是國家行政機關、審判機關、檢察機關一律由國家權力機關產生，並受國家權力機關監督；三是民主集中制同時包含着少數服從多數、下級服從上級、地方服從中央的原則。

4.關於社會主義經濟制度的規定

總綱用 12 條篇幅建構了建國初的國家經濟制度。具體內容包括確認生產資料所有制的四種形式：國家所有制即全民所有制，合作社所有制即勞動群眾集體

所有制，個體勞動者所有制和資本家所有制。規定國營經濟是全民所有制的社會主義經濟，是國民經濟中的領導力量和國家實現社會主義改造的物質基礎。國家保證優先發展國營經濟。規定合作社經濟是勞動群眾集體所有制的社會主義經濟，或者是勞動群眾部分集體所有制的半社會主義經濟。國家保護合作社的財產，鼓勵、指導和幫助合作社經濟的發展，並且以發展生產合作為改造個體農業和個體手工業的主要道路。規定國家依照法律保護資本家的生產資料所有權和其他資本所有權。規定國家用經濟計劃指導國民經濟的發展和改造，使生產力不斷提高，改進人民的物質生活和文化生活，鞏固國家獨立和安全。

5. 關於國家機構的規定

憲法第二章規定了新中國的國家機構體系。規定人民代表大會是國家權力機關，全國人民代表大會是最高國家權力機關，是行使國家立法權的唯一機關，地方人民代表大會是地方國家權力機關；國務院和地方各級人民委員會是國家權力機關的執行機關，是行政機關，人民法院是國家的審判機關，人民檢察院是國家的法律監督機關。各級人代表大會組織、監督、罷免其他國家機關的組成人員，其他國家機關向它負責。

6. 關於公民基本權利和義務的規定

憲法第三章規定了公民的基本權利和義務。其中權利的類型包括：平等權、政治權利（選舉權、被選舉權）、言論自由權利（言論、出版、集會、結社、遊行、示威的自由）、宗教信仰自由權、人身自由權利（人身自由、居住和遷徙自由）、社會權利（勞動和休息權、獲得物質幫助權、受教育權）、文化權利、特定群體的權利（婦女、兒童、老人、華僑、外國人）、控告權和獲得國家賠償權。在憲法總綱第 11 和 12 條規定了財產所有權和繼承權。1954 年憲法關於公民基本權利的規定在範圍上既涵蓋了第一代人權中的平等權、人身權、言論和精神自由權等權利類型，又涵蓋了社會權利、文化權利等第二代人權，在權利體系上達到了很高的水平。

7. 關於國家標誌的規定

憲法第四章規定了國旗、國徽和首都，屬國家標誌的內容。具體規定中華人民共和國國旗是五星紅旗；中華人民共和國國徽，中間是五星照耀下的天安門，周圍是穀穗和齒輪；中華人民共和國首都是北京。

四、1954 年憲法的實施及其評價

1954 年憲法作為「過渡時期」憲法，實施了 21 年。但從 1957 年下半年反右擴大化後，憲法失去了作為根本法應有的作用。憲法除了在全國人大職權中規定「監督憲法的實施」外，沒有就機制、程序等作具體規定，無法有效保障憲法實施。

1954 年憲法是新中國第一部社會主義類型的憲法，它所確立的社會主義原則和民主主義原則始終得以堅持；它的實施對於全面確立人民代表大會制度、民族區域自治制度、地方制度提供了根本法依據；它的實施也促進了我國社會主義逐步實現由新民主主義向社會主義過渡，完成生產資料的社會主義改造，解放和發展生產力，起到了巨大的歷史性推動作用；憲法維護國際和平，體現了開放性和國際性。

第四節　社會變革與憲法修改

一、憲法修改方式

憲法是國家的根本法，一個國家各方面制度的安排是歷史的、具體的，儘管憲法在控制國家權力和保障公民權利方面反映了世界文明進步的整體趨向，但各國的制度理念和具體制度多有不同，憲法結構和內容也各不相同。當國家的社會現實和具體制度發生變革後，憲法規範要隨之進行調整。當憲法規範在實施過程中發現存在明顯漏洞，不適應社會需要的時候，就需要進行憲法修改。

憲法修改主要有兩種方式，即全面修改和部分修改。全面修改又稱整體修改，是指憲法修改機關對憲法的大部分內容（包括憲法結構）進行調整、變動，通過或批准整部憲法並重新予以頒佈的活動。我國 1975 年憲法、1978 年憲法及 1982 年憲法修改就屬全面修改；部分修改是指憲法修改機關根據憲法修改程序以決議或修正案等方式對憲法文本中的部分內容進行調整或變動的活動。全國人大分別於 1979 年、1980 年對 1978 年憲法兩次修改，以及 1988 年、1993 年、1999 年、2004 年和 2018 年對 1982 年憲法的修改也屬部分修改。

二、誕生於「文革」中的 1975 年憲法

社會主義改造完成之後，1954 年憲法的修改順理成章提上了議事日程。由於 1957 年之後的一系列政治運動，特別是 1966 年開始的十年「文化大革命」，憲法修改一再被推後。直至 1975 年，四屆全國人大一次會議通過了修改後的《中華人民共和國憲法》，即 1975 年憲法。

1975 年憲法「以階級鬥爭為綱」和「無產階級專政下的繼續革命」為指導思想，堅持「無產階級必須在上層建築其中包括各個文化領域對資產階級實行全面的專政」。1975 年憲法破壞了 1954 年憲法確立的國家機構體系，取消了國家主席的建制，將原來國家主席行使的職權改為由全國人大常委會行使；取消了人民檢察院，規定檢察機關的職權由公安機關行使；規定地方各級革命委員會是地方各級人民代表大會的常設機關，同時又是地方各級人民政府。在地方各級人大不能正常召開的情況下，使地方各級革命委員會成為權力機關和行政機關的統一體；取消了人民法院依法獨立審判、公開審判、辯護制度等重要原則和制度。1975 年憲法嚴重削減了公民的基本權利。憲法第 3 章先規定義務後規定權利，模糊了權利和義務的界限，加重了義務。取消了 1954 年憲法規定的平等權、進行科學研究、文學藝術創作和其他文化活動的自由權的規定。

1975 年憲法是社會主義憲法的倒退，反映了「文化大革命」期間中國法治蕩然無存的現實，國家機構體系嚴重不科學、公民基本權利無法得到保護的國家治理現狀。

三、「文革」結束後的 1978 年憲法

1976 年 10 月，「文化大革命」結束，國家各項事業都需要「撥亂反正」，受到極大破壞的民主法制秩序亟需恢復。作為「文革」產物的 1975 年憲法首當其衝。遺憾的是，「文革」的遺毒依然對憲法修改工作造成影響，1978 年憲法僅對 1975 年憲法作了有限的修改。

與 1975 年憲法比，1978 年憲法有了一定的進步，主要表現在：指明我國已進入社會主義建設的歷史時期，規定了國家在新時期的總任務是全國人民在新的歷史時期建設農業、工業、國防和科學技術現代化的偉大的社會主義強國；刪去了 1975 年憲法關於「全面專政」的規定，強調堅持社會主義民主原則，保障人民參加國家管理的權利；恢復檢察機關的設置，健全了國家機構體系；增加了公民的一些權利和自由，如獲得物質幫助的權利等。

1978 年憲法未能完全擺脫「文革」的影響，沒有徹底糾正 1975 年憲法的錯

誤，如在序言中繼續保留「堅持無產階級專政下的繼續革命」的表述，肯定「文化大革命」；在國家機構中仍未恢復國家主席的建制，保留了地方各級革命委員會的制度；在公民基本權利和義務部分，繼續規定「大鳴、大放、大辯論、大字報」為公民的四大權利；在經濟制度方面，對個體經濟給予嚴格的限制等。因此，1978 年憲法不是一部令人滿意的憲法。

1978 年 12 月 18 日，中共十一屆三中全會召開，開啟了改革開放的時代。為了推動改革開放的發展，全國人大於 1979 年、1980 年連續對 1978 年憲法部分條文進行修改。1979 年 7 月 1 日，五屆全國人大二次會議通過了《關於修正〈中華人民共和國憲法〉若干規定的決議》。該決議對 1978 年憲法的有關條文作了較大幅度的修改，涉及 19 個條款，重塑嚴重不科學的國家機構體系。主要修改內容包括：將地方各級革命委員會改為地方各級人民政府；在縣以上地方各級人民代表大會設立常委會。常委會的設立使地方人大成為更有權威的機關；將直接選舉的範圍擴大到縣和縣級人民代表大會代表的選舉；將檢察院上下級關係由原來的監督關係改為領導關係。

1980 年 9 月 10 日，五屆全國人大三次會議通過了《關於修改〈中華人民共和國憲法〉第四十五條的決議》。該決議稱：為了充分發揚社會主義民主，健全社會主義法制，維護安定團結的政治局面，保障社會主義現代化建設的順利進行，決定：將《中華人民共和國憲法》第 45 條「公民有言論、通信、出版、集會、結社、遊行、示威、罷工的自由，有運用大鳴、大放、大辯論、大字報的權利。」修改為「公民有言論、通信、出版、集會、結社、遊行、示威、罷工的自由。」取消第 45 條中「有運用大鳴、大放、大辯論、大字報的權利」的規定。

第二講
1982 年憲法的基本原則與變遷

韓大元

　　1982 年 12 月 4 日，五屆全國人大五次會議通過了現行憲法——1982 年憲法。1982 年憲法頒行 40 年來，在中國社會的改革開放進程中，1982 年憲法奠定了國家治理體系的基礎，確立了國家的價值觀與發展目標，推動了中國社會的發展與進步，凝聚了社會共識，維護了國家統一與社會穩定。

第一節　憲法的修改背景與過程

一、修改背景

　　1978 年 12 月，黨的十一屆三中全會召開，全會確定了黨的工作由「以階級鬥爭為綱」轉移到以社會主義現代化建設為重點，提出健全社會主義民主和加強社會主義法制的目標。而 1978 年憲法是在「文化大革命」結束後不久通過的。由於受當時歷史條件的限制和「左」的思想的影響，與實際生活發生了嚴重的衝突。如前所述，儘管在 1979 年和 1980 年對 1978 年憲法進行了兩次局部修改，但從根本上，1978 年憲法已經無法適應改革開放與中國社會發展的實際需求。

　　為了充分反映黨的十一屆三中全會確定的指導思想，保持憲法與社會生活的一致，1980 年 9 月，五屆全國人大三次會議接受中共中央的建議，決定修改憲法，並通過了《關於修改憲法和成立憲法修改委員會的決議》，成立了以葉劍英為主任委員、宋慶齡和彭真為副主任委員的 106 人憲法修改委員會。

二、修改過程

　　憲法修改委員會在廣泛徵求意見的基礎上，於 1982 年 2 月提出《中華人民共和國憲法修改草案》討論稿，並經過修改後 1982 年 4 月提交五屆全國人大常委會第二十三次會議通過，並決定將其公佈，交付全國各族人民討論。1982 年 4 月 26 日，五屆全國人大常委會第二十三次會議通過了《關於公佈〈中華人民共和國憲法修改草案〉的決議》。該決議對全民憲法草案討論明確了具體的目標和要求。《決議》內容包括：第五屆全國人民代表大會常務委員會第二十三次會議同意中華人民共和國憲法修改委員會的建議，決定公佈《中華人民共和國憲法修改草案》，交付全國各族人民討論；全國各級國家機關、軍隊、政黨組織、人民團體以及學校、企業事業組織和街道、農村社隊等基層單位，在 1982 年 5 月至 1992 年 8 月期間，安排必要時間，組織討論《中華人民共和國憲法修改草案》，提出修改意見，並逐級上報；全國各族人民討論《中華人民共和國憲法修改草案》中提出的修改意見，由各省、自治區、直轄市人民代表大會常務委員會以及人民解放軍總政治部、中央國家機關各部門、各政黨組織、各人民團體分別於 1982 年 8 月底以前報送憲法修改委員會，由憲法修改委員會根據所提意見對《中華人民共和國憲法修改草案》作進一步修改，並提請第五屆全國人民代表大會第五次會議審議。

　　公佈憲法修改草案以後，在全國範圍內掀起了全民討論憲法草案的熱潮。為了配合全民憲法草案討論，《人民日報》4 月 29 日發表了題為《全民動員討論憲法草案》的社論。社論指出，憲法修改草案的公佈並交付全民討論，是我國人民政治生活中的一件大事。全國各族人民要立即行動起來，積極投入全民討論憲法修改草案的工作。社論在談到全民討論的意義時指出，動員全國各族人民開展憲法修改草案的討論，也是對全體人民進行社會主義民主和法制教育的一次極好的機會。討論憲法修改草案就是人民行使管理國家事務、經濟和文化事業、社會事業的一種途徑和方式。可以說，這次全民討論憲法修改草案既是人民行使當家作主的權利，又是人民學習社會主義民主和法制的一次很好的實踐。

　　1982 年 7 月 16 日，彭真以全國人大常委會副委員長、憲法修改委員會副主

任委員的身份發表談話，號召台灣同胞、港澳同胞、海外僑胞深入討論憲法修改草案。談話指出，人民利益高於一切，一切權力屬人民，台灣同胞、港澳同胞、海外僑胞都是中華民族大家庭的成員，都是國家的主人。我們十分珍視台灣同胞、港澳同胞、海外僑胞的意見。我們殷切希望大家行使自己的神聖權利，採取多種形式，通過各種渠道，同祖國大陸各族人民一起深入討論憲法修改草案，共商國事。

據統計，自從 1982 年 4 月全國人大常委會公佈憲法草案之後，各地 80% 到 90% 的成年公民參加了討論。全國人民普遍地參加了討論，提出了各種意見和建議。有的省參加討論的人數佔成年人的 90%，有的佔 80%。全國有幾億人參加了討論，正如憲法修改委員會副主任委員彭真在五屆全國人大五次會議上所作的「憲法修改草案的報告」中所指出的：這次全民討論「足以表明全國工人、農民、知識分子和其他各界人士管理國家事務的政治熱情的高漲」。

1982 年 12 月 4 日，五屆人大五次會議就憲法修正草案表決通過，當日會議主席團發表公告，公佈施行，即現行憲法。

第二節　憲法體系與結構

1982 年憲法是在發展社會主義民主，加強社會主義法制的背景下制定的。因此，這部憲法強調法律屬性，體現規範的科學性。與前幾部憲法相比較，1982 年憲法在內容上的新發展主要體現在：

一、關於憲法的序言

1982 年憲法《序言》由 13 個自然段構成，其主要內容是：一是回顧了 20 世紀以來中國發生的翻天覆地變革中的四件大事；二是規定了四項基本原則和今後國家的根本任務；三是規定了國家的一些基本方針、政策，如台灣回歸祖國問題、愛國統一戰線問題、民族關係問題、對外關係問題等；四是確認了憲法的法律地位。

與 1978 年憲法序言比較，1982 年憲法序言不僅增加篇幅，在規範上更加科學，體現在：剔除了 1978 年憲法中「左」的內容，以及一些錯誤的口號、觀點和表述方式；把四項基本原則完整地寫入憲法序言；準確地把國家今後的發展目標與根本任務寫入憲法序言；將中國人民政治協商會議的法律地位和作用寫入憲法序言；在序言中明確了憲法的根本法地位。

二、關於總綱

1982 年憲法總綱共 32 條，主要規定：國家的性質和根本制度；人民代表大會制度；民族關係和民族區域自治制度；社會主義法制；經濟制度和經濟政策；社會主義精神文明；計劃生育；環境保護；國家機關的活動原則；國防；行政區

劃；特別行政區制度；保護外國人合法權益。

　　1982 年憲法總綱的主要變化是：將「無產階級專政」改為「人民民主專政」；增加了有關「民主集中制原則」的具體內容；增加了社會主義法制的內容；根據改革開放政策的新情況、新要求，進一步完善了經濟制度和經濟政策，如增加了集體所有制經濟表現形式、個體經濟、土地所有權、外國企業和其他外國經濟組織等問題的規定；增加規定社會主義精神文明；將外國人的受庇護權由公民基本權利和義務部分移至總綱部分。

三、關於公民的基本權利和義務

　　1982 年憲法關於公民基本權利和義務的規定共 24 條，比 1978 年憲法增加了 8 條。1982 年憲法在結構上的重要變化是，將公民的基本權利和義務放到國家機構之前，理順國家與個人的關係，強調基本權利保障的重要性。主要包括：確定中華人民共和國公民的標準；平等權；政治權利和自由；宗教信仰自由；人身自由；社會經濟權利；文化教育權利；特殊主體的權利保護；公民的基本義務。

　　1982 年憲法規定的公民基本權利與 1978 年憲法比較，不但在基本權利類型上有所增加，而且在內容上更為豐富：增加了「公民在法律面前一律平等」的規定，將 1954 年憲法的「法律上」改為「法律面前」；增加了權利和義務的一致性的規定；具體規定公民行使選舉權、被選舉權的條件；明確了公民的政治權利與自由；對宗教信仰自由作了更科學、準確的規定；具體規定人身自由的範圍；增加了「公民的人格尊嚴不受侵犯」的規定；增加了關於「公民的通信自由和通信祕密受法律保護」的規定；對公民的勞動權作了具體的規定，並規定勞動也是公民的一項基本義務；增加了退休人員生活受保障權的規定；增加了公民獲得國家賠償權利的規定；增加了公民行使權利和自由的限制性規定。

　　1982 年憲法關於公民基本義務的規定主要包括：公民有遵守憲法和法律的義務的規定；公民有維護祖國的安全、榮譽和利益的義務；公民有服兵役義務；公民有依法納稅義務。

四、關於國家機構

　　1982 年憲法關於國家機構的規定共 79 條，比 1978 年憲法增加了 55 條，是整部憲法中條文增加最多的部分。從節的數量比較，1982 年憲法比 1978 年憲法增加了兩節，即第二節國家主席和第四節中央軍事委員會。從總體上說，1982 年憲法規定的國家機構體系更加完備。

　　第一節是全國人大及其常委會的規定。關於全國人大任期和會期的規定更具體；關於全國人大的職權更細緻；擴大了全國人大常委會的職權，包括立法權和監督憲法實施的職權；在全國人大下設立專門委員會，協助全國人大及其常委會行使職權；增加了關於全國人大代表法律保護的規定，如人身自由受特別保障權、言論免責權等。

　　第二節規定的國家主席是 1982 年憲法新增加的部分。與 1954 年憲法關於國家主席的規定相比較，主要變化是：擔任國家主席的資格條件中關於年齡的規定增加了 10 歲，即由 35 周歲改為 45 周歲；刪除了國家主席的實質性的權力，如統率武裝力量的權力、召開最高國務會議的權力；增加了國家主席、副主席都缺位時的程序規定。

　　第三節國務院部分的主要發展是：增加規定國務院的領導體制為總理負責制；在國務院的職權中，增加有權根據憲法和法律的規定制定行政法規；增加規定國務院各部、各委員會實行部長、主任負責制，各部、委有權根據法律、行政法規制定規章；國務院增設審計機關。

　　第四節中央軍事委員會的規定是新增加的內容。本節共兩個條文，主要規定了中央軍委的性質、地位、組成、領導體制。

　　第五節地方各級人大和政府規定的主要發展是：縣級以上地方各級人大設常委會；增加規定省、自治區、直轄市人大及其常委會在不與憲法、法律、行政法規相抵觸的前提下有權制定地方性法規；增加規定縣級以上地方各級人民政府實行首長個人負責制；增加規定縣級以上各級人民政府設立審計機關；增加規定居民委員會和村民委員會的性質及主要任務。

　　第六節民族自治地方的自治機關規定的主要發展是：1982 年憲法增加了關

於民族自治機關組織的規定，如民族自治地方的人大常委會中應當有實行區域自治的民族的公民擔任主任或者副主任，自治區主席、自治州州長、自治縣縣長由實行區域自治的民族的公民擔任；除原有的民族自治地方的人大有權制定自治條例和單行條例外，增加規定了其他多項自治權。

第七節人民法院和人民檢察院規定的主要發展是：增加規定了人民法院的審判獨立原則；增加規定了人民法院上下級之間的關係為審判監督關係；增加規定了人民檢察院的檢察工作原則；增加規定了上下級人民檢察院之間的關係為領導關係；增加規定了人民法院、人民檢察院、公安機關在辦理刑事案件時的分工負責、互相配合、互相制約的原則。

第三節　憲法的基本原則

一、憲法的指導思想

在憲法學上，憲法的基本原則，通常指在制定和實施憲法過程中必須遵循的最基本的準則，是貫穿立憲和行憲過程的基本精神。任何一部憲法都不可能憑空產生，都必須反映一國當時的國家生活的指導思想、社會經濟條件和歷史文化傳統。與世界其他國家憲法相比較，1982 年憲法的基本原則既體現人類通過憲法治理國家的共同經驗，同時也體現中國憲法自身發展經驗與傳統。1982 年憲法的基本原則主要有堅持黨的領導原則、人民主權原則、基本人權原則、法治原則、權力制約原則與單一制原則。

在談到憲法基本原則時，同時需要了解憲法指導思想。在中國憲法的運行中，指導思想體現國家的核心價值觀，是憲法的核心和靈魂，並貫穿於憲法文本和憲法實施始終，是憲法實施和憲法解釋的基本依據。

憲法指導思想與憲法基本原則既有聯繫又有區別。憲法指導思想是指導憲法制定、修改和實施的思想基礎，而憲法基本原則是對憲法制定、修改和實施發揮具體規範效力的規則，它以憲法指導思想為理論依據，同時又將憲法指導思想的核心價值和基本要求具體化、規範化，使之在憲法制定、修改和實施中充分發揮規範指引作用。

二、憲法的基本原則

1. 堅持黨的領導原則

2018 年 3 月，十三屆全國人大一次會議通過的憲法修正案第 36 條，把「中

國共產黨領導是中國特色社會主義最本質的特徵」載入憲法總綱第 1 條，明確了憲法關於國家根本制度的條款，進一步加強和深化了現行憲法堅持中國共產黨領導的原則和制度。

這一條的基本理解是：憲法第 1 條將黨的領導與社會主義制度統一起來，明確了中國共產黨的憲法地位；通過黨的領導規範，有利於把黨的領導體現在國家政治生活和社會生活的各個領域；為依憲治國、依憲執政提供憲法依據，也為中國共產黨「在憲法和法律範圍內活動」設定憲法界限，即中國共產黨必須模範地遵守憲法和法律。

2.人民主權原則

人民主權是指國家治理中人民擁有國家的最高權力。人民主權原則在我國憲法文本中得到具體體現。

憲法規定了我國的國家性質和國家權力的歸屬。憲法第 1 條第一款規定：「中華人民共和國是工人階級領導的、以工農聯盟為基礎的人民民主專政的社會主義國家。」第 2 條第 1 款規定：「中華人民共和國的一切權力屬人民。」

憲法規定了人民主權的具體實現形式與途徑。如第 2 條第二、三款規定：「人民行使國家權力的機關是全國人民代表大會和地方各級人民代表大會。」「人民依照法律規定，通過各種途徑和形式，管理國家事務，管理經濟和文化事業，管理社會事務。」

憲法對公民基本權利和義務的規定是人民主權原則的具體化。為體現人民主權原則，憲法規定了選舉制度的基本原則和選舉的具體程序。

3.基本人權原則

人權是指作為一個人所應該享有的權利。人權的主體是「人」，首先是指自然意義上的人。就人權最原始的意義而言，它在本質上首先屬應有權利、道德權利。

人權在各國憲法文本中有不同的含義與表述方式。概括起來有以下三種：

一是憲法文本中直接規定人權；二是在憲法中規定公民的具體的權利和義務，並不出現人權表述或概念；三是憲法文本中同時出現人權與基本權利、基本的權利等表述，在實踐中主要通過憲法解釋確定其具體內涵。

基本人權原則在我國憲法文本中的具體體現是：從 1949 年《共同綱領》開始，我國歷部憲法都規定公民的基本權利和義務，特別是 2004 年將「國家尊重和保障人權」寫入憲法後，基本人權原則成為國家的基本價值觀。在憲法實踐中，人權與基本權利既有共性，也有差異。我國憲法規定的基本權利主體是公民，而人權的主體是人；憲法列舉了公民享有的若干基本權利，而人權的內容是無須憲法列舉的。基本權利與人權之間存在價值上的共同性。

如前所述，1982 年憲法修改的基本出發點是凸顯尊重人的尊嚴和價值，通過憲法結構的調整，將權利與自由價值貫穿在憲法條文之中。十年「文化大革命」使人的人格和尊嚴遭到嚴重侵害，如何從制度上保障個人的人格尊嚴，成為憲法修改時的重要共識。1982 年憲法規定：「中華人民共和國公民的人格尊嚴不受侵犯。禁止用任何方法對公民進行侮辱、誹謗和誣告陷害。」憲法還明確禁止非法拘禁和以其他方法非法剝奪或者限制公民的人身自由、禁止非法搜查公民的身體、禁止非法搜查或者非法侵入公民的住宅，這些規定總結了歷史的經驗與教訓，體現了 1982 年憲法的人文精神。

4. 法治原則

法治是歷史的概念，時代的變遷不斷賦予法治以新的內涵。無論社會如何發展，法治所體現的限制國家權力、保障人權的基本價值是不會改變的。十七、十八世紀的資產階級啟蒙思想家十分重視法治的意義。

法治思想的核心在於依法治理國家，法律面前人人平等，反對任何組織和個人享有法律之外的特權。「法治國家」概念與憲法秩序有着密切聯繫，它經過了不同的歷史發展階段。

法治原則在中國憲法文本中的具體體現是：第一，2018 年通過修憲將序言第 7 自然段中「健全社會主義法制」修改為「健全社會主義法治」。這是依法治

國理念和方式的新發展。這一修改有利於推進全面依法治國，建設中國特色社會主義法治體系，加快實現國家治理體系和治理能力現代化，為黨和國家事業發展提供根本性、全域性、穩定性、長期性的制度保障。第二，憲法第 5 條第一款規定：「中華人民共和國實行依法治國，建設社會主義法治國家。」其中的「法治國家」既包括實質意義的法治內涵，也包括形式意義的法治要素。憲法上的法治國家規定了法治秩序的原則和具體程序，有助於形成政治共同體價值，保障國家權力運作的有序化。第三，在我國憲法文本中，「法治國家」是政治共同體依照法律治理國家生活的原則、規則與未來指向性的價值體系，其實質要素包括人的尊嚴、自由和平等，形式要素包括法律至上、人權保障與權力制約。從憲法的規範內涵來看，「法治國家」包含法治政府，也包含法治社會。

5. 權力制約原則

權力制約原則是指國家權力的各部分之間相互監督、彼此牽制，從而保障公民權利。它既包括公民權利對國家權力的制約，也包括國家權力相互之間的制約。

權力制約原則在我國憲法文本中的具體體現是：第一，憲法規定了人民對國家權力活動進行監督的制度。如規定「全國人民代表大會和地方各級人民代表大會都由民主選舉產生，對人民負責，受人民監督」，「國家行政機關、監察機關、審判機關、檢察機關都由人民代表大會產生，對它負責，受它監督」等。第二，憲法規定了公民對國家機關及其工作人員的監督權。1982 年憲法第 41 條規定，公民「對於任何國家機關和國家工作人員，有提出批評和建議的權利；對於任何國家機關和國家工作人員的違法失職行為，有向有關國家機關提出申訴、控告或者檢舉的權利」，還規定「由於國家機關和國家工作人員侵犯公民權利而受到損失的人，有依照法律規定取得賠償的權利」。此外，現行憲法第 35 條對公民「言論、出版、集會、結社、遊行、示威的自由」的規定以及其他對公民所享有的一系列基本權利和自由的規定，也為實現公民對國家機關和國家工作人員的監督提供了憲法保障。第三，憲法規定了不同國家機關之間、國家機關內部不同

的權力監督形式。如憲法第 127 條規定，監察委員會依照法律規定獨立行使監察權，不受行政機關、社會團體和個人的干涉。監察機關辦理職務違法和職務犯罪案件，應當與審判機關、檢察機關、執法部門互相配合，互相制約。

第四節　社會變遷與憲法的完善

　　1982 年憲法的頒佈實施，為推進改革開放、健全社會主義民主與法制發揮了重要作用。但它是在改革開放初期頒行的，隨着改革開放的不斷發展變化，有些規定已不能適應時代發展的客觀要求。為此，全國人民代表大會分別於 1988 年、1993 年、1999 年、2004 年和 2018 年對 1982 年憲法進行了五次修改，形成了 52 條修正案。

一、1988 年憲法修正案

　　1988 年 4 月 12 日，第七屆全國人民代表大會第一次會議通過了兩條憲法修正案。

　　第一條修正案規定，「國家允許私營經濟在法律規定的範圍內存在和發展。私營經濟是社會主義公有制經濟的補充。國家保護私營經濟合法的權利和利益，對私營經濟實行引導、監督和管理」。該規定明確了私營經濟的憲法地位，為推動社會主義市場經濟體制的建立奠定了堅實的法律依據。

　　第二條修正案規定，「任何組織或者個人不得侵佔、買賣或者以其他形式非法轉讓土地。土地的使用權可以依照法律的規定轉讓。」這一修改意味着法律承認土地使用權的商品化。隨後，1990 年 5 月 19 日，由國務院 55 號令頒佈和實施的《中華人民共和國城鎮國有土地使用權出讓和轉讓暫行條例》，成為土地使用權上市交易的具體規則。

二、1993 年憲法修正案

　　1993 年 3 月 29 日，八屆全國人大一次會議通過了《中華人民共和國憲法修

正案》（1993 年），共 9 條，主要內容是：

明確中國正處在社會主義初級階段，國家的根本任務是根據建設有中國特色社會主義理論，集中力量進行社會主義現代化建設。

明確規定逐步實現工業、農業、國防、科學技術現代化，把我國建設成為富強、民主、文明的社會主義國家。

確認中國共產黨領導的多黨合作和政治協商制度將長期存在和發展。

規定國家實行社會主義市場經濟；將「國營經濟」改為「國有經濟」，以適應提高企業自主權的要求；規定「家庭聯產承包為主的責任制」的法律地位。

將縣、不設區的市、市轄區的人民代表大會每屆任期由 3 年改為 5 年。

三、1999 年憲法修正案

1999 年 3 月 15 日，九屆全國人大二次會議通過了《中華人民共和國憲法修正案》（1999 年），共 6 條，主要內容是：

確立了鄧小平理論在我國社會主義現代化建設中的指導地位，規定我國將長期處於社會主義初級階段。

確認實行「依法治國，建設社會主義法治國家」的治國方略。

規定在社會主義初級階段堅持公有制為主體、多種所有制經濟共同發展的基本經濟制度，堅持按勞分配為主體、多種分配方式並存的分配制度；農村集體經濟組織實行家庭承包經營為基礎、統分結合的雙層經營體制；明確在法律規定範圍內的個體經濟、私營經濟等是社會主義市場經濟的重要組成部分。

將 1982 年《憲法》第 28 條中的「反革命的活動」修改為「危害國家安全的犯罪活動」。

四、2004 年憲法修正案

2004 年 3 月 14 日，第十屆全國人民代表大會第二次會議通過了《中華人民共和國憲法修正案》，是對 1982 年憲法的第四次修改。憲法修改主要涉及 13 項內容：

確立「三個代表」重要思想在國家政治和社會生活中的指導地位。

增加推動物質文明、政治文明和精神文明協調發展的內容。憲法修正案在憲法序言第七自然段中「逐步實現工業、農業、國防和科學技術的現代化」之後，增加「推動物質文明、政治文明和精神文明協調發展」的內容。

在統一戰線的表述中增加社會主義事業的建設者。將憲法序言這一自然段第二句關於統一戰線的表述修改為：「在長期的革命和建設過程中，已經結成由中國共產黨領導的，有各民主黨派和各人民團體參加的，包括全體社會主義勞動者、社會主義事業的建設者、擁護社會主義的愛國者和擁護祖國統一的愛國者的廣泛的愛國統一戰線，這個統一戰線將繼續鞏固和發展。」

完善土地徵用制度。憲法修正案將憲法第 10 條第三款規定「國家為了公共利益的需要，可以依照法律規定對土地實行徵收或者徵用並給予補償。」這一修改明確了徵收和徵用的關係，即徵收主要是所有權的改變，徵用只是使用權的改變。

進一步明確國家對發展非公有制經濟的方針。憲法修正案將憲法第 11 條第二款規定「國家保護個體經濟、私營經濟等非公有制經濟的合法的權利和利益。國家鼓勵、支持和引導非公有制經濟的發展，並對非公有制經濟依法實行監督和管理。」這樣修改，全面、準確地體現了黨的十六大關於對非公有制經濟的保護精神，為公共財產與私人財產的平等地位奠定了憲法基礎。

完善對私有財產保護的規定。為了進一步強化私人財產權的保護，憲法修正案將憲法第十三條修改為：「公民的合法的私有財產不受侵犯。」「國家依照法律規定保護公民的私有財產權和繼承權。」「國家為了公共利益的需要，可以依照法律規定對公民的私有財產實行徵收或者徵用並給予補償。」

增加建立健全社會保障制度的規定。為了完善社會保障，體現社會正義，憲法修正案在憲法第 14 條中增加一款，作為第四款：「國家建立健全同經濟發展水平相適應的社會保障制度。」

增加國家尊重和保障人權的規定。憲法修正案在憲法第二章《公民的基本權利和義務》頭一條即第 33 條中增加一款，作為第三款：「國家尊重和保障人權。」在憲法中作出尊重和保障人權的宣示，有利於推進中國社會主義人權事業

的發展，有利於參與全球人權治理。

完善全國人民代表大會組成的規定。憲法修正案在憲法第 59 條第一款關於全國人民代表大會組成的規定中增加「特別行政區」，將這一款修改為：「全國人民代表大會由省、自治區、直轄市、特別行政區和軍隊選出的代表組成。各少數民族都應當有適當名額的代表。」

關於緊急狀態的規定。1982 年憲法對「戒嚴」作了規定，但沒有具體規定「緊急狀態」。在緊急狀態下採取的非常措施，通常要對公民的權利和自由不同程度地加以限制。因此，憲法修正案將憲法第 67 條規定的全國人大常委會職權第二十項「決定全國或者個別省、自治區、直轄市的戒嚴」修改為「決定全國或者個別省、自治區、直轄市進入緊急狀態」，並相應地將憲法第 80 條規定的中華人民共和國主席根據全國人大常委會的決定「發佈戒嚴令」修改為「宣佈進入緊急狀態」；將憲法第 89 條規定的國務院職權第十六項「決定省、自治區、直轄市的範圍內部分地區的戒嚴」修改為「依照法律規定決定省、自治區、直轄市的範圍內部分地區進入緊急狀態」。

關於國家主席職權的規定。憲法修正案將憲法第 81 條中「中華人民共和國主席代表中華人民共和國，接受外國使節」修改為「中華人民共和國主席代表中華人民共和國，進行國事活動，接受外國使節」。

修改鄉鎮政權任期的規定。憲法修正案規定「地方各級人民代表大會每屆任期五年。」

增加對國歌的規定。憲法修正案將憲法第四章的章名「國旗、國徽、首都」修改為「國旗、國歌、國徽、首都」；在這一章第 136 條中增加一款，作為第二款：「中華人民共和國國歌是《義勇軍進行曲》。」

五、2018 年憲法修正案

2018 年 3 月 11 日，第十三屆全國人民代表大會第一次會議通過了中華人民共和國憲法修正案。這次憲法修改是對 1982 年憲法的第五次修改，共通過 21 條憲法修正案，主要涉及十個方面的內容：

確立科學發展觀、習近平新時代中國特色社會主義思想在國家政治和社會生活中的指導地位。

調整充實中國特色社會主義事業總體佈局和第二個百年奮鬥目標的內容。將《憲法》序言第 7 自然段中「推動物質文明、政治文明和精神文明協調發展，把我國建設成為富強、民主、文明的社會主義國家」修改為「推動物質文明、政治文明、精神文明、社會文明、生態文明協調發展，把我國建設成為富強民主文明和諧美麗的社會主義現代化強國，實現中華民族偉大復興」。與此相適應，在憲法第三章「國家機構」第三節第 89 條第 6 項「領導和管理經濟工作和城鄉建設」後面，增加「生態文明建設」的內容。

完善我國革命和建設發展歷程的表述。憲法修正案將憲法序言第十自然段中「在長期的革命和建設過程中」修改為「在長期的革命、建設、改革過程中」；將憲法序言第十二自然段中「中國革命和建設的成就是同世界人民的支持分不開的」修改為「中國革命、建設、改革的成就是同世界人民的支持分不開的」。通過這些修改，黨和人民團結奮鬥的光輝歷程就更加完整。

充實和平外交政策方面的內容。憲法修正案在憲法序言第十二自然段中「中國堅持獨立自主的對外政策，堅持互相尊重主權和領土完整、互不侵犯、互不干涉內政、平等互利、和平共處的五項原則」後增加「堅持和平發展道路，堅持互利共贏開放戰略」；將「發展同各國的外交關係和經濟、文化的交流」修改為「發展同各國的外交關係和經濟、文化交流，推動構建人類命運共同體」。作這樣的修改，有利於正確把握國際形勢的深刻變化，為維護世界和平、促進共同發展作出更大貢獻。

將「健全社會主義法制」修改為「健全社會主義法治」。憲法序言第七自然段中「健全社會主義法制」修改為「健全社會主義法治」。實現了黨依法治國理念和方式的新飛躍，有利於推進全面依法治國，建設中國特色社會主義法治體系。

增加憲法宣誓制度。憲法第 27 條增加一款，作為第三款：「國家工作人員就職時應當依照法律規定公開進行憲法宣誓。」其意義在於：有利於促使國家工作人員樹立憲法意識、恪守憲法原則、弘揚憲法精神、履行憲法使命，加強憲法

實施。

在正文增加中國共產黨的領導。憲法第 1 條第二款「社會主義制度是中華人民共和國的根本制度。」後增寫一句，內容為：「中國共產黨領導是中國特色社會主義最本質的特徵。」中國共產黨是執政黨，是國家的最高政治領導力量。中國共產黨領導是中國特色社會主義最本質的特徵，是中國特色社會主義制度的最大優勢。

增加了社會主義核心價值觀。憲法第 24 條第二款中「國家提倡愛祖國、愛人民、愛勞動、愛科學、愛社會主義的公德」修改為「國家倡導社會主義核心價值觀，提倡愛祖國、愛人民、愛勞動、愛科學、愛社會主義的公德」。憲法修正案在憲法總綱部分原有的社會主義道德之前，增加規定國家倡導社會主義核心價值觀。

修改了國家主席的任期制度。憲法第 79 條第三款「中華人民共和國主席、副主席每屆任期同全國人民代表大會每屆任期相同，連續任職不得超過兩屆。」修改為：「中華人民共和國主席、副主席每屆任期同全國人民代表大會每屆任期相同。」對國家主席、副主席任職規定作出修改，是着眼於健全黨和國家領導體制，在憲法上作出必要的制度安排。

擴大地方立法權主體。憲法第 100 條增加一款，作為第二款：「設區的市的人民代表大會和它們的常務委員會，在不同憲法、法律、行政法規和本省、自治區的地方性法規相抵觸的前提下，可以依照法律規定制定地方性法規，報本省、自治區人民代表大會常務委員會批准後施行。」增加設區市的地方立法權，有利於設區市為加強社會治理、促進經濟社會發展，在不與上位法相衝突的前提下結合本地實際制定地方性法規，促進有效治理。

在國家機構體系中增加設立監察委員會。憲法修正案在憲法第三章國家機構第六節後增加一節，專門就監察委員會作出規定，以憲法的形式明確國家監察委員會和地方各級監察委員會的性質、地位、名稱、人員組成、監督方式、領導體制、工作機制等等，第五次憲法修正案 21 條修改中有 11 條涉及監察委員會。主要規定有：(1) 縣級以上各級人民代表大會具有選舉、罷免本級監察委員會主任權利；(2) 縣級以上各級人民代表大會常務委員會根據本級監察委員會主任提

請，任免本級監察委員會副主任、委員；(3) 縣級以上各級人民代表大會常務委員會監督本級監察委員會工作；(5) 監察委主任任期與本級人大任期相同。

將「全國人大法律委員會」更名為「全國人大憲法和法律委員會」。憲法修正案第 44 條規定，憲法第七十條第一款中「全國人民代表大會設立民族委員會、法律委員會、財政經濟委員會、教育科學文化衛生委員會、外事委員會、華僑委員會和其他需要設立的專門委員會。」修改為：「全國人民代表大會設立民族委員會、憲法和法律委員會、財政經濟委員會、教育科學文化衛生委員會、外事委員會、華僑委員會和其他需要設立的專門委員會。」

2018 年 6 月十三屆全國人大常委會第三次會議表決通過了《關於全國人大憲法和法律委員會職責問題的決定》，該《決定》規定，憲法和法律委員會在繼續承擔統一審議法律草案工作的基礎上，增加推動憲法實施、開展憲法解釋、推進合憲性審查、加強憲法監督、配合憲法宣傳等工作職責。可見，其主要職責是推進合憲性審查工作。

六、中國憲法變遷的特點與趨勢

1982 年憲法頒行 40 年來，根據改革開放與國家發展的客觀需要，在總體保持憲法穩定性同時，與時俱進，形成了憲法發展的特色，積累了憲法運行的經驗。

1. 堅持黨對憲法實施的領導

中國共產黨的領導是中國特色社會主義的最本質的特徵。在我國憲法發展中，始終堅持黨的集中統一領導，把黨的領導貫穿於憲法發展的全過程，確保憲法發展的正確政治方向。從 1954 年制憲開始，形成了中國共產黨領導制憲、行憲的制度。如在制定 1954 年憲法時，先由中共中央成立憲法起草小組完成憲法草案初稿的起草工作，再由中共中央把草案初稿提交中華人民共和國憲法起草委員會討論，後形成《中華人民共和國憲法（草案）》，並提交中央人民政府委員

會審議，經過廣泛的民主討論，最終提請第一屆全國人大審議通過。在隨後的歷次修憲工作中逐漸形成了在黨的統一領導下，既符合憲法精神，又行之有效的修憲工作程序和機制。

2. 不斷豐富國家指導思想

國家指導思想是憲法制定、憲法修改、憲法解釋以及憲法實施的整個過程中的思想原則和行動指南，是「憲法的靈魂」，一部憲法是否科學，首先看指導思想是否正確。1954 年憲法確立了社會主義與民主原則，使它成為新中國第一部憲法的基本精神。1975 年憲法和 1978 年憲法的指導思想是「無產階級專政下的繼續革命」，使憲法存在着歷史局限性。從 1982 年憲法確定「四項基本原則」作為憲法指導思想以來，經過 1999 年、2004 年的修改，把鄧小平理論、三個代表重要思想寫入憲法，使之成為國家指導思想。2018 年的修憲中，又把科學發展觀、習近平新時代中國特色社會主義載入憲法，進一步發展了國家的指導思想。

3. 明確國家發展目標

1982 年憲法通過變遷，不斷完善國家發展目標，豐富了國家治理體系。1988 年以來的五次修改憲法注重對憲法序言第 7 自然段中有關國家指導思想、基本路線、根本目標等內容的修改。2018 年的憲法修改將黨的十九大提出的「五位一體」的總體佈局與「兩個一百年」的奮鬥目標加以憲法化，使之成為明確的憲法規範，從而在根本法中確立了國家的發展方向。

4. 樹立「依憲治國」理念

1982 年憲法適應健全社會主義法制的要求，在憲法第 5 條規定「國家維護社會主義法制的統一和尊嚴」，明確了「一切國家機關和武裝力量、各政黨和各社會團體、各企業事業組織都必須遵守憲法和法律。一切違反憲法和法律的行

為，必須予以追究」，確立了憲法的最高法律地位。

5.保持憲法的穩定性與適應性的良性互動

1982 年憲法頒佈四十年來，既保持穩定性，也適應社會發展需求，形成了穩定性與適應性良性互動的機制。

在全球化背景下，中國憲法發展的總體趨勢是：國家發展以人權保障為核心價值；堅持憲法至上；維護社會正義；推進依憲治國與依憲執政；全面實施憲法；完善憲法解釋程序；構建具有實效性的合憲性審查。

第三講
《香港基本法》
的起草和制定

葉海波

　　1985 年 4 月 10 日，全國人大常委會批准《中英聯合聲明》後，隨即啟動《中華人民共和國香港特別行政區基本法》（以下簡稱「《香港基本法》」）的制定程序。《香港基本法》的制定歷時近五年，「三下三上」，「千錘百煉」，凝聚了關於香港問題的基本共識，是一次依法、民主和科學的立法。

第一節　制定《香港基本法》的背景

　　為了解決歷史遺留下來的台灣、香港和澳門問題，中國在上世紀七十年代末提出了「一國兩制」偉大構想，作為解決這類問題總方針，並率先運用於解決香港問題。制定《香港基本法》將「一國兩制」總方針具體化、法律化和制度化，是維護國家的統一和領土完整，保持香港的繁榮和穩定的重大舉措。

一、香港問題的由來與解決

　　香港自古以來便是中國的領土。1840 年英國對華發動鴉片戰爭後，強迫清政府簽訂《南京條約》（1842）割讓香港島，簽訂《北京條約》（1860）割讓九龍，簽訂《展拓香港界址專條》（1898）租借「新界」。其中「新界」面積達 975.1 平方公里，租期 99 年，1997 年 6 月 30 日屆滿。中華人民共和國成立後，中國政府歷來主張香港是中國的領土，不承認上述三個不平等條約，並主張在適當時機通過談判方式和平解決香港問題。

1972 年 3 月 8 日，黃華致函聯合國非殖民化特別委員會主席指出：「香港、澳門是帝國主義強加於中國一系列不平等條約的結果。香港、澳門是被英國和葡萄牙當局佔領的中國一部分領土，解決香港、澳門問題完全是屬中國主權範圍內問題，根本不屬通常的所謂『殖民地』範疇。」中國代表團要求「立即從非殖民化特別委員會文件以及聯合國其他一切文件中，取消關於香港、澳門屬所謂『殖民地』範疇這一錯誤提法」。1972 年 11 月 8 日，聯合國大會通過決議批准聯合國非殖民化委員會的報告，將香港和澳門從反殖宣言適用的殖民地地區名單中刪除，強化了中國對香港和澳門主權立場的政治和法理根據。

1978 年，中共十一屆三中全會將實現祖國統一、進行社會主義現代化建設和維護世界和平確定為新時期的三大任務，以鄧小平為核心的中共領導人根據國際形勢和中國國情，結合實際，提出「一國兩制」方針。從 1981 年初開始，中國政府深入研究並廣泛聽取香港社會各界人士的意見，按照「一國兩制」方針形成對香港的 12 條方針政策，作為即將到來的中英談判的基礎。

與此同時，香港總督麥理浩、英國外相卡林頓和掌璽大臣艾金斯分別於 1979 年 3 月、1981 年 4 月和 1982 年 1 月訪華，探尋中國政府在香港問題上的立場。1982 年 9 月 22 日，鄧小平會見英國首相撒切爾夫人時表明：主權問題不可談，中國將於 1997 年後收回香港。隨後，中英兩國就香港問題舉行了長達兩年共計 22 輪的艱辛談判，最終於 1984 年 12 月 19 日簽署《中華人民共和國和大不列顛及北愛爾蘭聯合王國政府關於香港問題的聯合聲明》（以下簡稱「《中英聯合聲明》」）。中國政府於 1997 年 7 月 1 日對香港恢復行使主權，香港問題得以和平解決。

二、中國政府對香港的方針政策

「一國兩制」是中國政府處理台灣、香港和澳門這類歷史遺留問題的總方針。1979 年 1 月 1 日，全國人大常委會發表的《告台灣同胞書》提出「尊重台灣現狀和台灣各界人士的意見」、「採取合情合理的政策和辦法」，已經蘊含「一國兩制」的構想。1981 年 9 月 30 日，全國人大常委會委員長葉劍英向新華社記

者發表談話，提出九條實現祖國和平統一的方針，包括台灣可以作為特別行政區，享有高度自治權，現行社會、經濟制度不變，生活方針不變，同外國的經濟、文化關係不變，私人財產、房屋、土地、企業所有權、合法繼承權和外國投資不受侵犯，進一步地豐富了「一國兩制」構想。鄧小平指出：「一九八一年國慶前夕葉劍英委員長就台灣問題發表的九條聲明，雖然沒有概括為『一國兩制』，但實際上就是這個意思。統一後，台灣仍搞它的資本主義，大陸搞社會主義，但是是一個統一的中國。一個中國，兩種制度。香港問題也是這樣，一個中國，兩種制度。」1982 年中國修改憲法，「一國兩制」方針被寫入憲法第 31 條，成為基本國策。

　　根據「一國兩制」方針，中國政府形成了解決香港問題的十二條基本方針政策，指導中英關於香港問題的談判，並在《中英聯合聲明》中作了進一步的闡明。1990 年，全國人大通過《香港基本法》將這些基本方針政策制度化和法律化。《香港基本法》第 11 條規定：「根據中華人民共和國憲法第三十一條，香港特別行政區的制度和政策，包括社會、經濟制度，有關保障居民的基本權利和自由的制度，行政管理、立法和司法方面的制度，以及有關政策，均以本法的規定為依據。」中國對香港的基本方針政策概括起來主要包括：國家在對香港恢復行使主權時，設立特別行政區，直轄於中央人民政府，除國防、外交由中央負責管理外，香港特別行政區實行高度自治；在香港特別行政區不實行社會主義制度和政策，原有的資本主義社會、經濟制度不變，生活方式不變，法律基本不變；保持香港的國際金融中心和自由港的地位；並照顧英國和其他國家在香港的經濟利益。

三、制定《香港基本法》的根據

　　在解決香港問題時，中國先形成解決這類歷史遺留問題的總方針並在中國憲法中加以確認，隨之在這一方針的指導下立足具體情況形成針對香港的十二條基本方針政策，並與英國談判簽署《中英聯合聲明》，全國人大隨後批准該聲明（包括對香港基本方針政策的闡明及具體說明），並制定《香港基本法》將這些

基本方針政策法制化和制度化。

中國憲法是制定《香港基本法》的根據。中國於 1982 年修改憲法時將「一國兩制」方針寫入憲法，增加第 31 條和第 62 條第十三項，規定全國人大決定設立特別行政區及其制度，並按具體情況以法律規定。這些規定為中國政府進一步形成對香港的基本方針政策、與英國簽署《中英聯合聲明》並闡明中國對香港的基本方針政策、設立香港特別行政區及制定《香港基本法》提供了憲法根據。具體而言：根據「一國兩制」的基本國策，中國政府立足具體情況形成了針對香港的十二條基本方針政策。根據全國人大決定特別行政區制度的憲法規定，全國人大常委會批准了《中英聯合聲明》及其中關於對香港基本方針政策的闡明，進而決定了特別行政區的制度。全國人大根據中國憲法第 31 條的規定，設立了特別行政區，制定了《香港基本法》，保障對香港的基本方針政策的實施。

十二條基本方針政策和《中英聯合聲明》中中國闡明的對香港基本方針政策是《香港基本法》制定的基礎。十二條基本方針政策是立足實際運用「一國兩制」總方針的產物，是《中英聯合聲明》中對香港基本方針政策的基礎，指導中英談判的全過程，在《中英聯合聲明》中得到中國政府的闡明。十二條基本方針政策和《中英聯合聲明》對相關方針政策的闡明，既是中國對香港基本方針政策的具體來源，也蘊含着在香港特別行政區實行的制度，是起草《香港基本法》的基礎和準則，也是《香港基本法》予以保障的對象。《中英聯合聲明》與《香港基本法》的關係主要包括以下內容：

一是《中英聯合聲明》是《香港基本法》保障的對象。根據《中英聯合聲明》的規定，中英兩國履行協議的主要方式是：中國於 1997 年 7 月 1 日恢復對香港行使主權，英國於 1997 年 7 月 1 日將香港交回中國。全國人大制定《香港基本法》規定中國對香港的基本方針政策，使之五十年不變。這點設定了中國的國際義務——制定《香港基本法》。這一義務的實質是全國人大制定國內法保障並實施中國在《中英聯合聲明》中闡明對香港的基本方針政策。因此，《中英聯合聲明》不是制定《香港基本法》的根據。《香港基本法》也在序言中聲明其制定根據是中國憲法，旨在「規定香港特別行政區實行的制度，以保障國家對香港的基本方針政策的實施」。

　　二是根據《中英聯合聲明》的規定，英國履約的方式是交還香港，中國履約的方式是恢復對香港行使主權，制定《香港基本法》保障對香港基本方針政策的實施。嚴格按照《香港基本法》管治香港，是《中英聯合聲明》實施的當然內容。這意味着中國管治香港的法律根據是中國憲法和《香港基本法》，不是《中英聯合聲明》。隨着香港回歸及《香港基本法》的制定，《中英聯合聲明》的所有條款均已經履行完畢，雖然依舊有效，但英國不享有對香港的任何權力。

　　全國人大於 1990 年 4 月 4 日通過《香港基本法》，《香港基本法》是一部在民主協商基礎上制定、嚴格落實中國在《中英聯合聲明》中基本方針政策的法律，受到國際社會的廣泛認可。

四、制定《香港基本法》的初衷

　　「一國兩制」是解決台灣、香港和澳門這類歷史遺留問題的方針，旨在以和平的方式實現國家的統一，同時保障香港的長期繁榮和穩定。在遵循「一國兩制」方針解決香港問題的過程中，中國先後通過形成對香港的十二條基本方針政策、在《中英聯合聲明》中單方聲明這些基本方針政策並作出具體說明的方式，立足實際形成體系化的「一國兩制」方針和政策。制定《香港基本法》的目標是將「一國兩制」法制化和制度化。一方面，中國憲法明確規定，特別行政區的制度由全國人大根據特別行政區的具體情況以法律規定，制定《香港基本法》是「一國兩制」基本國策實施的必然要求，也是保障「一國兩制」方針在香港特區有效實施的客觀需要。另一方面，制定《香港基本法》將「一國兩制」方針和政策內容法律化、制度化，強化了這些方針政策的確定性和明確性，有效化解了香港和國際社會擔心這一方針政策會被改變的一些疑慮。另一方面，在十二條方針政策和《中英聯合聲明》中，中國均闡明「一國兩制」方針且將制定《香港基本法》規定對香港的基本方針政策，並保持五十年不變。制定《香港基本法》是履行中國對國際社會的承諾。

　　中國之所以在憲法、十二條基本方針政策、《中英聯合聲明》中一以貫之地提出制定《香港基本法》，保障「一國兩制」方針在香港的實施，根本原因如

《香港基本法》「序言」所列明：「為了維護國家的統一和領土完整，保持香港的繁榮和穩定，並考慮到香港的歷史和現實情況，國家決定，在對香港恢復行使主權時，根據中華人民共和國憲法第 31 條的規定，設立香港特別行政區，並按照「一個國家，兩種制度」的方針，不在香港實行社會主義的制度和政策。」簡單來説，「一國兩制」方針可以實現國家統一和香港長期繁榮穩定的目標。制定《香港基本法》的初衷，是將「一國兩制」法制化和制度化，維護國家統一和香港的長期繁榮穩定。香港基本法起草委員會也是「本着維護國家主權、保持香港穩定與繁榮的原則」進行《香港基本法》的起草工作。

第二節　《香港基本法》的制定歷程

　　1985 年 7 月召開的《香港基本法》起草委員會第一次全體會議確定起草工作的大體規劃和步驟為：首先集中力量進行調查研究，廣泛徵詢香港同胞的意見和建議，在此基礎上開展起草工作；1988 年初提出《香港基本法（草案）徵求意見稿》並在全國徵求意見後修訂形成《香港基本法（草案）》；1988 年底或 1990 年初將《香港基本法（草案）》送全國人大常委會審議後公佈，徵求全國的意見和修改；再反覆徵詢意見並修改後於 1990 年上半年報全國人大常委會審議後提請全國人大審議通過。根據這一規劃和起草委員會實際開展工作的情況，除了 1985 年 4 月至 12 月的準備工作外，《香港基本法》的起草和制定工作大體上分為三個階段：1986 年 1 月至 1988 年 4 月：在廣泛徵求意見和民主協調的基礎上，形成《香港基本法（草案）徵求意見稿》；1988 年 5 月至 1989 年 1 月：廣泛徵求意見修改形成《香港基本法（草案）》；1989 年 2 月至 1990 年 4 月：繼續徵求意見並修訂形成《香港基本法（草案）》，最後交全國人大常委會審議後提請全國人大審議表決通過。

一、香港基本法起草委員會和諮詢委員會的成立

　　根據憲法的規定，全國人大是《香港基本法》的制定機關。為了順利完成《香港基本法》的制定，全國人大決定成立香港基本法起草委員會，香港基本法起草委員會在第一次會議上決定在香港成立諮詢委員會。新中國成立以來，專門成立起草委員會起草一部法律，始於 1954 年《憲法》的制定，但長期以來僅限於憲法典這一層級的法律，如 1982 年全國人大成立憲法修改委員會修訂憲法。《香港基本法》的制定開創了全國人大成立專門的起草委員會起草普通法律的先

例，顯示國家對制定《香港基本法》的高度重視。

1985 年 4 月 10 日，在批准《中英聯合聲明》後，全國人大旋即做出決定，成立香港基本法起草委員會，委員由包括香港同胞在內的各方面的人士和專家組成。1985 年 6 月 18 日，起草委員會成立，包括內地委員 36 人和香港委員 23 人共計 59 人，其中內地委員包括有關部門負責人 15 人，各界知名人士 10 人，法律界人士 11 人，香港委員包括工業、商業、金融、地產、航運、文教、法律、工會、宗教、傳播媒介等各界人士，還有以個人身份參加的香港行政、立法兩局議員及香港法院的法官（時稱「按察司」）。起草委員會的委員來自各方面，具有廣泛的代表性。

香港基本法起草委員會是全國人大設立的、負責起草《香港基本法》的工作機構，對全國人大負責，在全國人大閉會期間對全國人大常委會負責。自 1985 年 7 月開始工作至 1990 年 4 月《香港基本法》通過為止，香港基本法起草委員會先後舉行了 9 次全體會議，25 次主任會議，2 次主任委員擴大會議，3 次總體工作小組會議，73 次專題小組會議，還先後兩次就《香港基本法（草案）徵求意見稿》《香港基本法（草案）》在香港和全國其他地區廣泛徵求意見，針對香港社會對政治體制問題爭論激烈的情況，政治體制專題小組還於 1990 年 1 月加開一次會議通過小組的主流方案。香港特別行政區區旗區徽評選委員會也先後召開了五次會議。最終，《香港基本法（草案）》每條均獲得起草委員會三分之二以上多數通過。

香港基本法起草委員會第一次會議決定委託在香港的 25 位委員共同發起和籌組一個民間的、具有廣泛代表性的諮詢委員會。諮詢委員會於 1985 年 12 月 18 日正式成立，包括工商、金融、地產、司法、法律、專業、教育、傳播媒介、勞工、公務員、政見團體、學生、社會服務、街坊、社區、宗教等各界代表人士及少數外籍人士共計 180 人組成，其中外籍人士有 15 人，委員年齡從 22 至 80 歲，由各界別或所屬團體推舉或選舉加入。

香港基本法諮詢委員會是香港各界人士與起草委員會聯繫、溝通的橋樑和反映意見建議的重要渠道，主要任務是廣泛徵集並向起草委員會反映香港各界人士對《香港基本法》的意見和建議，將收集的意見和建議加以整理和分析供起草

委員會參考，以及接受起草委員會的諮詢。諮詢委員會成立後先成立工作程序委員會，研究和建議工作程序，為諮詢工作建章立制，再成立小組策劃委員會，研究小組分工的需要和辦法，並根據後者的建議，成立包括政治體制、法律、居民權利和義務、金融財經、文化教育科技宗教、涉外事務、中央和特別行政區關係以及結構小組（就各章節、各條文的結構關係提出建議）共 8 個專責工作小組，由各委員自願報名加入，並設立新聞發言人制度，在每次會議後公開會議討論的情況。

香港基本法諮詢委員會成立後開展了一系列富有成效的工作，如成立 4 個月後便向起草委員會提交了 6 批專題研討會的總結報告和 77 份函件和資料；在各章條文的草擬過程中，諮詢委員會到 1987 年年底為止共提出了 15 份初步報告和 57 份最後報告，供起草委員會參考，市民索取的諮詢委員會報告超過 12 萬份；1988 年《香港基本法（草案）徵求意見稿》和 1989 年《香港基本法（草案）》公佈後，諮詢委員會祕書處第一時間在香港通過 20 多家銀行近 900 間分支行向社會免費派發草稿文本，每次共派出約 100 萬本；諮詢委員會成員和祕書處除了接見市民，舉辦公聽會外，還走進社區，深入民眾，在各地區直接聽取意見，還不停向全社會派發有關香港基本法起草的背景材料，派出的錄像帶、單張、小冊子等背景材料總量接近 50 萬件，還專門製作了海報、報章廣告、電視廣告、播音電台廣告，配以專門創作的歌曲。

香港基本法諮詢委員會是「香港有史以來最具規模和代表性的諮詢組織」。作為民間性組織，諮詢委員會與起草委員會沒有隸屬關係，二者互相配合，共同努力，一道為《香港基本法》的起草發揮各自的作用。起草委員會第二次會議通過的《中華人民共和國香港特別行政區起草委員會工作規則》明確規定，起草委員會要重視調查研究，廣泛聽取社會各界人士的意見，同香港基本法諮詢委員會保持密切聯繫，盡量採取協商的方式解決意見分歧；《香港基本法》草擬進入條文化階段後，諮詢委員會多次安排起草委員會內地委員到香港聆聽各界意見，起草委員會各專題小組每次會議後，各專題小組香港負責人便與諮詢委員會專責小組舉行交流彙報會，使諮詢委員會成員及時了解最新進展，並及時向起草委員會作出回應等等。正是在中央、香港社會、諮詢委員會、起草委員會及各界人士的

共同努力下，《香港基本法》「這部世界上未有先例的體現『一國兩制』偉大構想的法律草案」得以順利起草完成，成為一部具有「歷史意義和國際意義的法律文件」和「具有創造性的傑作」。

二、《香港基本法（草案）徵求意見稿》的形成

《基本法（草案）徵求意見稿》的形成經過兩個階段。

第一個階段是 1986 年 1 月至 4 月，主要是形成《中華人民共和國香港特別行政區基本法結構（草案）》。為了聽取和收集香港市民對《香港基本法》結構的意見，1986 年 1 月 4 日至 2 月 5 日，起草委員會祕書處派遣了一個 13 人小組赴香港進行了一個月的調查研究，調查小組參加了 110 場座談會，會見了包括香港政界、工商界、金融界、地產界、法律界、勞工界、教育界、宗教界、新聞出版界等在內的各界人士 1100 多人次，走訪了法院、大學、工廠、海港、碼頭、商場、證券交易所、寺廟、馬場、公共屋村等社會場所，還與港英政府官員進行了非正式的接觸。在此期間，香港社會各界人士當面或者以信函方式就《香港基本法》的結構、政治體制以及其他問題提出了諸多意見和建議。

通過這次訪問，調查小組對香港社會有了感性認識，並且直接了解了香港市民的想法和意見。在參考了諮詢委員會的六批研討會報告和各界人士的意見後，起草委員會第二次全體會議通過了《中華人民共和國香港特別行政區基本法結構（草案）》，形成了起草委員會工作規則，成立了中央與香港特別行政區的關係專題小組、政治體制專題小組、居民的基本權利與義務專題小組、經濟專題小組和教育、科學、技術、文化、體育和宗教專題小組。《中華人民共和國香港特別行政區基本法結構（草案）》包括序言和總則；中央和特別行政區的關係；香港居民的基本權利和體制；政治體制；經濟；教育、科學、文化、體育和宗教；對外事務；區旗、區徽；《基本法》的法律地位和解釋、修改；附則等十章。工作規則對全體會議、主任會議和專題小組及祕書處的工作程序作了規定，新設立的五個小組設立內地和香港各 1 名小組負責人，對起草委員會交辦的有關《基本法》的專門問題進行調查研究並提出報告和方案。

　　第二個階段是 1986 年 5 月至 1988 年 4 月，主要是形成《香港基本法（草案）徵求意見稿》。起草委員會第二次全體會議後，各專題小組開始工作，首先是展開廣泛地調研和聽取意見與建議。1986 年 7 月到 9 月和 1987 年初，各小組的部分內地委員分批到香港與香港委員一道展開實地考察，與香港基本法諮詢委員會的委員進行交流，廣泛聽取香港各界對《香港基本法》起草工作的意見和建議。隨後，各專題小組按照分工討論與本專題有關的問題，並進行具體條文的草擬，起草委員會全體會議審議討論條文草案並提出意見。從 1986 年 11 月至 1987 年 12 月，起草委員會分別召開了第三至第六次全體會議，五個專題小組先後報告工作，全體會議先後討論了各專題小組起草的條文草案，同時要求各專題小組對委員們提出的意見和建議、香港基本法諮詢委員會各專責小組最後報告提出的建議加以研究，修改完善各章條文。

　　最後，起草委員會第五次全體會議上成立的香港基本法總體工作小組在第七次全體會議上作了工作報告，本次全體會議討論了總體工作小組在各專題小組所擬條文草案基礎上提出的《香港基本法（草案）徵求意見稿》，並決定將之公佈，在全國範圍內徵求意見。這一階段起草委員會還在第四次會議上通過了《關於中華人民共和國香港特別行政區區旗、區徽圖案徵集和審定辦法》，並開展徵集工作。

三、《香港基本法（草案）》的形成

　　《香港基本法（草案）》的形成經過兩個階段。

　　第一階段是 1988 年 5 月至 9 月的徵求意見階段。《香港基本法（草案）徵求意見稿》公佈後，起草委員會內地委員分兩批到香港，同香港委員一起聽取香港社會各界的意見，部分內地委員還分赴北京、上海、廣東、福建等省和市徵求了內地各方面人士的意見。諮詢委員會向香港社會發放近百萬份《香港基本法（草案）徵求意見稿》，收到 73765 份意見書，並將收集到的意見毫無遺漏地整理匯總成為報告交給了起草委員會。諮詢委員會在五個月的諮詢期間內也分「中央和香港特別行政區的關係」「香港居民的基本權利和義務」「政治體制」「經濟」「教

育、科學、文化、體育、宗教、勞工和社會服務」五個階段就《香港基本法（草案）徵求意見稿》的各部分內容進行討論，並廣泛徵詢香港各界人士的意見，在諮詢期結束後向起草委員會提交了香港市民對《香港基本法（草案）徵求意見稿》的意見和建議的報告。

第二個階段是 1988 年 10 月－1989 年 1 月，主要是研究吸納意見建議修訂草案。1988 年 11 月下旬，起草委員會各專題小組在認真研究各種意見和建議的基礎上，對《香港基本法（草案）徵求意見稿》進行了一系列重要修訂。1989 年 1 月召開的起草委員會第八次全體會議上，委員們對該修改稿進行了認真的討論，所提出的 58 個提案中 12 個提案獲得全體委員三分之二多數贊同，被修改稿吸納。最後，該次會議又以無記名投票方式對該修改稿條件和附件逐條表決，除第 19 條外，所有條文和附件均獲得全體委員三分之二多數贊同，會議決定將《中華人民共和國特別行政區香港基本法（草案）》報請全國人大常委會審議。該次會議還對區旗區徽進行了評選，但未有作品獲得出席會議委員的多數贊同。

四、《香港基本法》的通過與生效

起草委員會向全國人大常委會報請審議《中華人民共和國特別行政區基本法（草案）》後，全國人大常委會於 1989 年 2 月 21 日作出決定，公開該草案，在香港和全國其他地區廣泛徵求對該草案的意見至 1989 年 10 月底，香港社會對提出超過 6500 份意見書。在意見徵求期結束後，1989 年 12 月開始，起草委員會各專題小組認真研究各種意見和建議，對《中華人民共和國特別行政區基本法（草案）》各章節條款及附件附錄作了進一步的修訂，區旗區徽評選委員會也修訂形成三套區旗區徽方案。針對香港社會各界爭論激烈的政治體制問題，政治體制專題小組於 1990 年 1 月加開一次會議主通過了小組的主流方案。1990 年 2 月 13 日，香港基本法起草委員會第九次會議召開，通過了《修改提案的提出和表決辦法》和《區旗、區徽圖案（草案）評選辦法》。根據規定，起草委員會第八次全體會議逐條逐件以全體委員三分之二多數通過的條文，除非經專題小組或起草委員 5 人聯署提出修正提案且該修正案獲得全體委員三分之二多數通過，不

再逐條逐件表決；對第 19 條的提案須獲得全體委員三分之二多數通過。最終，會議經過無記名投票表決，通過了專題小組提出的 24 個修正案，並以三分之二多數評選出區旗和區徽圖案（草案）。至此，《中華人民共和國特別行政區基本法（草案）》所有條款，包括起草委員會第八次全體會議上未獲全體委員三分之二贊同的第 19 條，均獲得全體委員三分之二多數通過。該次會議決定將該草案連同香港特別行政區區旗、區徽圖案（草案）等文件提交全國人大常委會審議。

1990 年 2 月 23 日，第七屆全國人大常委會通過決議，將《中華人民共和國特別行政區基本法（草案）》提交第七屆全國人大第三次會議審議。1990 年 4 月 4 日，2713 位代表出席會議，以 2676 票的絕對多數通過《香港基本法》。

第三節　依法、民主和科學的立法

依法、科學和民主立法是現代國家立法的基本原則，《香港基本法》的制定貫徹和體現了依法立法、民主立法和科學立法的基本原則，是依法、科學和民主的立法。

一、依法立法

所謂依法立法，是指立法依照法定的權限和程序，從國家整體利益出發，維護法制的統一和尊嚴。《香港基本法》的制定遵循依法定權限和程序開展立法工作，明確地維護國家整體利益和法制統一，是依法立法的典範。

一方面，全國人大依照法定的權限和程序制定了《香港基本法》。憲法第31條規定全國人大根據具體情況以法律規定在特別行政區實行的制度。全國人大批准《中英聯合聲明》後，根據中國憲法第31條的規定，決定成立起草委員會，具體負責《香港基本法》起草工作，並授權全國人大常委會決定起草委員會的名單。第六屆全國人大常委會於1985年6月18日通過起草委員會名單，成立起草委員會。根據全國人大的決定，起草委員會對全國人大負責，在全國人大閉會期間對全國人大常委會負責。全國人大常委會兩次對起草委員會起草的草案進行審議並作出公開徵求意見的決定。《中華人民共和國全國人民代表大會議事規則》（1989年4月4日）第21條規定，全國人大常委會可以向全國人大提出屬其職權範圍內的議案。1990年2月23日，第七屆全國人大常委會將《中華人民共和國特別行政區基本法（草案）》提交第七屆全國人大審議，全國人大審議通過《香港基本法》。

同時，起草委員會和諮詢委員會也制定相關規則，規範起草和諮詢工作。

起草委員會制定了《中華人民共和國香港特別行政區基本法起草委員會工作規則》《關於中華人民共和國香港特別行政區區旗、區徽圖案徵集和審定辦法》《修改提案的提出和表決辦法》《區旗、區徽圖案（草案）評選辦法》，諮詢委員會制定了章程、全體會議細則等相關規定。起草委員會和諮詢委員會嚴格按照這些規定開展起草和諮詢工作。

總之，在《香港基本法》制定過程中，全國人大及其常委會按照憲法和議事規則等規定開展立法，起草委員會在全國人大決定的範圍內依法開展起草工作，諮詢委員會在其章程和工作規則規定範圍內開展諮詢，都體現了依法立法的原則。

另一方面，全國人大以「一國兩制」基本國策為根本遵循，制定《香港基本法》，維護國家整體利益。「一國兩制」是憲法確立的基本國策，有利於維護國家統一，維護香港的長期繁榮穩定，符合國家整體利益。《第六屆全國人民代表大會第二次會議關於政府工作報告的決議》明確指出：「會議同意政府工作報告中提出的和平統一祖國和恢復對香港行使主權的政策，認為這是符合包括台灣同胞、港澳同胞、國外僑胞在內的全國各族人民的根本利益和共同願望的。」實施憲法解決香港問題是將這一基本國策與香港實際情況相結合，形成針對香港的基本方針政策並且制定《香港基本法》保障其實施。鄧小平明確指出：「我們的『一國兩制』能不能夠走上成功，要體現在香港特別行政區基本法裏面。」在起草和制定《香港基本法》的過程，「一國兩制」基本國策得到全面的堅持和貫徹，姬鵬飛在向第七屆全國人大第三次會議《香港基本法》及有關文件的說明時指出：「現在提交的基本法（草案）就是以憲法為依據，以『一國兩制』為指導方針，把國家對香港的各項方針、政策用基本法律的形式規定下來。」《香港基本法》全面、準確、系統地把「一國兩制」方針具體化、法律化和制度化，維護了國家的整體利益。

另外，全國人大在制定《香港基本法》的同時，通過了《關於〈中華人民共和國特別行政基本法〉的決定》，確認《香港基本法》符合憲法，維護法制的統一和尊嚴。在《香港基本法》起草過程中，有意見認為《香港基本法》規定香港不實行社會主義制度和政策，保持原有的資本主義制度和生活方式，與憲法

第 1 條（社會主義是根本制度）和第 5 條（法制統一）相抵觸。彭真在 1982 年
憲法修改草案報告的說明中指出，中國憲法第 31 條允許在處理台灣、香港和澳
門這類問題時，實行與內地不一樣的資本主義制度，因此，《香港基本法》規定
香港不實行社會主義制度和政策，保持原有的資本主義制度和生活方式符合憲法
的原意。據此，全國人大進一步作出上述《決定》，確認《香港基本法》的合憲
性。這一決定闡明了《香港基本法》與憲法的關係，確認了《香港基本法》合憲
性，維護了憲法權威和法制統一。

二、民主立法

所謂民主立法，是指立法體現廣大人民的意志，發揚民主，堅持立法公
開，保障持份者通過多種途徑參與立法活動。《香港基本法》的制定以民主協商
為原則，採取自下而上的立法模式，堅持廣泛公開深度參與，是民主的立法。

《香港基本法》的制定遵循了民主協商的基本原則。在《香港基本法》起草
委員會第一次全體會議上，姬鵬飛主任便指出，起草委員會按照「民主協商的原
則進行工作」，「委員會在內部討論問題時要充分發揮民主，敞開思想，各抒己
見，遇到問題要協商解決」，並多次提出「廣泛徵詢和聽取香港各界同胞意見」。
在此基礎上，起草委員會第二次全體會議通過《中華人民共和國香港特別行政
區基本法起草委員會工作規則》，規定起草委員會要重視調查研究，廣泛聽取社
會各界人士特別是香港各界人士的意見，同香港基本法諮詢委員會保持密切聯
繫，盡量採取協商的方式解決意見分歧。民主協商被確定為起草《香港基本法》
的一項基本原則。

《香港基本法》制定實行「三下三上」的自下而上立法模式。《香港基本法》
制定過程對民主立法原則的貫徹突出地體現在採取一種「三下三上」的自下而
上立法模式，即先調研徵求意見再形成文件或草案。如前所述，在初步準備之
後，起草委員會的部分內地委員便赴香港調研，在廣泛徵求香港社會的意見後形
成《香港基本法》結構草案，再進一步在調研和徵集意見的基礎上形成《香港基
本法（草案）徵求意見稿》，此為「一下一上」；旋即，起草委員會公佈《香港

基本法（草案）徵求意見稿》，向全社會廣泛徵詢意見，並在研究意見建議的基礎上修訂形成《香港基本法（草案）》，此為「二下二上」；隨後，《香港基本法（草案）》再次公佈並向香港和全國其他地區廣泛徵求意見，起草委員會在研究這些意見建設的基礎上修訂形成《中華人民共和國特別行政區基本法（草案）》，此為「三下三上」。最終，全國人大審議表決通過《香港基本法》。

　　《香港基本法》制定過程堅持了廣泛公開與深度參與的原則。一方面，香港基本法起草委員會由包括香港同胞在內的各方面的人士和專家組成，其中香港委員 23 人，這是香港社會深度參與的組織保障。另一方面，起草委員會委託香港委員組織成立香港基本法諮詢委員會，由 180 名來自各界和方面的代表組成的諮詢委員會，為香港社會的廣泛和深度參與提供了具體機制。再一方面，《香港基本法》起草過程充分公開，每當召開各種會議，隨時向採訪會議的記者吹風，會後及時向諮詢委員會通報情況。諮詢委員會既主動發放《香港基本法（草案）諮詢意見稿》《香港基本法（草案）》等立法文件，也創新形式，以音像製品、宣傳海報、廣播電視廣告等各種形式宣傳《香港基本法》的制定，使得《香港基本法》的制定過程得以在香港社會廣泛公開。起草委員會高度重視諮詢委員會和香港社會的意見，針對收集的意見，在深入研究分析的基礎上予以吸納。比方 1988 年，各專題小組根據各方面提出的意見和建議，對《香港基本法（草案）徵求意見稿》進行了 80 多處實質性修改，其中 50 多處來自諮詢委員會收集的意見。正是這些廣泛公開和深度參與，使《香港基本法（草案）》凝聚了廣泛的共識，所有條款在起草委員會全體會議上獲得三分之二多數通過。《香港基本法》起草過程堅持了民主立法的原則，充分體現了民主協商的精神，是「在全國，特別是在香港廣大同胞和各方面人士的密切關注和廣泛參與下完成的」。

三、科學立法

　　所謂科學立法，是指立法從實際出發，規定明確、具體，具有針對性和可執行性。鄧小平指出：「基本法是個重要的文件，要非常認真地從實際出發來制定。」《香港基本法》起草貫徹了這一科學立法的原則。一方面，國家將「一國

兩制」作為總方針和基本國策運用於解決香港問題時，特別注意立足香港的實際情況形成基本方針政策和制定《香港基本法》。鄧小平指出：「我們採取『一個國家，兩種制度』的辦法解決香港問題，不是一時的感情衝動，也不是玩弄手法，完全是從實際出發的，是充分照顧到香港的歷史和現實情況的。」中國憲法第 31 條也指出，全國人大要「按照具體情況」制定《香港基本法》規定在特別行政區內實行的制度。就這個「具體情況」，鄧小平也曾指出：「採用和平方式解決香港問題，就必須既考慮到香港的實際情況，也考慮到中國的實際情況和英國的實際情況，就是說，我們解決問題的辦法要使三方面都能接受。」立足於這個「實事求是」「從實際出發」的科學原則，中國政府形成了針對香港的十二條基本方針政策，並在《中英聯合聲明》中加以闡明。這些立足實際、實事求是形成的基本方針政策符合香港的具體情況，為香港社會和國際社會所接受，為《香港基本法》的科學制定奠定了基礎。另一方面，《香港基本法》從中央和特別行政區的關係；香港居民的基本權利和體制；政治體制；經濟；教育、科學、文化、體育和宗教；對外事務和解釋、修改等方面入手，明確了中央與香港特區、香港特區各機關之間及其與香港居民之間的關係，以 160 條和三個附件的篇幅將中國對香港的十二條基本方針政策具體化和法律化，是一部具有明確性、針對性和可操作性的基本法律。

第四講
中央與特別行政區關係

王磊

第一節　中央與特別行政區關係是單一制下中央與地方關係

一、我國的國家結構形式是單一制

　　國家結構形式一般分為兩種，一種是單一制，另一種是聯邦制。單一制是指由若干行政區域構成單一主權國家的結構形式，在單一制形式下，全國只有一個國家主權、一個統一的立法機關、一部憲法、一個中央政府、統一的國籍。在國家內部，各行政區域的地方政府都受中央政府的統一領導；在對外關係方面，中央政府是國際法的主體。地方行政區域享有的權力不是本身所固有，而是國家授予的。國家對地方行政區享有完全的主權，由中央政府代表國家對地方行政區行使權力。聯邦制是指由幾個或更多的成員（如共和國、州、邦）聯合組成的統一的國家，它是國際交往中的主體。聯邦除設有聯邦的最高立法機關和聯邦政府外，聯邦成員各有自己的立法機關和中央政府，有自己的憲法和法律。由聯邦行使國家的立法、外交、軍事和財政等主要國家權力。成員國公民同時是聯邦公民。聯邦的成員原本是主權國，它們在組成聯邦時，各自將主權的一部分交給聯邦行使。關於聯邦制國家的剩餘權力，大約有三種情形，即美國聯邦憲法規定剩餘權力歸各州，加拿大憲法規定剩餘權力歸各省，印度憲法規定了邦和聯邦分別享有以及可以共享的權力範圍。因此在聯邦制下，聯邦與各成員都有自己的憲法和中央政府。聯邦和成員之間的權限劃分，由聯邦憲法規定，除非修改憲法，聯邦無權加以改變。由此可見，單一制國家的地方行政區與聯邦國家的成員，在國家中的法律地位和享有權力的多少以至權力的來源都是大不相同的。單一制下的中央和地方的關係與聯邦制下聯邦和成員的關係是兩類不同性質的關係，在單一

制國家，不存在所謂「剩餘權力」的問題。

二、單一制下的中央與地方關係

中央和香港特別行政區之間的關係是單一制下的中央和地方關係，而不是聯邦制下的聯邦和成員的關係。

我國是單一制國家。國家的最高權力，也就是主權，屬全體人民，由最高國家權力機關及其執行機關──中央人民政府代表國家行使。香港特別行政區是最高國家權力機關通過頒佈《基本法》建立起來的。它享有的權力是國家授予的，不是它本身所固有。香港特別行政區同我國一般地方行政區域、民族自治地方既有共性，又有特性。共性就是香港特別行政區和一般地方行政區域、民族自治地方一樣，都是中華人民共和國不可分離的部分，都是處於國家的完全主權之下，受中央人民政府管轄的地方區域。但是香港特別行政區又有其不同於一般地方行政區、民族自治地方的特點，香港特別行政區是實行「一國兩制」下享有高度自治權的地方區域，因而中央和香港特別行政區的關係不完全等同於一般的中央和地方的關係，也不等同於中央和民族自治地方的關係。

香港特別行政區是中華人民共和國的一個享有高度自治權的地方行政區域，直轄於中央人民政府。這就是說，在中央人民政府與香港特別行政區之間，沒有任何中間層次。既然香港特別行政區直接由中央人民政府管轄，那麼，各省、自治區、直轄市就不得干預香港特別行政區自行管理的事務；各省、自治區、直轄市如需在香港特別行政區設立機構，須徵得香港特別行政區政府同意並經中央人民政府批准；各省、自治區、直轄市在香港地區的一切機構及其人員，必須遵守香港特別行政區的法律；中國其他地方的人進入香港特別行政區須辦理批准手續。

第二節　《香港基本法》規定的中央與 地方關係

一、中央和香港特別行政區的關係

中央和香港特別行政區的關係，是指中央對香港特別行政區實行管轄和香港特別行政區在中央監督下實行高度自治而產生的相互關係。憲法和《香港基本法》規定的特別行政區制度是國家對某些區域採取的特殊管理制度。在這一制度下，中央擁有對香港特別行政區的全面管治權，既包括中央直接行使的權力，也包括授權香港特別行政區依法實行高度自治。對於香港特別行政區的高度自治權的行使，中央具有監督權。

這種關係大體上可以分為以下三種情況：

屬國家主權和國家整體權益範圍的事務，由中央管理，香港特別行政區必須服從中央的領導。就這一類事務而言，中央和香港特別行政區是領導和被領導的關係。

香港特別行政區的地方性事務，由香港特別行政區自己管理，但其中有些事務的管理是否符合《香港基本法》的規定，中央可行使監督權。就這些事務而言，中央和香港特別行政區是監督和被監督的關係。此外的地方性事務，由香港特別行政區自己管理。

中央和香港特別行政區的關係的核心是權力關係，也就是說，中央對香港特別行政區行使哪些權力、香港特別行政區被授予哪些權力，中央對香港特別行政區行使被授予的權力如何進行監督。只要把中央和香港特別行政區的權力關係搞清楚，中央和香港特別行政區的一般關係也就容易處理了。

根據憲法和《香港基本法》的規定，中央直接行使對香港特別行政區管治權的權力主體包括全國人民代表大會及其常務委員會、國家主席、中央人民政府、中央軍事委員會。全國人大決定香港特別行政區的設立，制定《香港基本法》以規定在香港特別行政區實行的制度，並擁有《基本法》的修改權。全國人大常委會擁有《香港基本法》的解釋權，對香港特別行政區行政長官產生辦法和立法會產生辦法修改的決定權，對香港特別行政區立法機關制定的法律的監督權，對香港特別行政區進入緊急狀態的決定權，以及向香港特別行政區作出新授權的權力。香港特別行政區直轄於中央人民政府，行政長官對中央人民政府負責，中央人民政府擁有任命行政長官和主要官員、依法管理與香港特別行政區有關的外交事務、向行政長官發出指令的權力。中央軍事委員會領導香港駐軍，履行防務職責，等等。

《香港基本法》第二章對中央和香港特別行政區的關係作了專章規定。該章包括由第 12 條至第 23 條，共 12 個條文。

《香港基本法》關於中央和香港特別行政區的關係的規定並不僅限於第二章，其他章節也有不少這方面的規定。例如，第一章總則中，第 2 條規定：「全國人民代表大會授權香港特別行政區依照本法的規定實行高度自治，享有行政管理權、立法權、獨立的司法權和終審權。」此條載明最高國家權力機關對香港特別行政區的授權，就是有關中央和香港特別行政區的關係的一條最根本的規定。又如第四章政治體制中，第 43 條第二款規定：「香港特別行政區行政長官依照本法的規定對中央人民政府和香港特別行政區負責。」條文中説的行政長官對中央人民政府負責，也是一條有關中央和香港特別行政區的關係的重要規定。同章第 73 條第九項規定香港特別行政區立法機關對行政長官提出彈劾案後，要報請中央人民政府決定；第 90 條第二款規定香港特別行政區終審法院法官和高等法院首席法官的任免，須報全國人民代表大會常務委員會備案；第 96 條規定香港特別行政區在中央人民政府協助或授權下，可與外國就司法互助關係作出適當安排；第五章經濟中，第 106 條規定香港特別行政區保持財政獨立，財政收入全部用於自身需要，不上繳中央人民政府和中央人民政府不在香港特別行政區徵税；第 126 條規定外國軍用船隻進入香港特別行政區須經中央人民政府特別許

可等等，都是有關中央和香港特別行政區的關係的重要條款。此外，第五章第四節民用航空，第七章對外事務和第八章本法的解釋和修改中，還有不少關於中央和香港特別行政區的關係的規定。

二、中央與香港特別行政區是授權與被授權的關係

授權與分權是兩個不同的法律概念，表達兩種不同的權力關係。授權是指權力主體將原來屬於它的權力授予被授權者行使。分權則是將權力在兩個或兩個以上的權力主體之間進行分割。在授權的概念下，權力主體對被授權者是否按照授權的規定行使其權力有監督權。在分權的概念下，兩個或兩個以上權力主體，按照分權的規定各自獨立行使其權力。在授權的概念下，被授權者享有的權力以授予的權力為限，未授予的權力保留在權力主體手裏，因此沒有剩餘權力歸誰的問題。在分權的概念下，除了明文規定分別屬各個權力主體的權力外，還有一個剩餘權力誰屬的問題需要解決。在我國，中央與香港特別行政區之間的關係是授權與被授權的關係。

香港特別行政區享有的高度自治權來自中央的授權，是由全國人民代表大會通過制定《香港基本法》授予香港特別行政區的。香港特別行政區自身不能確定自己權力的範圍，也不能自己確定享有的權力的內容，它所享有的權力範圍和內容只能由中央授予，凡是未經中央授予的權力，香港特別行政區不能擅自行使，香港特別行政區也不能自行突破中央授予的範圍。《香港基本法》共有 11 處出現「授權」字樣（《香港基本法》第 111 條第三款由於是香港特區政府授權指定銀行根據法定權限發行或繼續發行港幣的規定，雖然出現「授權」二字，但不屬中央對香港特別行政區的授權，因而沒有將第 111 條第三款計算在內），1 處出現「授予的其他職權」字樣（《香港基本法》第 20 條），這樣，直接出現關於中央對香港特區「授權」或「授予的其他職權」的條文有 12 處。直接出現「授權」字樣的 11 個條文分別是第 2 條、13 條、20 條、48 條、96 條、125 條、133條、134 條、153 條、154 條、155 條、158 條。第 2 條規定：「全國人民代表大會授權香港特別行政區依照本法的規定實行高度自治，享有行政管理權、立法

權、獨立的司法權和終審權。」第 13 條第三款規定;「中央人民政府授權香港特別行政區依照本法自行處理有關的對外事務。」上引條文清楚地表明香港特別行政區實行高度自治的權力來源是中央的授權,中央與香港特別行政區之間的關係是授權與被授權的關係。

三、中央對香港特別行政區行使的權力

中央代表國家對香港特別行政區行使主權。依據「一國兩制」方針和《香港基本法》,香港特別行政區是在一個統一的中華人民共和國的主權下實行高度自治。這種高度自治不僅不能脫離國家主權的支配,而且只有在確保國家對香港特別行政區享有和行使主權的前提下才能得到實現。維護國家主權與保障香港特別行政區的高度自治並不矛盾。

外交和國防是國家主權的標誌。任何一個主權統一的國家、它的外交和國防事務都是由中央政府統一管理,否則就不成其為主權統一的國家。香港特別行政區作為中華人民共和國的一個地方行政區域,與它有關的外交事務和它的防務應由中央人民政府負責管理。

除了外交和國防、還有一些屬於主權範圍的事務,如香港特別行政區行政長官和行政機關主要官員的任命,對香港特別行政區立法機關制定的法律的監督,決定香港特別行政區進入緊急狀態,《香港基本法》的制定和修改,《香港基本法》的解釋等等,也都屬於中央的職權範圍。

國家對香港特別行政區行使主權,不單表現在某些屬於主權範圍的事務由中央管理,還表現在中央對香港特別行政區的高度自治權的行使有監督權。任何國家實行的地方自治、都是在國家監督下的地方自治。如果地方自治可以不受國家監督,那就不是自治而是獨立了。香港特別行政區實行的高度自治,只是其自治程度比一般地方自治為高,但它仍是地方自治,因此中央對它如何實行自治有監督權。當然,中央對香港特別行政區並非事事都監督,而是對它是否依照《香港基本法》的規定實行自治進行監督,而且是按照《香港基本法》的規定來進行此項監督。

1. 中央負責管理與香港特別行政區有關的外交事務

《香港基本法》第 13 條第一款規定：「中央人民政府負責管理與香港特別行政區有關的外交事務。」此項規定明確表示，外交權屬於中央人民政府，凡是需要由國家出面辦理的外交事務，如同外國政府進行外交談判，以國家的名義締結條約或參加國際組織等活動，都由中央人民政府負責辦理。香港特別行政區政府作為地方政府無權對外進行這類活動。

由於中央人民政府負責管理與香港特別行政區有關的外交事務，因此，外交事務的主管部門亦即中華人民共和國外交部，需要在香港設立機構，以便就近處理外交事務。《香港基本法》第 13 條第二款對此作了專門規定。既然是外交部的派出機構，其職權當然只限於處理外交部授權處理的外交事務。

2. 負責管理香港特別行政區的防務

《香港基本法》第 14 條第一款規定：「中央人民政府負責管理香港特別行政區的防務。」我國全部領域的防務都是由中央統一管理，香港特別行政區作為我國領土的一部分也不例外。一般說的防務包括對外防務和對內防務兩者。但是，《香港基本法》第 14 條第一款規定的防務僅指對外防務，香港特別行政區的內部社會治安不包括在內。依照《香港基本法》第 14 條第二款的規定，香港特別行政區的內部社會治安是由香港特別行政區政府負責維持。

為了貫徹「一國兩制」的方針，《香港基本法》第 14 條第三款特地規定：「中央人民政府派駐香港特別行政區負責防務的軍隊不干預香港特別行政區的地方事務。」這是保證香港特別行政區的高度自治不受干預的有力措施。但是考慮到香港特別行政區政府在某些情況下有可能需要駐軍的幫助，同款又規定：「香港特別行政區政府在必要時，可向中央人民政府請求駐軍協助維持社會治安和救助災害。」從這條規定可以看出，駐軍只有在下述情況下才可出動：確有出動的必要，即香港特別行政區政府自身的力量不足以應付社會治安上出現的問題或發生的災害；由香港特別行政區政府向中央人民政府提出請求並經後者批准。條

文規定駐軍出動的任務是協助維持社會治安和救助災害，可見駐軍處於協助的地位，仍以香港特別行政區政府為主。

駐軍作為國家的軍隊，它當然要遵守全國性法律，特別是國家專門為軍隊制定的那些全國性法律。但是，作為駐守在香港特別行政區的軍隊，它也要遵守當地的法律。

1996 年 12 月，第八屆全國人大常委會第 23 次會議通過了《中華人民共和國香港特別行政區駐軍法》，駐軍法分總則、香港駐軍的職責、香港駐軍與香港特別行政區政府的關係、香港駐軍人員的義務與紀律、香港駐軍人員的司法管轄和附則等六章，共 30 條。駐軍法在總則中規定，為了保障中央人民政府派駐香港特別行政區負責防務的軍隊依法履行職責，維護國家的主權、統一、領土完整和香港的安全，根據憲法和《香港基本法》制定本法，明確了制定駐軍法的宗旨和法律依據。同時還規定，中央人民政府派駐香港特別行政區負責防務的軍隊由中國人民解放軍陸軍、海軍、空軍部隊組成，稱中國人民解放軍駐香港部隊，簡稱香港駐軍。總則還規定，香港駐軍由中央軍事委員會領導，駐軍費用由中央人民政府負擔。

《香港基本法》第 14 條第 5 款規定：「駐軍費用由中央人民政府負擔。」

3. 任命香港特別行政區行政長官和主要官員

《香港基本法》第 15 條規定：「中央人民政府依照本法第四章的規定任命香港特別行政區行政長官和行政機關的主要官員。」

《香港基本法》第 45 條規定：「香港特別行政區行政長官在當地通過選舉或協商產生，由中央人民政府任命。」

《香港基本法》第 48 條第五項規定：「提名並報請中央人民政府任命下列主要官員：各司司長、副司長，各局局長，廉政專員，審計署署長，警務處處長，入境處處長，海關關長；建議中央人民政府免除上述官員職務」。中央的此項任命權也是實質性的權力。

4.決定香港特別行政區進入緊急狀態

《香港基本法》對緊急狀態未作專門規定，僅在第 18 條規定全國性法律在何種情況下適用於香港特別行政區時提到緊急狀態。該條第四款規定：「全國人民代表大會常務委員會決定宣佈戰爭狀態或因香港特別行政區內發生香港特別行政區政府不能控制的危及國家統一或安全的動亂而決定香港特別行政區進入緊急狀態，中央人民政府可發佈命令將有關全國性法律在香港特別行政區實施」，因此，中央只有在兩種情況下才可決定香港特別行政區進入緊急狀態：一種是國家進入戰爭狀態；另一種是香港特別行政區發生了危及國家統一和安全的動亂而香港特別行政區政府對動亂已失去控制。《香港基本法》的規定是完全合理的。當國家對外宣戰時，整個國家都進入緊急狀態，實行戰時體制，香港特別行政區作為中華人民共和國的一部分當然不能例外。香港特別行政區發生了危及國家統一和安全的動亂，表明動亂性質已經十分嚴重，而香港特別行政區政府自身又無力控制，在此種情況下，中央當然不能坐視國家的統一和安全，香港特別行政區人民的生命財產遭受損害，通過宣佈緊急狀態來解決動亂是完全必要的。

根據該條規定，香港特別行政區進入緊急狀態的決定，由全國人民代表大會常務委員會作出。是否發生《香港基本法》第 18 條第四款所規定的需要進入緊急狀態的情況，也應由全國人民代表大會常務委員會來作判斷。負責組織實施全國人民代表大會常務委員會的決定的中央國家機關是中央人民政府亦即中華人民共和國國務院。在決定香港特別行政區進入緊急狀態後，中央人民政府可發佈命令，將有關全國性法律在香港特別行政區實施。這裏說的「有關全國性法律」，是指同緊急狀態有關的全國性法律，無關的全國性法律，當然不會因緊急狀態而在香港特別行政區實施。

《香港基本法》僅規定上述兩種情況由中央來決定香港特別行政區進入緊急狀態，由此推知此外的情況，如由於嚴重的自然災害、經濟危機或其他社會問題而在香港特別行政區引起騷亂或動亂，只要沒有危及國家的統一和安全，也沒有達到香港特別行政區政府不能控制的程度，都應由香港特別行政區政府自己來解決。至於香港特別行政區政府如何解決，例如如何實施香港的《緊急情況規例條

例》，應由香港特別行政區自己規定。

5. 解釋《香港基本法》

依照憲法第 67 條第三項的規定，解釋法律是全國人民代表大會常務委員會的一項職權。《香港基本法》是全國人民代表大會制定的法律，因此它的解釋權應當屬全國人民代表大會常務委員會。《香港基本法》第 158 條第一款規定：「本法的解釋權屬於全國人民代表大會常務委員會」，這是完全符合我國憲法的[1]。

6. 修改《香港基本法》

《香港基本法》第 159 條第 1 款規定：「本法的修改權屬於全國人民代表大會。」《香港基本法》是由全國人大制定的法律，因此也由全國人大修改。為了使作為香港特別行政區的法律基礎的《香港基本法》保持較大的穩定性，《香港基本法》第 159 條對修改《香港基本法》規定了嚴格的程序。首先是對有修改提案權的主體作了限制。依照全國人民代表大會組織法的規定，有權向全國人民代表大會提出議案的主體有：全國人民代表大會主席團，全國人民代表大會常務委員會，全國人民代表大會各專門委員會，國務院、中央軍事委員會，最高人民法院和最高人民檢察院。此外，各省、自治區、直轄市的全國人民代表大會代表團和 30 名以上全國人民代表大會代表也都有權提出議案。第 159 條第二款將對《香港基本法》有權提出修改議案的主體減少到 3 個，即全國人民代表大會常務委員會、國務院和香港特別行政區。

其次，該款對香港特別行政區行使修改提案權，作了一項特殊規定，即須經該特別行政區的全國人民代表大會代表三分之二多數、立法會全體議員三分之二多數和行政長官同意後，才可交由香港特別行政區出席全國人民代表大會的代表團，向全國人民代表大會提出《香港基本法》的修改議案。

再次，第 159 條第三款規定，《香港基本法》的修改議案在列入全國人民代

1　詳見第七講《基本法》解釋部分。

表大會的議程前，先由香港特別行政區香港基本法委員會研究並提出意見。

最後，第 159 條第四款規定：「本法的任何修改，均不得同中華人民共和國對香港既定的基本方針政策相抵觸。」

前三項規定從程序上防止《香港基本法》的輕易修改，第四項規定更從實質上防止改變《香港基本法》的原則和精神。有了這四項規定，《香港基本法》的穩定性是有保證的。

四、香港特別行政區享有高度自治權

香港特別行政區是一個享有高度自治權的地方行政區域。依照《香港基本法》的規定，香港特別行政區享有的高度自治權包含以下幾項內容：

1.行政管理權

《香港基本法》第 16 條規定：「香港特別行政區享有行政管理權，依照本法的有關規定自行處理香港特別行政區的行政事務。」香港特別行政區是一個地方行政區域，本條所稱自行處理的行政事務。當然僅限於香港特別行政區的地方行政事務，國防、外交以及其他《香港基本法》規定由中央人民政府處理的行政事務不在其內。

《香港基本法》第五、六兩章，就香港特別行政區的經濟、財政、金融、貿易、工商業、土地、航運、民航、教育、科學、文化、體育、宗教、勞工、社會服務等事項，規定了一系列的政策和指導性方針。本條所規定的依照本法的有關規定處理香港特別行政區的行政事務，即是指《香港基本法》的這些規定。

2.立法權

《香港基本法》第 17 條第一款規定：「香港特別行政區享有立法權。」香港特別行政區由於實行「一國兩制」，可以有自己的法律和法律制度，國家的法律一般不在香港特別行政區適用。因此，它的立法權是一種真正的立法權，遠比

民族自治地方制定法規方面的權力大。《香港基本法》第 17 條第一款只規定香港特區享有立法權，沒有規定此項權力的適用範圍。不過從《香港基本法》的整體出發，結合《香港基本法》關於中央和香港特別行政區的關係的規定來考慮，此款應當理解為香港特別行政區立法機關有權就香港特別行政區高度自治範圍內的一切事務立法，但對外交、國防以及其他屬中央人民政府管理範圍的事務無權立法。

香港特別行政區享有的立法權，是全國人民代表大會通過《香港基本法》授予香港特別行政區的。香港特別行政區行使此項權力，是否符合《香港基本法》的規定，是否不超越國家的授權，應當由中央來監督。第 17 條就中央的監督作如下規定：

香港特別行政區的立法機關制定的法律，須報全國人民代表大會常務委員會備案（第 17 條第二款）。備案是說要將制定的法律連同有關資料報送全國人民代表大會常務委員會，使其知道此事，不包含需要後者批准的意思。備案不同於批准本是清楚的，但是為了避免任何誤解，下面緊接着規定：「備案不影響該法律的生效」。這句話表明香港特別行政區立法機關制定的法律，只要完成其全部法律程序即可生效，不因備案而受影響，進一步明確備案不是批准的意思。

全國人民代表大會常務委員會在徵詢其所屬的香港特別行政區香港基本法委員會後，如認為香港特別行政區立法機關制定的任何法律不符合《香港基本法》關於中央管理的事務及中央和香港特別行政區的關係的條款，可將有關法律發回，但不作修改（第 17 條第 3 款）。

3.獨立的司法權和終審權

《香港基本法》第 19 條第一款規定：「香港特別行政區享有獨立的司法權和終審權。」獨立的司法權，也就是《香港基本法》第 85 條所規定的「香港特別行政區法院獨立進行審判，不受任何干涉」。終審權是指香港特別行政區的訴訟案件以該區終審法院為最高審級，該區終審法院的判決是最終判決。

1997 年我國恢復對香港行使主權後，《香港基本法》不將終審權收歸中央，

而將它授予香港特別行政區,這是為了貫徹「一國兩制」的方針,使該區得以保持原有的司法制度和法律制度。由於授予香港特別行政區終審權,該區的司法權也將比香港回歸前在這方面享有的權力大為提高。

4. 自行處理對外事務的權力

國家通過《香港基本法》授予香港特別行政區高度自治權,凡是依照《香港基本法》的規定屬高度自治範圍內的事務,都由該區自己管理。為了香港特別行政區的繁榮和發展,同時也考慮到香港的實際情況和需要,《香港基本法》賦予香港特別行政區在經濟、文化領域以處理對外事務的廣泛權力。《香港基本法》第 13 條第三款規定:「中央人民政府授權香港特別行政區依照本法自行處理有關的對外事務。」這裏說的「有關的對外事務」,是指《香港基本法》第七章規定的對外事務以及第五、六兩章中的有關規定。其中主要有:香港特別行政區可以在經濟、貿易、金融、航運、通訊、旅遊、文化、體育等領域以「中國香港」的名義,單獨地同世界各國、各地區及有關國際組織保持和發展關係,簽訂和履行有關協議(第 151 條);可以以「中國香港」的名義,參加不以國家為單位參加的國際組織和國際會議(第 152 條第二款);經中央人民政府協助或授權,可以與各國或各地區締結互免簽證協議(第 155 條);可根據需要在外國設立官方或半官方的經濟和貿易機構(第 156 條);經中央人民政府批准,可以允許外國在香港特別行政區,設立領事機構或其他官方、半官方機構(第 157 條第一款)等等。香港特別行政區雖然不能參加以國家為單位參加的國際組織和國際會議,但可派遣代表作為中華人民共和國代表團的成員或以中央人民政府和該國際組織或國際會議所允許的身份參加,並以「中國香港」的名義發表意見(第 152 條第一款)。即使是外交談判,如果同香港特別行政區直接有關,香港特別行政區也可以派遣代表,作為中華人民共和國政府代表團的成員參加(第 150 條)。總之,《香港基本法》在堅持外交事務屬中央人民政府管理的原則下,賦予香港特別行政區以處理對外事務的廣泛權力,既體現了國家主權原則,又體現了在「一國兩制」下香港特別行政區實行高度自治的精神。

5.其他規定

　　為了從法律上保障該區行使自己的權力，《香港基本法》又特地作了以下幾項規定：中央人民政府派駐香港特別行政區負責防務的軍隊不干預香港特別行政區的地方事務（第 14 條第三款）；駐軍人員除遵守全國性的法律外、還須遵守香港特別行政區的法律（第 14 條第四款）；中央人民政府所屬各部門、各省、自治區、直轄市均不得干預香港特別行政區根據本法自行管理的事務（第 22 條第一款）；中央各部門、各省、自治區、直轄市在香港設立的一切機構及其人員均須遵守香港特別行政區的法律（第 22 條第三款）。

第三節　中央與特別行政區關係的實踐

一、全國人大常委會解釋《香港基本法》

　　全國人大常委會依據憲法和《香港基本法》的規定，對《香港基本法》作出了五次解釋，這五次解釋分別是 1999 年 6 月 26 日對第 22 條第四款、第 24 條第 2 款第三項的解釋；2004 年 4 月 6 日對附件一第七條、附件二第三條的解釋；2005 年 4 月 27 日對第 53 條第二款的解釋；2011 年 8 月 26 日對第 13 條第一款和第 19 條的解釋；2016 年 11 月 7 日對第 104 條的解釋。這五次釋法分別涉及「居港權」案件、附件一行政長官產生辦法和附件二立法會產生辦法的修改程序、補選產生的行政長官任期問題、國家豁免、行政長官主要官員立法會議員法官的宣誓。

二、全國人大作出有關香港特別行政區問題的決定

　　2020 年 5 月 28 日第十三屆全國人民代表大會第三次會議通過了《全國人民代表大會關於建立健全香港特別行政區維護國家安全的法律制度和執行機制的決定》，根據此決定，2020 年 6 月 30 日第十三屆全國人民代表大會常務委員會第二十次會議通過了《中華人民共和國香港特別行政區維護國家安全法》（以下簡稱「《香港國安法》」）。制定香港特別行政區維護國家安全法是貫徹落實十三屆全國人大三次會議精神、全面完成黨中央「決定＋立法」決策部署的關鍵步驟和重要任務。從國家層面建立健全香港特別行政區維護國家安全的法律制度和執行機制，根本目的是維護國家主權、安全、發展利益，保障香港長治久安和長期繁榮穩定，確保香港「一國兩制」實踐行穩致遠。

此外，2021 年 3 月 11 日第十三屆全國人民代表大會第四次會議通過了《全國人民代表大會關於完善香港特別行政區選舉制度的決定》，根據此決定，2021 年 3 月 30 日第十三屆全國人民代表大會常務委員會第二十七次會議通過了對《香港基本法》附件一以及附件二的修訂。

三、全國人大常委會作出有關香港特別行政區問題的決定

回歸以來，全國人大常委會作出了有關香港特區的決定有 10 項。2004 年 4 月 26 日第十屆全國人大常委會第九次會議通過「關於香港特區 2007 年行政長官和 2008 年立法會產生辦法有關問題的決定」。2006 年 10 月 31 日第十屆全國人大常委會第二十四次會議通過「關於授權香港特區對深圳灣口岸港方口岸區實施管轄的決定」。2007 年 12 月 29 日第十屆全國人大常委會第三十一次會議通過「關於香港特區 2012 年行政長官和立法會產生辦法及有關普選問題的決定」。2010 年 8 月 28 日第十一屆全國人大常委會第十六次會議通過「關於批准《香港基本法附件一香港特區行政長官的產生辦法修正案》的決定」。2014 年 8 月 31 日第十二屆全國人大常委會第十次會議通過「關於香港特區行政長官普選問題和 2016 年立法會產生辦法的決定」。2017 年 12 月 27 日第十二屆全國人大常委會第三十一次會議通過「關於批准《內地與香港特別行政區關於在廣深港高鐵西九龍站設立口岸實施『一地兩檢』的合作安排》的決定」。2020 年 8 月 11 日第十三屆全國人大常委會第二十一次會議通過「關於授權國務院在粵港澳大灣區內地九市開展香港法律執業者和澳門執業律師取得內地執業資質和從事律師職業試點工作的決定」。2020 年 8 月 11 日第十三屆全國人大常委會第二十一次會議通過「關於香港特別行政區第六屆立法會繼續履行職責的決定」。2020 年 11 月 11 日第十三屆全國人大常委會第二十三次會議通過「關於香港特別行政區立法會議員資格問題的決定」。

此外，香港回歸以來，全國人大常委會還通過了五次關於《香港基本法》附件三增減的決定，其中，只有一次是「增減」，即 1997 年 7 月 1 日通過的「全國人民代表大會常務委員會關於《中華人民共和國香港特別行政區基本法》附件

三所列全國性法律增減的決定」，其餘四次都是「增加」，這四次分別是於 1998 年 11 月 4 日、2005 年 10 月 27 日、2017 年 11 月 4 日、2020 年 6 月 30 日通過的全國人民代表大會常務委員會關於增加《香港基本法》附件三所列全國性法律的決定。

第五講
香港特別行政區的
政治體制

夏正林

　　政治體制是指一個國家或地區管治權力的結構，包括各管治機關的職責及其相互間關係。香港特區政治體制是指為實現對香港特區管治而形成的各機關職權及其相互之間的關係。正如第四講指出，根據《中國憲法》和《基本法》的規定，香港特別行政區是中華人民共和國的一個地方行政區域，直轄於中央人民政府。中央對香港特別行政區享有全面的管治權。在特區內實行的制度，包括特區政治制度，都由全國人大決定的。根據《香港基本法》第四章的規定，香港特區設立的管治機構及人員主要包括：行政長官；行政機關；立法機關；司法機關；區域組織；公務人員。

　　本章將介紹在《香港基本法》第四章規定的香港特區管治機構的職權及其相互關係而形成的政治體制，即「一國兩制」下的以行政長官為核心的行政主導，包含立法與行政相互制衡、相互配合以及司法獨立等特徵的體制。

第一節　香港特別行政區政治體制概述

　　回歸前，香港實行總督制。1843 年，《英王制誥》頒佈，宣佈設置香港殖民地。英王是香港的最高統治者，總督則是英王的全權代表，兼任香港三軍司令。港督的權力很大，主持香港行政機關行政局和立法機關立法局，兩局的議員都是由港督任命。港督制就是一種行政主導的政治體制，港督凌駕於行政立法兩局之上，在港英政府中處於支配的地位。在《香港基本法》的起草過程中，對行政機關和立法機關的關係，有兩種不同的意見：一種意見主張沿用港英時期的總

督制,另一種意見認為應當以立法為主導。最終,《香港基本法》中規定了行政長官為核心的行政主導、立法與行政互相制衡、互相配合、司法獨立的體制。

一、以行政長官為核心的行政主導制

以行政長官為核心的行政主導制是指行政長官在香港特別行政區的整個管治機構體系中處於重要的地位,同時以行政長官為首的行政機關在整個政權運作中處於主導性地位,行政機關在制訂公共政策、立法議程和政府運作上,都處於主動和主導地位。主要體現在:

1.行政長官的雙首長地位

香港特別行政區行政長官是香港特別行政區的首長,代表香港特別行政區(《基本法》第43條)。此外,行政長官又是香港特別行政區政府的首長,領導特別行政區政府(第60條、第48條第一項)。因此,行政長官有「雙首長」的地位。

行政長官負責執行《香港基本法》和依照《基本法》適用於香港特別行政區的基本法律(第48條第二項);行政長官將財政預算、決算報中央人民政府備案(48條第三項);行政長官提名並報請中央人民政府任命主要官員,並建議中央人民政府免除主要官員的職務(第48條第五項);行政長官執行中央人民政府就《基本法》規定的有關事務發出的指令(第48條第八項);行政長官代表香港特別行政區政府處理中央授權的對外事務和其他事務(第48條第九項)。

2.行政長官領導特區政府

香港特別行政區政府是香港的行政機關(第59條),作為特別行政區政府的首長,行政長官領導特別行政區的行政機關(第48條第一項);決定政府的政策和發佈行政命令(第48條第四項);依照法定程序任免公職人員(第48條第七項);批准向立法會提出有關財政收或支出的動議(第48條第十項)。

3. 行政長官在立法程序中的主導地位

立法會通過的法案，須經行政長官簽署、公佈，方能生效（第 76 條）；行政長官如認為立法會通過的法案不符合香港特別行政區的整體利益，可在三個月內將法案發回立法會重議（第 49 條）；行政長官如拒絕立法會再次通過的法案或立法會拒絕通過政府提出的財政預算案或其他重要法案，經協調仍不能取得一致意見的，行政長官可解散立法會（第 50 條）；立法會如果拒絕批准政府提出的財政預算案，行政長官可向立法會申請臨時撥款；如果由於立法會已被解散而不能批准撥款，行政長官可在選出新的立法會前一段時間內，按上一財政的開支標準，批准臨時短期撥款（第 51 條）。

4. 行政長官在司法方面的主導作用

行政長官依照法定程序任免各級法院法官（第 48 條第六項）；終審法院的法官和高等法院的首席法官的任命或免職，除須經《基本法》第 88 條和第 89 條規定的程序外，還須由行政長官徵得立法會同意，並報全國人民代表大會常務委員會備案（第 90 條）；香港特別行政區法院在審查案件中遇有涉及國防、外交等國家行為的事實問題，應取得行政長官就該等問題發出的證明文件，上述證明文件對法院有約束力，行政長官在發出證明文件前須取得中央人民政府的證明書（第 19 條）。

5. 行政機關在制訂公共政策、立法議程和政府運作上的主導地位

如了上述外，行政主導還體現在：行政機關向立法會提出絕大部分法案、議案，立法會議員的提案權是有限的（第 74 條）：立法會議員依法提出法律草案，凡涉及政府政策的，在提出之前須徵得行政長官的同意；涉及公共開支、政府體制或政府運作的法律草案，則不得由立法會議員提出，只能由行政機關提出。

二、立法與行政相互制衡、相互配合

1.立法機關與行政互相制衡

香港特別行政區政府必須遵守法律，對立法會負責（第 64 條）。行政長官如認為立法會通過的法案不符合香港特別行政區的整體利益，可在三個月內將法案發回立法會重議；立法會如以不少於全體議員的三分之二多數再次通過原案，行政長官必須在 1 個月內簽署公佈或按第 50 條的規定處理。如行政長官拒絕立法會再次通過的法案，經協調仍不能取得一致意見，行政長官可以解散立法會；如行政長官因兩次拒絕簽署立法會通過的法案而解散立法會，重選的立法會仍以三分之二多數通過所爭議的原案，而行政長官仍拒絕簽署，行政長官必須辭職。如立法會拒絕通過政府提出的財政預算案或其他重要法案，經協商仍不能取得一致意見，行政長官可解散立法會；如行政長官因立法會拒絕通過財政預算或其他重要法案而解散立法會，重選的立法會拒絕通過財政預算或其他重要法案，行政長官必須辭職。在預算和撥款問題上，為了保證政府的正常運轉，如立法會拒絕批准政府提出的財政預算案，行政長官可向立法會申請臨時撥款；如果由於立法會已被解散而不能批准撥款，行政長官可在選出新的立法會前一段時間內，按上一財政的開支標準，批准臨時短期撥款。

此外，立法會有對行政長官進行彈劾的權力（《香港基本法》第 73 條第九項）。

2.行政與立法機關的互相配合

行政機關編制並提出財政預算，立法會批准，保障公共服務和社會設施的良性運轉。行政機關擬定並提出法案、議案，由立法會審議通過後，作為有效的規範性文件，被社會普遍遵守。行政會議作為協助行政長官的決策機構，成員包括來自立法機關的議員，保障在決策階段能與立法會有效溝通。立法會舉行會議時，政府委派官員列席並代表政府發言，以便相互了解。

三、獨立的司法機構

　　《香港基本法》第 19 條規定，「香港特別行政區法院享有獨立的司法權和終審權」，確立了司法獨立的原則。《香港基本法》第 85 條又規定，「香港特別行政區法院獨立進行審判，不受任何干涉，司法人員履行審判職責的行為不受法律追究。」除了上述有關司法獨立的一般性規定外，對香港特別行政區來說，司法獨立還有特別的含義，即香港特別行政區設立獨立的司法體系，並且設有終審法院，終審法院對案件的裁決為終局裁決。當然，司法獨立不意味着司法機關完全不受限制，行政長官有權任免法官。司法機關須遵循全國人大常委會對《香港基本法》的解釋。

第二節　行政長官

一、行政長官的地位職責及權力

1.行政長官的職責

行政長官依照《香港基本法》的規定對中央人民政府和香港特別行政區負責（《香港基本法》第 43 條）。

行政長官對中央人民政府負責，主要體現在：負責執行《香港基本法》和依照《香港基本法》適用香港特別行政區的其他法律；提請中央人民政府任免主要官員；執行中央人民政府就《香港基本法》規定的有關事務發出的指令；代表香港特別行政區政府處理中央授權的對外事務和其他事務。

《香港基本法》第 64 條規定，香港特別行政區政府對立法會負責。因此可以說，行政長官以特別行政政府首長的身份對立法會負責。行政長官是在香港由當地通過選舉或協商產生的（《香港基本法》第 45 條），因此，也要對香港特別行政區居民負責。《香港基本法》第 104 條，行政長官「在就職時必須依法宣誓擁護中華人民共和國香港特別行政區基本法，效忠中華人民共和國香港特別行政區」，這也是負責的具體表現。

2.行政長官的權力

根據《香港基本法》第 48 條規定，行政長官的職權包括：領導香港特區政府；負責執行本法和依照本法適用於香港特區的其他法律；簽署立法會通過的法案，公佈法律；簽署立法會通過的財政預算案，將財政預算、決算報中央人民政府備案；決定政府政策和發佈行政命令；提名並報請中央人民政府任命下列主要

官員：各司司長，各局局長，廉政專員，審計署署長，警務處處長，入境事務處處長，海關關長；建議中央人民政府免除上述官員職務；依照法定程序任免各級法院法官；依照法定程序任免公職人員；執行中央人民政府就本法規定的有關事務發出的指令；代表香港特區政府處理中央授權的對外事務和其他事務；批准向立法會提出有關財政收入或支出的動議；根據安全和重大公共利益的考慮，決定政府官員或其他負責政府公務的人員是否向立法會或其屬下的委員會作證和提供證據；赦免或減輕刑事罪犯的刑罰；處理請願，申訴事項。

二、行政長官的產生和任期

1.產生辦法

《香港基本法》第 45 條規定，香港特別行政區行政長官在當地通過選舉或協商產生，由中央人民政府任命。《基本法》附件一規定行政長官由選舉委員會選舉產生。成為行政長官包括了兩道程序：由選舉委員會選舉產生，這便於《香港基本法》規定的保證行政長官代表特別行政區，對特別行政區負責；由中央人民政府任命，這體現了中央對於特別行政區的全面管治權，便於使行政長官依照《香港基本法》的規定對中央人民政府負責。

《香港基本法》第 45 條還規定，「行政長官的產生辦法根據香港特別行政區的實際情況和循序漸進的原則而規定，最終達至由一個有廣泛代表性的提名委員會按民主程序提名後普選產生的目標」。

2021 年 3 月 30 日十三屆全國人大常委會第二十七次會議修訂後的《中華人民共和國香港特別行政區基本法》附件一規定，選舉委員會委員共 1500 人，由下列各界人士組成：第一界別：工商、金融界 300 人；第二界別：專業界 300 人；第三界別：基層、勞工和宗教等界 300 人；第四界別：立法會議員、地區組織代表等界 300 人；第五界別：香港特別行政區全國人大代表、香港特別行政區全國政協委員和有關全國性團體香港成員的代表界 300 人。其中，選舉委員會委員必須由香港特區永久性居民擔任。選舉委員會每屆任期五年，成員大部

分由各功能界別選舉產生，詳情見於本書第八章。功能界別由香港社會各職業和階層的團體或代表組成，由各功能界別選舉產生選舉委員會，然後由選舉委員會選舉行政長官，這是實現間接民主的一種方式。

2. 任職資格

《香港基本法》第 44 條規定，香港特區行政長官由年滿 40 周歲，在香港通常居住連續滿二十年並在外國無居留權的香港特區永久性居民中的中國公民擔任。另外，《香港基本法》第 104 條規定，行政長官在就職時必須依法宣誓擁護《香港基本法》，效忠中華人民共和國香港特別行政區。由此，行政長官的任職必須具備以下資格：是特別香港特別行政區永久性居民的中國公民；在外國無居留權；年滿 40 歲；在香港通常居住連續滿 20 年；擁護《香港基本法》；願意效忠中華人民共和國特別行政區。

對行政長官的任職資格作如此規定，主要因為：香港特區的居民構成比較複雜，有中國公民和外國籍人，永久性居民和非永久性居民，在外國有居留權的人和無居留權的人。香港特區是中華人民共和國的一個地方行政區域，行政長官只能由香港居民中的中國公民擔任，同時必須擁護《香港基本法》和效忠中華人民共和國特別行政區，即「愛國愛港」人士擔任。因此，行政長官不宜由在香港短期居住的非永久性居民擔任，也不由在外國有居留權的人擔任，並且有一定的年齡限制，要求熟悉香港的政治、經濟、文化社會情況。

3. 任期和辭職

《香港基本法》第 46 條規定，香港特別行政區行政長官任期五年，可連任一次。《香港基本法》第 47 條規定，「香港特別行政區行政長官必須廉潔奉公，盡忠職守」、「行政長官就任時應向香港特別行政區終審法院首席法官申報財產，記錄在案。」

《香港基本法》第 52 條規定，如有下列情況之一者必須辭職：因嚴重疾病或其他原因無力履行職務；因兩次拒絕簽署立法會通過的法案而解散立法會，重

選的立法會仍以全體議員三分之二多數通過所爭議的原案，而行政長官仍拒絕簽署；因立法會拒絕通過財政預算法案或其他的重要法案而解散立法會，重選的立法會繼續拒絕通過所爭議的原案。

根據《香港基本法》第 53 條第一款的規定，香港行政長官短期不能履行職務時，由政務司司長、財政司司長、律政司司長依次臨時代理其職務。對於行政長官缺位時的處置，《香港基本法》第 53 條第二款規定，應在 6 個月內依照《香港基本法》第 45 條的規定產生新的行政長官。2005 年 3 月，董建華先生辭去行政長官職務。根據《香港基本法》的規定和全國人大常委會對《香港基本法》的有關規定的解釋，香港特別行政區於 2005 年 6 月舉行了新行政長官選舉，並最終由中央人民政府任命曾蔭權為行政長官，其任期為董建華作為第二任行政長官的剩餘任期。

三、行政會議

《香港基本法》第 54 條規定，「香港特別行政區行政會議是協助行政長官決策的機構」。行政會議由港英政府時期的行政局改造而來。港英政府時期的行政局是一個協助總督決策的機構，雖然港督行政必須與行政局磋商，但由港督作出最後決定，並對一切行動負責。鑒於行政局在香港的行政管理活動中發揮了重要的作用，《香港基本法》肯定了這種決策諮詢制度，規定了香港特別行政區設立行政會議，作為協助行政長官決策的機構。

《香港基本法》第 54 條、第 55 條和第 56 條規定，行政會議制度的主要內容：行政會議的職能是協助行政長官決策。行政會議的成員由行政長官從行政機關的主要官員、立法會議員和社會人士中委任，其任免由行政長官決定，其任期就不超過委任他的行政長官的任期。行政會議成員由在外國無居留權的香港特別行政區永久性居民中的中國公民擔任；行政長官認為有必要時可以邀請有關人士列席會議。行政會議由行政長官主持。行政長官在作出重要決策、向立法會提交法案、制定附屬法規和解散立法會前，須徵詢行政會議的意見，但人事任免，紀律制裁和緊急情況下採取的措施除外。行政長官如不採納行政會議多數成員的意

見，應將具體理由記錄在案。

四、其他獨立部門

《香港基本法》借鑒了香港原有的有關制度的經驗，規定設立其他的獨立部門，包括廉政公署和審計署，它們都獨立工作，且僅對行政長官負責。

1.廉政公署

香港廉政公署根據《廉政公署條例》於 1974 年 2 月 15 日成立，獨立於香港政府的架構，對港督負責。根據《香港基本法》，廉署是香港特別行政區全權獨立處理一切反貪污工作獨立機構，廉政專員直接向行政長官負責。

廉政公署除設廉政專員、行政總部外，主要設有執行處、防止貪污處、社區關係處三個職能部門，以執法、防貪、教育三管齊下，透過三個部門的「三管齊下」，打擊貪污。

廉政公署執行處是其調查部門，負責接收和處理任何有關貪污的投訴，調查涉嫌觸犯《防止賄賂條例》、《選舉（舞弊及非法行為）條例》等法例的罪行，調查任何法例訂明人員涉嫌濫用職權而犯的勒索罪，調查法例訂明人員任何有關或可能導致貪污的行為。

廉署的防止貪污處的法定職責，是審查各政府部門及公共機構的工作常規及程序，並建議修訂容易導致貪污的工作方法及程序。應私營機構和個別人士的要求，提供防貪建議。在日常工作中，防貪處經常與各機構及公司的管理層緊密合作，擔任他們的顧問。

廉署的社會關係處的職責是加強市民對貪污禍害的認識，並動員社會支持肅貪倡廉工作。他們的工作方式主要有兩種：一是借助新聞傳播媒介進行社會教育，二是直接聯繫市民。教導市民認識貪污的禍害，並爭取市民積極支持反貪工作。

2.審計署

香港特區審計署（香港回歸前稱核數署，領導人稱署長），對行政長官負責，領導人稱署長。《香港基本法》第 58 條規定：中華人民共和國香港特別行政區設立審計署，獨立工作，對行政長官負責。

3.獨立機構官員的任職條件

根據《香港基本法》第四章第六節的規定，廉政公署和審計署的官員的任職條件是：廉政專員和審計署署長由在外國無居留權的香港特別行政區永久性居民和中國公民擔任；香港特別行政區政府可任用原香港公務人員中的或持有香港特別行政區永久性區別身份證的英籍和其他外籍人士擔任廉政公署和審計署官員。廉政公署和審計署的官員根據其本人的資格、經驗和才能予任用和提升，香港原有的關於廉政官員和審計官員的招聘、雇用、考核、紀律、培訓和管理的制度，除有關給予外籍人員特權待遇的規定外，予以保留。

第三節 行政機關

一、行政機關的組織

香港特區政府是特區行政機關。《香港基本法》第 59 條和第 60 條規定，香港特別行政區政府是香港特別行政區行政機關，政府的首長是行政長官，香港特別行政區政府設政務司、財政司、律政司和各局、處、署。政務司、財政司和律政司是行政機關中的三個最重要的機構，分別掌管政務、財政、律政等政府事務。其負責人稱為「司長」，局為有擬定政策權力的部門。「處」為負責執行行政事務而不擬定政策的部門，如警務處、入境事務處。署為工作較有獨立性質的部門，如廉政公署和審計署。

二、行政機關的職權

《香港基本法》第 62 條規定，行政機關的職權包括：制定並執行政策；管理各項行政事務；辦理《基本法》規定的中央政府授權的對外事務；編制並提出財政預算、決算；擬定並提出法案、議案、附屬法規；委派官員列席立法會會議並代表政府發言。

此外，《香港基本法》第五、六、七章規定，在財政金融方面，政府負責提供適當的經濟和法律環境，以保持香港的國際金融中心地位；自行制定貨幣金融政策，保障金融企業和金融市場的經營自由，並依法進行管理和監督；依照法律規定的貨幣發行制度和準備金制度，發行港幣；在確知港幣和發行基礎健全和發行安排符合保持港幣特定的目的條件下，可授權指定銀行根據法定權限發行或繼續發行港幣，保障資金的流動和進出自由；管理和支配外匯基金。在貿易和工商

業方面，政府負責提供經濟和法律環境，鼓勵各項投資、技術進步並開發新興產業；制定適當的政策，促進和協調製造業、商業、旅遊業、房地產業、運輸業、公用事業、服務性行業、漁業農業等各行業的發展，並注意環境保護。

在航運方面，政府自行規定具體職能和責任；經中央人民政府授權繼續進行船舶登記，並根據香港特別行政區的法律以「中國香港」的名義頒發有關證件。在民運航空方面，政府應提供條件和採取措施，以保持香港國際區域航空中心的地位；經中央人民政府具體授權：續簽或修改民用航空運輸協定和協議；談判簽訂新的民用航空運輸協定和協議，為在香港特區註冊並以香港為主要營業地的航空公司提供航線，以及過境和技術停降權利；同沒有簽訂民用航空協定的外國或地區談判簽訂臨時協議。中央人民政府授權香港特區政府：同其他當局商談並簽訂有關執行《香港基本法》第 133 條所指的民用航空運輸協定和臨時協議的各項安排；對在香港特區註冊並以香港為主要營業地的航空公司簽發執照；依照《香港基本法》第 133 條所指民用航運協定和臨時協議指定航空公司；對外國航空公司除往返、經停中國內地的航班以外的其他的航班簽發許可證。

在科教文衛等服務方面，香港特區政府在原有教育制度的基礎上，自行制定有關教育的發展和改進政策；自行制定發展中西醫院和促進醫療衛生服務的政策；自行制定科學技術政策；自行確定適用於香港的各類科學、技術標準和規格；自行制定文化政策；不限制宗教信仰自由，不干預宗教組織的內部事務；不限制與香港特別行政區法律不抵觸的宗教活動；在保留原有的專業基礎上，自行制定有關評審各種專業執業資格的辦法；繼續承認在香港特別行政區成立前已承認的專業和專業團體，並且根據社會發展需要諮詢有關方面的意見，承認新的專業和專業團隊；自行制定體育政策；保持原在香港實行的對教育、醫療衛生、文化、藝術、康樂、體育、社會福利、社會工作等方面的民間團體機構的資助政策；在原有社會福利基礎上，根據經濟條件和社會需要，自行制定其發展、改進的政策；自行制定有關勞工的政策。

在對外事務方面，香港特區政府可派遣代表作為中華人民共和國政府代表團的成員，參加中央人民政府進行的同香港特區直接有關的外資談判；對以單位參加的、同香港特別行政有關的、適當國際組織或國際會議，可派遣代表作為中

華人民共和國代表團的成員或以中央人民政府和上述有關國際組織或國際會議允許的身份參加，並以「中國香港」的名義發表意見。

香港特區政府根據中央人民政府的授權，依照法律給持有香港特別行政區永久性居民身份證的中國公民簽發中華人民共和國香港特別行政區護照，給在香港特區的其他合法居留者簽發中華人民共和國香港特別行政區旅行證件；對世界各國或各地區的人入境、逗留和離境實行出入境管制；根據中央人民政府的授權，與各國或各地區締結互免簽證協議。

三、政府主要官員及其任職資格

根據《香港基本法》第 48 條第五項和第 60 條等條文規定，第五屆特區政府主要官員主要包括政務司司長、財政局司長、律政司司長；公務員事務局局長、保安局局長、教育局局長、勞工及福利局局長、食物及衛生局局長、環境局局長、運輸及房屋局局長、民政事務局局長、政制及內地事務局局長、商務及經濟發展局局長、發展局局長、財經事務及庫務局局長、創新及科技局局長、廉政專員、審計署署長、警務處長、入境事務處處長、海關關長。根據特區行政長官林鄭月娥在 2022 年 1 月 12 日提出的政府架構重組建議，三司十三局將改為三司十五局，十五局為公務員事務局、保安局、教育局、勞工及福利局、醫務衛生局、環境及生態局、運輸及物流局、房屋局、民政及青年事務局、文化體育及旅遊局、政制及內地事務局、商務及經濟發展局、發展局、財經事務及庫務局、創新科技及工業局；三司增設副司長。該建議現已落實。

根據《香港基本法》第 61 條和第 104 條規定，主要官員的任職條件包括：香港特別行政區永久居民中的中國公民；在香港通常居住連續滿 15 年；在外國無居留權；擁護《香港基本法》；願意效忠中華人民共和國香港特別行政區。

四、諮詢制度

《香港基本法》第 65 條規定，原由行政機關設立諮詢組織的制度繼續保留。

原來有五類：向政府首長提供意見的法定組織，如領港事務諮詢委員會；向政府提供意見的法定組織，如區議會、鄉議局等區域組織；向部門首長提供意見的其他組織，如勞工顧問委員會；向政府提供意見的其他組織，如撲滅罪行委員會；執行某項事務的委員會，如空運牌照局。

第四節　立法機關

《香港基本法》第 66 條規定，香港特別行政區立法會是香港特別行政區立法機關。立法會的立法權是香港特別行政區享有高度自治權的重要方面。香港特別行政區立法會雖然是我國地方行政區域政權機構的一部分，但有其特殊性。根據我國憲法規定，我國實行的是人民代表大會制，國家權力統一由人民代表大會行使，人民代表大會是國家的權力機關，憲法第 101 條、104 條、110 條、133 條規定，地方各級人民政府、人民法院、人民檢察院由地方各級人民代表大會選舉產生，對本級人民代表大會及其常委會負責並報告工作，地方各級人民代表大會監督本級人民政府、人民法院、人民檢察院的工作，可撤銷行政不適當的決定和命令，對不稱職的國家機關工作人員可以罷免等。以上體制並不適用於香港，香港特別行政區立法會是香港特別行政的立法機關，其與行政機關是互相制衡又互相配合，司法機關獨立進行工作，不受任何干涉，這同地方人民代表大會在國家機構中的主導地位顯然是不同的。

一、立法會職權

1.立法權

《香港基本法》73 條第一項規定，立法會根據《香港基本法》規定並依照法定程序可制定、廢除和修改法律。《香港基本法》第 18 條第二款規定，在本法附件所列的全國性法律，由香港特別行政區在當地公佈或立法實施。立法會的立法權的行使具體如下：

第一，絕大部分法律草案由特區政府向立法會提出。《香港基本法》62 條第

三款規定，行政機關可以擬定並提出法案、議案、附屬法規。如上所述，立法會個別議員的提案權受到《香港基本法》第 74 條的限制。

第二，法律草案提出後，由立法會審議通過法案。一般政府議案，經出席會議的過半數成員同意即可通過。至於議員提出的議案，要分組計票通過，即須分別經選舉委員會選舉產生的議員（40 人）和功能團體選舉、分區直接選舉產生的議員（共 50 人）兩部分議員各過半數通過。

另一種情況是，《香港基本法》第 79 條第六、七項規定，立法會議員，由於「在香港特別行政區內或區外被判犯有刑事罪行，判處監禁一個月以上，並經立法會出席會議的議員三分之二通過解除其職務」；或議員「行為不檢或違反誓言而經立法會出席會議的議員三分之二通過譴責」，由立法會主席宣告其喪失立法會議員的資格。

根據《香港基本法》第 159 條規定，如要向全國人大提出修改《香港特別行政區基本法》的議案，立法會必須有全體成員三分之二的同意。另外，根據《基本法》第 49 條，對行政長官發回重議的法案也必須以不少於全體議員三分之二的多數同意，才能通過。在 2021 年《基本法》附件一和附件二的修改以前，如要修改附件一和附件二規定的行政長官產生辦法和立法會產生辦法，也須經立法會全體議員的三分之二的多數通過。

第三，香港特別行政區立法會通過的法律草案，須經行政長官簽署、公佈，方能生效。

2.批准權

《香港基本法》第 73 條第二項和第三項規定，立法會根據政府的提案，審核、通過財政預算，批准稅收和公共開支。《香港基本法》第 51 條規定，如立法會拒絕批准政府提出的財政預算法案，可由行政長官向立法會申請臨時撥款。如果由於立法會已經被解散而不能批准撥款，行政長官可在選出新的立法會前的一段時期內，按上一財政年度的開支標準，批准臨時短期撥款。

3.監督權

《香港基本法》第 73 條第四、五、六項規定，立法會聽取行政長官的施政報告並進行辯論，對政府的工作提出質詢。

4.彈劾權

《香港基本法》第 73 條第九項規定，行政長官如有嚴重違法和瀆職行為，立法會可以進行彈劾。如立法會全體議員的四分之一聯合動議，指控行政長官有嚴重違法或瀆職行為而不辭職，經立法會通過進行調查，立法會可委託終審法院首席法官負責組成獨立的調查委員會，並擔任主席。由於上述動議乃由議員提出，所以也須經分組點票通過，才算有效。

上述調查委員會負責進行調查，並向立法會提出報告。如該調查委員會認為有足夠證據構成上述指控，立法會以全體議員三分之二多數通過，可提出彈劾案，報請中央人民政府決定。

5.其他職權

就任何有關公共利益問題進行辯論；同意終審法院法官和高等法院首席法官的任免；接受香港居民申訴並作出處理；在行使上述各項職權時，如有需要，可傳召有關人士出席作證和提供證據。

二、立法會的運作

1.立法會主席

《香港基本法》第 71 條第一款規定，立法會主席由立法會議員互選產生。《香港基本法》第 71 條第二款規定，立法會主席由年滿 40 周歲，在香港通常居住連續滿 12 年並在外國無居留權的香港特區永久性居民中的中國公民擔任。

立法會主席是立法會的主持人。主持會議，決定議程，政府提出的議案必須優先列入議程，決定開會的時間，在休會期間可召開特別會議，應行政長官的要求召開緊急會議，立法會議事規則所規定的其他的職權。主要決定程序性問題，而不是實質性問題。

2. 議員的權利

提案權。立法會議員可以根據法律規定和法定程序，個人或聯名提出法律草案，但受到上述《香港基本法》第 74 條規定的限制。

質詢權。《香港基本法》規定，立法會議員可以依法對行政機關中的問題提出質詢，受質詢機關或工作人員必須作出答覆。

辯論表決權。《香港基本法》第 77 條規定，香港特別行政區立法會議員在立法會的會議上發言，不受法律追究。

豁免權。《香港基本法》第 78 條規定，香港特別行政區立法會議員在出席會議時和赴會途中不受逮捕。

3. 立法會會議

《香港基本法》第 75 條第一款規定，立法會舉行會議的法定人數為不少於全體成員的二分之一。

三、立法會的組成和產生辦法

1. 立法會的組成

《香港基本法》第 67 條規定：「香港特別行政區立法會由在外國無居留權的香港特別行政區永久居民中的中國公民組成，但非中國籍的香港特別行政區永久性居民和在外國有居留權的香港特別行政區立法會議員，其所佔比例不得超過立法會全體議員的百分之二十。」

永久性居民可以分為三種：第一部分人是在外國無居留權的特別行政區永久性居民中的中國公民。這部分人有兩個條件：一是在外國無居留權。二是中國公民，即具有中國國籍。第二部分人雖是香港永久居民，但並非中國籍公民，而是具有其他國籍。第三部分人是在外國有居留權的香港永久性居民。根據 67 條，原則上講，立法會由在外國無居留權的香港特別行政區居民中的中國公民組成，同時又根據實際情況，規定非中國籍的香港永久性居民和在外國有居留權的香港永久性居民也可以當選為香港特別行政區立法會議員，但其所占比例不得超過立法會全體議員的百分之二十。這既體現了國家主權，也體現了由香港當在人管理香港的原則，有利於香港的穩定和繁榮。

2. 立法會的產生

《香港基本法》第 68 條第一款規定，「香港特別行政區立法會由選舉產生」。這是對立法會產生辦法的原則性規定，《基本法》附件二就立法會的產生辦法和表決程序有更具體的規定。立法會的產生辦法可以修改附件二的方式予以修改；《香港基本法》第 68 條第二款規定，「立法會的產生辦法根據香港特別行政區的實際情況和循序漸進的原則而規定，最終達至全部議員由普選產生的目標」。

《香港基本法》附件二規定立法會每屆 60 人組成，第一屆分區直接選舉產生議員 20 人，選舉委員會選舉產生議員 10 人，功能團體選舉產生議員 30 人。第二屆功能團體選舉產生議員 30 人，選舉委員會選舉產生議員 6 人，分區直接選舉產生議員 24 人。第三屆功能團體選舉產生議員 30 人，分區直接選舉產生議員 30 人，取消選舉委員會選舉產生議員的做法。根據《基本法》附件二在 2010 年的修改，立法會議員增加至 70 人，功能團體選舉產生的和分區直接選舉產生的各佔一半。

2021 年 3 月 30 日，第十三屆全國人大常委會第二十七次會議通過對《基本法》附件二的第二次修改，規定從 2021 年 3 月 31 日起，香港特別行政區立法會議員每屆 90 人：選舉委員會選舉的議員 40 人；功能團體選舉的議員 30 人；分區直接選舉的議員 20 人。詳情可見於本書第八講。

第五節　區域組織

　　根據《香港基本法》第四章的規定，香港特別行政區的政權組織，包括行政長官、行政機關、立法機關和司法機關這樣幾個部分，但港英政府的市政局、區域市政局、區議會等區域組織形式，在香港市政管理活動中發揮重要的作用，而且已經為香港居民所接受和習慣。因此《香港基本法》第 97 條規定「香港特別行政區可設立非政權性區域組織」。根據《香港基本法》第 97 條規定，區域組織的任務主要有兩項：接受香港特別行政區政府就有關地區其他事務的諮詢；負責提供文化、康樂、環境衛生等服務。為政府了解香港社會情況從而進行決策的組織，為政府發揮了顧問、參謀和外腦的作用。

　　區域組織的職權和組成方法由法律規定。目前區別區域組織主要有區議會。區議會是香港的一種法定組織，其組織和活動方式《區議會條例》規定。職能有兩項：一、就下列事項向政府提供諮詢：關於影響本地區居民福利的事項；關於本地區範圍內公共敲詐和公共服務的提供和使用；關於政府對本地區的項目的適當性和優先考慮問題；關於分配給該地區用於公共工程和社區活動的獎金的使用問題。二、在取得資金時，負責改善本地區的環境，促進本地區的文化娛樂活動。

　　區議會不具有政權機關的性質，而只是一些法定的區域組織，是政府與居民之間的紐帶和橋樑，通過政府工作的諮詢活動，可以把居民的意見、建議和要求，反映到政府工作當中。另外，區議會除了向政府提供諮詢外，還直接承擔一些社會公益事務，在香港居民的社會生活中發揮了一定作用。

第六節　司法機關

一、法院職權

《香港基本法》第 2 條和第 19 條規定，香港特別行政區實行高度自治，享有獨立的司法權和終審權。香港特別行政區各級法院是香港特別行政區的司法機關。《香港基本法》80 條規定，法院主要職責是審判各類訴訟案件。

香港特別行政區各級法院行使香港特別行政區的審判權。香港特別行政區法院獨立進行審判，不受任何干涉，司法人員履行審判職責的行為不受法律追究。香港特別行政區的終審權屬於香港特別行政區終審法院。

二、法院體系

《香港基本法》81 條規定，特別行政區設立終審法院、高等法院、區域法院、裁判署法庭和其他專門法庭。高等法院設上訴法庭和原訟法庭。

在港英時代，香港最高法院的上訴庭判決可以上訴到英國樞密院，香港並沒有終審權。在「一國兩制」政策下，國家授予香港特別行政區高度自治權，其中包括司法方面的終審權。終審法院行使香港特別行政區的終審權，是特別行政區最高審級，即香港的訴訟案件以終審法院的判決和裁定為最終的判決和裁定。高等法院設上訴法庭和原訴法庭。高級法院原稱「最高法院」，設上訴法庭和原訴法庭，對民事、刑事案件行使審判權。區域法院原稱地方法院，管轄一定範圍的民、刑案件。裁判署法庭原稱裁判司署，現稱裁判法院，全港設七個裁判法院，是初級刑事法院，除審理較輕的刑事罪行外，其他刑事案件的初級聆訊，都在裁判法院進行。詳見本書第六講。

第六講
香港法制與權利保障

楊曉楠

第一節　香港的法律制度

一、法治原則

　　法治（rule of law）是香港法律制度的核心原則，也是香港社會的基石。法治原則指所有的人，無論公共或私人機構、團體，甚至國家本身，都應遵守法律，沒有人、團體或機構可以凌駕在法律之上。法治原則要求政府行為滿足合法性原則，政府及所有公權力行使都源自法律（成文法及普通法）的規定，除非有法律上的依據，公權力行使不能影響他人的財產和自由，公權力行使也不能超越法律的授權。

　　英國上議院前大法官賓漢勳爵（Lord Bingham）認為法治應包含一些要素：法律應有公開性、明確性、可預期性；權利和義務由法律明確規定而不是被武斷地適用；法律面前人人平等；公權力機關應以善意的原則合法、合理行使權力；法律應充分保障基本人權；法律能提供給當事人適當的糾紛解決途徑；法律程序應是公正的；國家應遵守國內法和國際法。

　　可見，當我們在討論法治原則時，無論採取何種概念，我們都在強調法律應尊重社會每個個體的權利和尊嚴，強調每個人在法律面前都能平等地享有權利、並且被平等地對待；強調公權力機關不可恣意妄為、不可越權行事，即使在法律規定的裁量權範圍內，也不可作出明顯不合理的決定或者濫用其酌情權；強調司法機關要秉持公正，為當事人提供一個公開、有效且可以負擔得起的糾紛解決和權利救濟機制，司法機關要公允嚴格地適用法律，對法律的相關事宜和爭議作出裁決。市民對這樣一套法律制度及其運行是可以信任的，在權利和利益受到侵害的時候是可以訴諸法庭的，這樣的制度能為每個人的行為提供明確的指引，讓人們能夠有效預見行為在法律上的結果。在這樣的社會裏，法律能夠提供

給商業社會良好運行所需要的基本規則，不會因政治人物或領導者的喜好和立場而恣意改變。

二、司法獨立

司法獨立（judicial independence）是法治原則的重要組成部分，也是法治原則的根本保障。司法機構要獨立於其他機構，免受立法與行政機構的影響。所有公權力機關和整個社會都應尊重法庭依據法律作出的決定，沒有人能夠影響法庭裁斷，不論是民事或刑事的爭議。獨立的司法機構能夠不偏不倚地適用法律，防止公權力機關濫用權力，也能在公民權利受損時給予其救濟，為法律的公平和公義提供保證。社會既不能夠把司法機構的工作政治化，也不能預期司法機構的職責是替市民解決政治、社會或經濟問題。法院只能適用法律、解決法律糾紛，不是解決社會問題的萬金油。

回歸前，香港本地司法機構中最高級別的法院是香港最高法院，本地案件的終審權由位於倫敦的英國樞密院司法委員會享有。香港回歸後，《香港基本法》保障特別行政區享有獨立的司法權和終審權。《香港基本法》第 80 條規定：「香港特別行政區各級法院是香港特別行政區的司法機關，行使香港特別行政區的審判權」；第 85 條規定：「香港特別行政區法院獨立進行審判，不受任何干涉，司法人員履行審判職責的行為不受法律追究」。《香港基本法》建立了一個有別於內地的司法管轄區，除極少數涉及《香港國安法》的案件外，香港特區法院對本地案件（包括絕大部分涉及《香港國安法》的案件）享有專屬的管轄權，不會受其他國家或地區的干涉，香港特區法院的判決具有終局力，既不能上訴到中華人民共和國最高人民法院，也不能上訴到其他國家或地區的普通法法院。

司法獨立原則既要求法院的機構獨立，也要求法官作為個體的獨立，法官在審判中只能依照法律和事實，獨立地、無懼無私地審理案件，甚至不受其同僚的影響。首先，要在法官的遴選、任免制度上有完善的程序保障，使得法官選任免於其他機構和個人的不當影響。《香港基本法》第 88 條規定：「香港特別行政區法院的法官，根據當地法官和法律界及其他方面知名人士組成的獨立委員會推

薦，由行政長官任命」。香港特區司法人員推薦委員會就是根據這一規定和《司法人員推薦委員會條例》成立的獨立委員會，以推薦法官為主要工作，委員會由 9 名委員組成，終審法院首席法官擔任主席。香港特區終審法院法官和高等法院首席法官的任免，還須由行政長官徵得立法會同意，並報全國人大常委會備案。香港特區法官和其他司法人員，根據其本人的專業才能選用，並可以從其他普通法適用地區聘用。終審法院可根據需要邀請其他普通法適用地區的法官參加審判。終審法院案件審理的合議庭一般由首席法官、三名常任法官和一名非常任法官組成；如首席法官或一名常任法官不能參與案件審理，則由一名非常任法官代替。

根據法律規定，司法人員在獲委任後需作出司法誓言，宣誓擁護《中華人民共和國香港特別行政區基本法》，效忠中華人民共和國香港特別行政區，盡忠職守，奉公守法，公正廉潔，以無懼、無偏、無私、無欺之精神，維護法制，主持正義，為香港特區服務。司法機構還專門制定《法官行為指引》，要求法官必須獨立，必須大公無私，無論在庭內外，必須正直誠實、言行得當，以維持公眾對司法機構及法官執行司法工作的信心。為了保障司法獨立和公正性，在一定情況下會取消法官審理案件的資格，如法官存在實際偏頗，或因法官對案件結果有利益關係，推定存在偏頗，抑或一個明事理、無偏見、熟知情況的旁觀者認為法官實有可能存在偏頗，即會構成表面偏頗。總之，為了保持外界對司法判決的信心，在案件審理前，任何一方如有理由認為法官可能並非大公無私，可申請取消法官審理該案的資格。法官在審理案件時基於法律和事實作出裁決，應且僅應適用法律，不考慮外在因素的影響。全職法官應避免參與政治組織或政治活動，非全職法官不積極參與政治活動。公眾可按法律程序對法官行為進行投訴，但不能就判決結果提出投訴。

三、普通法制度

在「一國兩制」原則下，《基本法》保留了香港原有的法律制度。《香港基本法》第 8 條規定：「香港原有法律，即普通法、衡平法、條例、附屬立法和習

慣法，除與本法相抵觸或經香港特別行政區的立法機關作出修改者外，予以保留」。受回歸前英國法律傳統的影響，香港特區沿用普通法制度。

普通法的核心內容是以法官判決為主體的判例制度，判例不僅是法律淵源之一，也是理解普通法的路徑。普通法的很多概念和規則來自法院判決，判決詳細分析案情、作出事實和法律的判斷。普通法判決強調說理，其中形塑出具有原則性的判例原則，這些原則在其後的訴訟中適用。普通法的法官必須尊重先前判例中的原則，同案同判、遵循先例（doctrine of precedent），法官在特定案件中的判決構成下級法院及同級法院在後來案件中具有約束力的先例。專業化較高的判例制度推動了法律的發展，也維護了司法獨立原則，促成了法律職業共同體的形成。

普通法的發展是審判中心主義的，無救濟則無權利。訴訟制度圍繞審判構建，採用對抗式（adversarial system）方式進行。法庭除確保訴訟能公平及便捷進行外，一般不參與案件的調查取證，法院的角色是居中解決糾紛，充當公正的第三者或仲裁人（umpire）的角色。真實的爭議（cases and controversies）是案件存在的前提，法官不能虛擬案件的爭議，也不能在訴訟中製造爭議，不能審理無爭議的案件。訴訟雙方承擔更為積極主動的角色，雙方法律代表需要具備良好的法律知識、能力和道德以滿足訴訟的要求和責任。

《香港基本法》保留了原在香港適用的陪審制度（jury），這也是普通法的重要特點。除了《香港國安法》規定的特殊情況外，在高等法院原訟法庭審理的刑事案件中，作為陪審團成員的公眾代表參與決定事實裁斷和裁決，將社會各階層的觀點帶入審判中，讓受審人士得到與他同一社會階層人士判斷犯罪與否的機會。

普通法傳統特別注重個人權利的保護，在公平審判原則中發展出一系列具體的程序保障，如無罪推定原則、公開審判原則、獲得有效法律辯護的原則、保障律師與當事人之間專業保密權原則、審判應及時有效原則等。普通法融入了習慣，經歷了更為長久的變化，因而能較好地反映出無數代人長期的經驗沉澱和凝練。判例為普通法提供了可預期性，有助於提高公眾對司法的信心。這些普通法原則融合成香港法律制度不可或缺的一部分，體現着法治原則的精髓和要義。

第二節　權利保障的法律框架

一、作為香港特別行政區憲制基礎的憲法與《香港基本法》

　　憲法是國家的根本法，在中華人民共和國領土範圍內具有最高的法律地位和法律效力。香港特區作為中華人民共和國的一部分，憲法在香港特區也是有最高效力的法律淵源。1990 年 4 月 4 日，七屆全國人大三次會議通過《香港基本法》，於 1997 年 7 月 1 日回歸時生效。

　　《香港基本法》規定了在香港特區實行的具體制度和政策，是「一國兩制」方針的法律化、制度化，在法律層面落實「港人治港」「高度自治」的原則。《香港國安法》第 2 條規定，關於香港特區法律地位的《香港基本法》第 1 條和第 12 條是《香港基本法》的根本性條款，香港特區是直轄於中央人民政府的、享有高度自治權的地方行政區域。總之，香港特區在回歸後，開啟了憲制秩序的新篇章，憲法與《香港基本法》一同構成了香港特區的憲制基礎，憲法與《香港基本法》為香港特區居民的基本權利保障提供了制度依據。

　　《香港基本法》第 11 條規定：「根據中華人民共和國憲法第三十一條，香港特別行政區的制度和政策，包括社會、經濟制度，有關保障居民的基本權利和自由的制度，行政管理、立法和司法方面的制度，以及有關政策，均以本法的規定為依據。香港特別行政區立法機關制定的任何法律，均不得同本法相抵觸。」《香港基本法》在本地法律淵源中具有至上性，香港原有法律與《基本法》抵觸的不予保留，原有法律可由立法機關修改，立法機關制定的法律也不得與《基本法》相抵觸，公權力機關的政策與行為更不得與《基本法》相抵觸。

二、《香港基本法》權利條款和適用本地的國際人權公約

　　《香港基本法》規定了香港居民最重要的權利和自由，第三章以高度概況的方式規定了香港居民廣泛的權利譜系，包括公民和政治權利以及經濟社會權利，並規定了國際人權公約在香港繼續適用。《香港基本法》第 39 條規定：「《公民權利和政治權利國際公約》、《經濟、社會與文化權利的國際公約》和國際勞工公約適用於香港的有關規定繼續有效，通過香港特別行政區的法律予以實施。香港居民享有的權利和自由，除依法規定外不得限制，此種限制不得與本條第一款規定抵觸。」除第三章外，《香港基本法》其他章節也分散規定了權利條款，如在總則第 6 條中規定了私有財產權，在第六章中規定了學術自由、擇校自由、科技成果權利等一系列權利。《香港國安法》第 4 條也規定，香港特區維護國家安全應當尊重和保障人權，依法保護香港特區居民根據《香港基本法》和國際人權公約適用於香港規定所享有的權利和自由。

　　回歸前，英國政府在 1976 年正式批准了《公民權利和政治權利國際公約》（International Covenant on Civil and Political Rights, 即 ICCPR）、《經濟、社會與文化權利的國際公約》（International Covenant on Economic, Social and Cultural Rights, 即 ICESCR）兩部人權公約並將其延伸適用於香港。但這兩部公約中有少數條文並不適用於香港，因為英國對這兩部公約的適用明確作出了若干保留，包括英國加入 ICCPR 時作出的整體保留以及限制適用於香港的特別保留，如 ICCPR 規定的自決權不適用於香港，政治參與權不要求香港建立民選的立法會和行政機構，香港入境法例繼續適用於無權出入香港人士，不會被 ICCPR 規定的權利所凌駕。

　　香港在回歸前沿用英國對國際法和國內法作「二元式」處理的制度，即除非本地以成文法方式引入國際法、國際公約或條約，否則只有國家負有國際法義務，這種義務更多是道義上約束力，本地法院不能直接適用國際公約，公約在本地無法律上的約束力。

　　1984 年簽訂《中英聯合聲明》時，香港本地並無專門立法實施這兩個公約，公約大部分權利散見於不同本地立法之中。過渡期間內，港英政府在 1991 年通

過實施 ICCPR 的香港本地立法《香港人權法案條例》（Hong Kong Bill of Rights Ordinance, 即 BORO），並且在通過立法時修改了當時香港的憲法性文件《英皇制誥》(Letters Patent)，規定香港未來的立法不得與 ICCPR 適用於香港的規定相抵觸，使得 BORO 有了一種實質上優於其他本地立法的地位。但由於這一行為是英方單方行為，不顧《香港基本法》已經通過且將作為本地憲法性文件的事實，所以，中方對此持反對態度。

根據《香港基本法》第 160 條的規定，原有法律與《香港基本法》抵觸的部分不被納入香港特區的法律制度。1997 年 2 月 23 日，全國人大常委會依據第 160 條作出處理原有法律的決定，宣佈 BORO 中的「優越性條款」（或稱「凌駕性條款」）不被採用為特區立法。因此，在法律效力上看，BORO 只是一項普通的地方立法，與其他本地法律無異，可以由立法會通過一般立法程序廢止或修改。

但是，《香港基本法》第 39 條規定的 ICCPR 適用於香港的有關規定繼續有效，通過本地法律予以實施，實際上使得 BORO 中權利條款（由於其與 ICCPR 的條款相對應）有了一定的特殊性。不過，這種特殊性並不是在法律效力意義上的優越性，而是導入《香港基本法》第 39 條的方式賦予《香港基本法》的權利保障更豐富的內容。在實踐中，香港法院仍可審查本地立法是否符合《香港基本法》第 39 條的規定。

與 ICCPR 相比，ICESCR 則一直沒有統一的對應本地立法。ICESCR 的部分條款在多部本地的一般性立法中實施，尚有部分 ICESCR 的權利並未在本地立法中實施，可能造成適用 ICESCR 條款時難以找到本地立法規定的情況。

與兩個人權公約不同，《香港基本法》第 39 條提到的國際勞工公約並非一個特定公約，而是由國際勞工組織制定的一系列公約構成。在《香港基本法》起草過程中，曾就勞工問題進行過專題研究，指出截至 1987 年 12 月，英國已經認可 70 多項國際勞工公約，其中 48 項適用於香港，中國則參加了 18 項勞工公約。國際勞工公約的特殊形式決定了香港很難通過單一或專門立法來實施勞工公約，只能以分散形式在本地立法中規定。

第三節　基本權利的保護和比例原則

一、基本權利類型及對基本權利條款的解釋

如上所述，ICCPR 通過 BORO 被本地化，BORO 的人權法案幾乎完全複製了公約適用於香港的條款。《香港基本法》第三章中部分權利與人權法案的權利重疊，部分《香港基本法》規定的權利則未規定在人權法案之中。香港特區終審法院在 Gurung Kesh Bahadur 案判決中將香港居民享有的權利和自由分為三類：第一，《香港基本法》與人權法案共同規定的權利；第二，《香港基本法》獨自規定的權利；第三，僅在人權法案中規定的權利。同時，這些條款規定了對基本權利作出限制時須符合的條件，是對香港居民人權的重要保障。《香港基本法》中規定的經濟社會權利與公民和政治權利不同，需要政府以更積極的方式履行義務，而且通常受到經濟和社會環境的制約，因此，法院在適用經濟社會權利時持較為謹慎的態度。

《香港基本法》第三章規定基本權利主體是較為明確的，大部分條款直接以授權型方式規定權利主體為香港居民，如第 32 條規定「香港居民有信仰的自由」。僅有第 26 條將選舉權和被選舉權的權利主體限定為香港永久性居民，以及第 40 條規定的權利主體為「新界」原居民。此外，《香港基本法》第 41 條規定，在香港特區內的非居民也依法享有第三章規定的權利和自由。不過，香港特區法院對第 41 條的「依法享有」作出解釋，終審法院在 Bahadur 案和霍春華案 (Fok Chun Wa) 判決中指出，非居民和居民所享有的基本權利是有所不同的，對非居民權利可作的限制在某些情況下可能與對居民權利可作的限制不一樣。

《香港基本法》第三章對不同權利的規定方式並不相同：絕大多數權利僅作出授權性規定，如第 26 條規定「永久性居民依法享有選舉權和被選舉權」；還有

部分權利同時規定了權利型規範和義務型規範，如第 29 條規定「住宅和其他房屋不受侵犯」、「禁止任意或非法搜查、侵入居民的住宅和其他房屋」；但也有個別條款規定了對權利的限制須符合的條件，如第 30 條規定「除因公共安全和追查刑事犯罪的需要」，不得侵害通訊自由和通訊祕密。人權法案對權利的規定方式類似，有的權利規定包括限制條件，有的則僅規定了權利規範。

如果對《香港基本法》其他章節規定的權利加以分析，大致包括幾種：

第一，完全獨立於第三章的其他權利，如財產權規定在總則第 6 條和第五章經濟制度第 105 條中，第三章並未規定財產權。

第二，與第三章規定的權利有一定的邏輯關聯性，但又有所區別，如第 137 條規定各類院校享有學術自由，這與第三章第 34 條規定的學術自由權利主體不同，在實踐中高校的學術自由不僅包括組織和機制的自由，也包括在高校中的人士所享有的學術自由。在具體案件中，有可能將第 137 條和第 34 條一併適用。第 141 條規定的宗教組織自由與第 32 條規定的宗教自由之間關係也與之類似。

第三，雖然未在第三章中規定，但在國際人權公約中加以規定，如《香港基本法》第 87 條規定的無罪推定在第三章未有規定，但與第 39 條導入的 ICCPR 第 14 條的權利相同。

第四，與第三章規定的權利形成某種體系上的必要聯繫。這種情況比較複雜，可能立法者在制定《香港基本法》時都無法預見。例如，《香港基本法》第 36 條規定了社會福利權，在孔允明（Kong Yun Ming）案中，終審法院通過解釋第 145 條賦予社會福利權以具體內涵。在孔允明案中，終審法院直接指出，「第 36 條規定的社會福利權不是一項基本權利，而是一項本質上需要由政府設定規則來決定資格和受益水平的權利」。在希慎案（Hysan Development v Town Planning Board）中，終審法院強調，《香港基本法》規定的權利保護取決於對其內容的理解，而不是取決於其所處的章節。希慎案涉及對財產權的限制，終審法院認為，並非僅有《香港基本法》第三章才賦予權利，其他章節也包含對權利的保護。

對《香港基本法》整體而言，終審法院認為在解釋時應該採取一種「目的解釋」優先的方法，而不是「文本主義」優先。目的解釋的適用不必以解釋條文

的模糊為前提，而是可以概括性地探尋需解釋的文本背後的目的。但是，對不同文本的目的是什麼，特區法院作出具體的劃分，就《香港基本法》的整體目的而言，是依據聯合聲明的闡述在「一國兩制」下建立香港特別行政區，並實行高度自治。而就其中涉及香港居民的權利和自由的條文而言，終審法院認為，應該採取一種寬鬆的解釋（generous interpretation）。

寬鬆解釋是在回歸前冼有明案（Sin Yau Ming）中使用的解釋方法，在冼有明案中，上訴法院法官引用了 Minister of Home Affairs v Fisher 案和 Attorney General of the Gambia v Jobe 案的判例，認為「一部憲法，特別是其中保護一國所有人基本權利和自由的部分，應該給予寬鬆的、目的的解釋」，以避免「刻板法律形式主義的僵化」。在吳嘉玲案（Ng Ka Ling）中，終審法院將這一方法與目的解釋進行了重新闡述，認為所涉《香港基本法》第 24 條所屬第三章「列明受憲法保障的各項自由；這些自由是兩制中香港制度的重心所在。為了令香港居民充分享有上述憲法所保障的各項基本權利及自由，法院在解釋第三章內有關那些受保障的權利及自由的條文時，應該採納寬鬆的解釋。」

這種寬鬆解釋的本質並非簡單擴大或者防止縮小文本內涵，而是以一種保障權利、有利於權利行使的方式進行解釋。若以吳嘉玲案為例，則要傾向有利於第 24 條權利保護的方式解釋。在後來的 Bahadur 案中，終審法院也適用了寬鬆解釋的方法，認為《香港基本法》是在 ICCPR 之外增加了出入境自由和旅行自由，而不是排除了非 ICCPR 權利的保護，儘管這種權利在《香港基本法》規定中受制於法律限制，但對於權利的解釋應該採取寬鬆解釋的方法，以保障自由的實現。

如果說寬鬆解釋在法理上是源於第三章對於基本權利保護的特殊性，那麼，在其他章節規定的權利的解釋方法上是否也適用這一方法呢？對此，終審法院在希慎案中並未明確，不過指出財產所有權「是明顯重要且有很高的憲法價值，反映了《基本法》保護私有財產權的一般原則」。所以，將私有財產權解釋為一項基本權利也是符合目的解釋的。

此外，《香港基本法》規定的大多權利並非不能被限制，但對權利的限制本身要受到限制，即需要證成（justify）對權利的限制的正當性，因而，權利與對

其進行的限制形成一種反比例關係，限制越廣泛或是越容易被證成，權利的實質內核就會越小。因此，權利的寬鬆解釋要求對限制採取一種反向的解釋方法。

在吳恭劭案（Ng Kung Siu）中，終審法院認為，「在考慮一個限制的範圍時，對發表自由的權利所施加的任何限制都必須取其狹義解釋，這是早已確定的法律原則」。這是《歐洲人權公約》的一項解釋原則，回歸前香港法院在明報訴香港律政司案中將該原則引入香港。

狹義地解釋限制意味着對限制進行一種限縮性理解，不能隨意擴大限制的範圍。在梁國雄案（Leung Kwok Hung, FACC 1/2005）中，終審法院將對權利限制的狹義解釋理解為「政府在作出任何限制時，顯然有責任提出理由以作支持」，「而且必須嚴格地審查任何可能對該等基本權利施加的限制」。可見，特區法院通過狹義解釋對權利的限制的方式，將證成此限制的舉證責任施加於政府，使之對權利限制承擔更嚴格的責任。

對權利的寬鬆解釋與對權利限制的狹義解釋都是使用目的解釋方法得出的結論，這與目的解釋的方法並不衝突。寬鬆解釋與限制的狹義解釋都是為了保障《香港基本法》規定的權利和自由，兩個方法指向是一致的。這兩種解釋原則可能並不適用於《香港基本法》的非權利性條款，與目的解釋也並非同一層級範疇。

二、對基本權利限制審查的比例原則

儘管基本權利保護對於法治社會來說是至關重要的，但是絕大部分權利並不是絕對的，即使是《香港基本法》和國際人權公約適用於香港的法律中規定的權利也如是。如上所述，有些權利條款本身就規定了對權利限制的可能性，而且權利的行使不能超越一定的界限。《香港基本法》第 42 條規定，香港居民和在香港的其他人有遵守香港特區法律的義務，履行義務本身就意味着權利的行使是有限制的。《香港國安法》第 2 條規定，香港特區任何機構、組織和個人行使權利和自由，不得違背《香港基本法》第 1 條和第 12 條的規定。但是，如果公權力機關只要通過立法方式就可以對市民基本權利隨意設置界限的話，那麼，基

本權利保護也成為一紙空談。所以，在基本權利保護和公權力合法行使之間，需要保持一定的平衡。在普通法體系下，法律適用是以司法救濟機制為基礎的，因此，司法機關在維持這種平衡關係中具有舉足輕重的作用。

《香港基本法》雖然是本地的憲法性法律，但在普通法制度下，作為法律適用的邏輯前提而言，《香港基本法》也是一部可以由法院適用的本地成文法。根據《基本法》，香港特區法院管轄權除國防、外交等國家行為以及原有法律制度既有的限制外，並沒有受到其他影響，《香港基本法》也未建立一個享有專屬管轄權的基本法裁判機構，因此，《香港基本法》在司法審判中也被適用於具體案件。

此外，《香港基本法》158 條授予香港法院在審理案件時對《基本法》進行解釋，這不是一種抽象的、規範意義上的解釋權，而是一種內嵌於案件審理中司法適用的解釋權。這點在下一章中會詳細闡述，總之，賦予香港法院解釋《基本法》的權力與《香港基本法》第 19 條、第 80 條規定的司法權、審判權緊密聯繫在一起。

1.「比例原則」的審查框架

香港特區法院在審理與基本權利保護相關的案件中，首先會分析爭議所涉權利是否屬人權法案第 3 條規定的不可克減的絕對權利，如在 Ubamaka 案中，特區終審法院認為，免於被殘酷、非人道的虐待或懲罰的權利是不應被限制的。而且，特區法院認為，人權法案第 3 條規定的不得被施以酷刑或不人道待遇的權利，並不會因為當事人不是香港居民而被排除。

不過，以上的絕對權利是很少的，在大部分案件中，所涉權利是可以被克減或限制的。那麼，特區法院就需要在案件中審查對這些權利的限制是不是符合《香港基本法》的規定。就我們上文提到對權利解釋應保持寬鬆原則、對權利限制要採取狹義解釋而言，有些情況下，限制是明顯不能被接受的。例如，在 Bahadur 案中，終審法院指出，法院要考慮該權利的性質和內涵，決定限制是否可以接受，在這件案件裏，政府禁止原居於香港的申請人入境實際上是對該項權

利完全的侵犯，已經完全剝奪了申請人的出入境權利，那麼，這樣的限制就是不能被允許的。

　　當然，在大多數案件裏面，特區法院認識到這種對權利的限制的審查應該有一個更為完善的理論框架，讓各方能夠預期這種平衡取向所達致的結果，歐洲人權法院和一些外國法院使用的「比例原則」（proportionality）就這樣被引入《香港基本法》規定的權利保護案件中來，這一原則又可稱為「相稱性原則」。這一原則的基本概念是，政府（行政機關或立法機關）為實現某些目標而限制權利時，只能是在必需的限度內。所謂「殺雞焉用牛刀」，也可比喻說，如果政府的目的只是要清除交易市場中某一種有害動物時，沒必要把整個市場都封閉掉。比例原則的要求反映出對基本權利的尊重，其深層次的理論基礎是：基本權利是非常寶貴的，因此對權利的任何限制都應限定在民主社會中必要的範圍內。

　　上述 2005 年的梁國雄（Leung Kwok Hung）案中，終審法院將對權利限制的審查方法進行初步梳理：第一步是需要滿足合法性原則，即對權利的有關限制必須由法律規定，符合「法律保留」原則。這一要求有助於防止任意和不合理的限制。一般而言，如果法律明確規定了某一限制，那麼，這種限制至少經過立法程序確認，而立法程序應是認真而理性的民主審議過程，這有助於確保對權利的限制不會過於不合理。

　　第二步是對權利的限制須符合「比例原則」的要求：有關限制追求的是合法目的、限制與目的之間有合理聯繫、政府採取的限制或手段不得超過達致該合法目的的必要程度。在希慎案中，終審法院使用比例原則的框架對私有財產權的限制進行了審查，並在三步驟的比例原則中加入了第四步，即法院需要在所保護的利益和受侵害的權利之間作出平衡和取捨。例如對有關權利的限制用以保護的社會利益並非重大，但此限制會導致十分寶貴的權利受到嚴重的侵犯，那麼便不應對此權利作此限制。

　　就第一步來說，從形式上看，《香港基本法》第 39 條第二款規定對權利進行限制需要「依法」，人權法案規定權利限制需要「法定」（established by law），「法律所規定」或「經法律規定」（provided by law），「依法判定」（in accordance with law），「依法律」（prescribed by law），或「依法律規定」（in conformity with law）。這些條文使用的具體用詞有細微差異，但特區法院在判決中認為這種用詞上的差異不會導致適用上的不同，法院並將「依法」解釋為「法律須有確定性」原則。

在岑國社案（Shum Kwok Sher）中，被告人指出「公職上行為失當」（misconduct in public office）是一項普通法下的罪行，認為該罪行規定太模糊、不確定、含義不清，不符合「依法規定」的要求。終審法院就這一問題的處理援引了歐洲人權法院和加拿大最高法院的判決，認為「依法規定」不僅是要求以法律的形式來限制權利，還需要滿足法律精確性的要求。

在郭榮鏗案（即《禁止蒙面規例》案，Kwok Wing Hang [2020] HKCA 192, [2020] HKCFA 42）的上訴判決中，法院將法律的精確性原則分為：人們可以獲知該法律，而該法律的運作具有可預期性。法律必須是充分地易懂可解的，意思是法律要足夠地向身處某情況的人顯示何等法律適用於該情況，使該人可自行（或如有需要，在尋求相關法律意見後）規管自身的行為。另一方面，根據確立已久的原則，法律所需的精確度因應有關法律的文意和背景情況而各有不同。這種精確性要求作出行政行為的權力是有可以預期的界限，不能是武斷或任意的，法律也能給予受損的權利一定的救濟。此外，特區法院對「法（律）」（law）未採用狹義的理解，並非僅限定為制定法，法院認為對於精確性要求是本質性的而不只是形式性的，岑國社案中所涉法律是普通法原則，也可以滿足「法（律）」的要求。特區法院將其處理此問題的方法稱為「整體性的進路」（holistic approach），法院會綜合考慮法律條文、其實施方式以及司法監督的有效性等眾多因素，以判斷有關法律是否符合精確性的要求。

在孔允明案中，上訴人的論點是，限制其社會保障權的主要是行政規範性文件而非法律。終審法院認為，這些行政規則「可被市民知曉，統一適用，受制於行政上訴程序」，而且符合透明、其運作可預期的標準，而且其制定過程和立法機關有密切聯繫，所以，可以滿足「依法」限制的要求。

不過，在 2006 年梁國雄案（Leung Kwok Hung, HCAL 107/2005, CACV 73/2006, FACV 12/2006）中，行政長官依據《香港基本法》第 48 條頒佈關於祕密監察的《執法（祕密監察程序）命令》，當事人認為依據行政命令限制其權

利不屬《香港基本法》第 30 條提到的「依照法律程序」。高等法院原訟庭夏正民法官認為，第 30 條規定的「依照法律程序」指該程序本身需要是由法律規定的，基本權利不能以行政命令進行限制，只能約束政府內部人員的行政命令不符合第 30 條中「法律程序」的要求。總之，「依法」限制基本權利意味着基本權利只能以法律來限制，法律必須有足夠的確定性，讓權利人明確得知其權利受到限制，受到何種限制，並能對其行為的法律後果作出預測，實現法律調控的可預期性功能。

就上述第二步來說，從實質要件來看，《香港基本法》第 39 條第二款關於「不得與第一款規定抵觸」的規定，將 ICCPR 和人權法案對權利限制的要求適用於有關權利保護的案件中。人權法案允許對權利進行限制的典型公式是：這一限制是「民主社會所必需的」。香港和很多其他普通法地區法院一樣，已經將民主社會中的「必需」或「必要性」要求與「比例原則」直接關聯。如果限制是不成比例的，那麼，它在民主社會裏也不是必需的。

在上述 2005 年的梁國雄案中，終審法院指出：第一，就合法目的的存在而言，人權法案已經列明限制有關權利的目的的情況或範圍，這目的範圍是窮盡式列舉的，不可以基於其他沒有列舉的目的來限制基本權利。本案所涉對和平集會權的限制的合法目的，只能是「國家安全或公共安寧、公共秩序、維持公共衛生或風化、或保障他人權利自由」。對其他權利而言，如結社自由，它與和平集會權的限制的目的或條件相同，思想宗教自由則少了「國家安全」，遷徙自由和表達自由的限制條件少了「公共安寧」，但表達自由增加了「他人名譽」的條件。

第二，就對權利的限制與合法目的有合理聯繫而言，這一原則要求對基本權利的限制能夠在某種程度上實現其所聲稱的目標（不論多少），關鍵是該限制整體上能否有助於達到預定目的。

第三，就對限制不得超過為達到目的之所需這個「必要性」原則的理解，終審法院在上述吳恭劭案中說明，應對必要性原則作一般的文義解釋，並不解釋為「迫切的社會需要」（pressing social need），如果對有關權利或自由的限制是有限的且符合比例的，便符合這一要求。

香港特區法院對上述「必要性」進行了分層，認為必要性不是一個固定

原則，而是一個依照權利性質確定的彈性譜系。終審法院在希慎案中將其稱為「合理必要性原則」（reasonable necessity），以區分嚴格必要性原則（strict necessity）。法院並不要求政府必須採取對權利侵害最小的措施，在一些案件中，法院考慮的是在沒有影響有關目的實現的前提下，政府是不是應該採取一種對有關權利侵害較小的手段；如果存在同樣可以實現這一目標、但對有關權利侵害更小的措施，政府就應考慮採取這種措施。總之，關鍵是對有關權利的限制有沒有超過合理的必要性。在涉及經濟、社會權利案件中，終審法院認為，應採取寬鬆的審查基準，給予決策機關較大的裁量空間，只要限制沒有「明顯缺乏合理性」（manifestly unreasonable），即是合比例的。

第四，在標誌性的希慎案中，終審法院認為，在侵犯這項權利所取得的社會利益的重要性以及對有關基本權利的保障的重要性之間還應進行合理的平衡。但何為「合理」，又如何「平衡」？這涉及對司法角色正當性的討論，即是採取司法積極主義 (judicial activism) 或是司法謙抑 (judicial deference) 態度的問題。法院在確定其謙抑程度時應考慮的因素包括：權利的重要性和對權利限制的程度，決策者的身份和憲制角色，決策者對有關問題作出判斷的能力，以及對權利限制的措施的性質和特徵。例如，當絕大多數人會認為，對案件所涉及的公共政策的平衡應是更具有代議性的立法會或是政府的工作，法院便應採納司法謙抑的態度。

在孔允明案之前，終審法院並未確定對經濟、社會權利限制的審查框架，而主要以對公民和政治權利進行寬鬆解釋、就對這些權利的限制進行狹義解釋的方法，進行個案化處理。但在孔允明案中，終審法院將審查對 ICCPR 的公民和政治權利的限制時適用的比例原則框架，運用到經濟、社會權利的案件中，使得經濟、社會權利與其他權利共享以比例原則為基礎的審查框架。可以說，在孔允明案和希慎案之後，比例原則已經在《香港基本法》權利保護的案件中牢固確立下來，成為對非絕對權利的限制的審查工具。

2. 平等權保護

　　對平等權保護而言，具有一定的特殊性。《香港基本法》第 25 條規定，香港居民在法律面前一律平等。人權法案中與平等權相對應的條款較多，大致分為兩種情況：一種情況為概括性平等權規定，即第 1 條和 22 條，對應 ICCPR 的具體條款，規定法律面前平等和禁止歧視，但未具體涉及某一項權利；另外一種情況是具體性平等權規定，例如在選舉權規定中，又具體規定選舉權要平等，又如在法院公開審訊的權利規定中，規定有平等的審理機會。我們通常指平等權保護的審查，乃是基於概括性的權利保護條款，而不是具體性的，因為通常具體性的權利條款所規定的基本權利，會放在比例原則框架中處理。

　　對於概括性平等權保護的審查而言，與比例原則的框架非常相似，但理論依據和原則名稱均有所不同，香港特區法院將其稱為「有理可據檢測標準」（justification test），和比例原則一樣，也是一種正當性測試。平等權保護可能被侵犯的前提是法院認定一種差別性待遇的存在，如果存在，法院便要考慮政府能否證明這種差別待遇是正當的。

　　第一，這種差別對待應是為了追求合法的目標。對此，特區法院強調，必須真的有必要作出差別待遇，歧視本身不能成為差別待遇的合法目的。例如，在丘旭龍案（Yau Yuk Lung, FACC 12/2006），被告認為，《刑事罪行條例》規定非私下肛交是一種犯罪行為，是對男同性戀者的歧視，因為法例沒有規定非私下的異性性交是一種犯罪行為。終審法院認為，所涉立法專門將非私下肛交規定為犯罪行為，而沒有對非私下異性性交作出類似的規定，是一種差別性待遇，而其背後不存在合法目的。因此，違反了平等權保護的原則。

　　第二，法院要求差別對待與合法目的之間有合理的聯繫，這也與比例原則的第二步極為相似。

　　第三，法院要求差別對待不應超過實現有關合法目的所必需。對此，終審法院將作出差別待遇的理由分為兩類：一是涉及一些「核心價值」的，包括基於種族、性別、宗教、性取向和政治觀點等身份的差別待遇；二是不涉及「核心價值」的，包括基於居留身份（居留權的性質、居留的時間）的差別待遇，這類差

別待遇可能涉及分配資源給不同類別人士的社會或經濟政策。

對於第一類差別待遇，特區法院以更高或更嚴格的標準和較低的謙抑程度進行審查；而對於第二類差別待遇，特區法院則願意採取較低或較寬鬆的基準進行審查，傾向給予政府更多制定政策的空間。在上述霍春華案中涉及的基於當事人的居留身份的差別對待，就是不涉及核心價值的。在案中政府以居民身份（即當事人是否香港居民）來決定醫院的收費標準，這樣作出區分是因為可以用於補貼醫院開支的資源是有限的，如果政府在補貼醫院開支上花費更多，則可能不得不縮減在其他方面的開支，問題在於如何最佳地分配所涉的有限資源。終審法院認為，應僅在「明顯沒有合理依據」的情況下，才推翻政府在本案中的差別待遇。

第四，在希慎案之後，適用於平等權案件的正當性測試同樣要求在保護社會利益和保障個人權利之間達到公平的平衡。綜上所述，正當性測試與比例原則共享同樣的審查機制和步驟，但正當性測試和比例原則不同的是，如果一項差別待遇可以滿足正當性檢驗的話，通常會被認為不存在歧視，即不是對權利的限制。

當然，無論《香港基本法》中的平等權條款還是人權法案中的平等權條款，它們更多指向的是公權力機關的行為，因為它們通常會使用「法律面前人人平等」和「法律應禁止歧視」等字眼。政府尊重居民的平等權無疑是法治原則的必然要求。但值得注意的是，私人團體有時候也是侵犯平等權的主體。對此，香港特區制定了具體的反歧視立法，即《性別歧視條例》、《殘疾歧視條例》、《家庭崗位歧視條例》和《種族歧視條例》，並且設立專門的平等機會委員會，致力消除基於性別、種族、家庭地位、殘疾而受到的歧視和不公待遇。

第七講
《香港基本法》解釋

鄒平學

第一節　我國的法律解釋制度

一、全國人大常委會解釋法律的立法解釋制度

《基本法》屬全國性法律，探討它的解釋需要先從國家的法律解釋制度談起。我國實行由全國人大常委會解釋法律的制度。根據憲法的規定，全國人大常委會有權解釋憲法和法律。立法法也明確規定法律解釋權屬於全國人大常委會。全國人大常委會解釋法律的制度又稱為立法解釋制度。

1.我國採取立法解釋制度的緣由

理論上看，制定法律的機構是最了解立法原意的機構，因而也是最合適的解釋法律的機構。我國採取立法解釋制度，是與人民代表大會制度一脈相承的。我國的人民代表大會在整個國家機構體系中具有至尊的地位，全國人大及其常委會既是最高國家權力機關，也是行使國家立法權的立法機關。全國人大常委會是最高國家權力機關的常設機關，由它解釋全國人大及其常委會制定的法律順理成章。同時，我國實行立法解釋制度，有利於實現人民主權原則，全國人大常委會是由全國人大代表選舉常委會委員而組成，具有堅實的民意基礎；我國是單一制國家，由全國人大常委會解釋法律也有利於維護國家法制統一。需要指出的是，全國人大常委會有權解釋的「法律」既包括全國人大制定的法律，也包括它自己制定的法律。

2.我國立法解釋的範圍

根據立法法的規定，我國立法解釋的範圍：一是法律的規定需要進一步明

確具體含義的，需要進一步明確法律界限的；需要彌補法律規定的輕微不足的；對法律規定含義理解產生較大意見分歧的。二是法律制定後出現新的情況，需要明確適用法律依據的。例如，1980 年的國籍法第 2 條規定：「中華人民共和國不承認中國公民具有雙重國籍。」但香港回歸後，有些香港居民中的中國公民持有外國護照。針對香港的這一歷史和現實情況，為保持香港的繁榮穩定，保證國籍法在香港的順利實施，1996 年 5 月全國人大常委會就作出了《關於〈中華人民共和國國籍法〉在香港特別行政區實施的幾個問題的解釋》，其中規定：所有香港中國同胞，不論其是否持有「英國屬土公民護照」或者「英國國民（海外）護照」，都是中國公民。自 1997 年 7 月 1 日起，上述中國公民可繼續使用英國政府簽發的有效旅行證件去其他國家或地區旅行，但在香港特區和中國其他地區不得因持有上述英國旅行證件而享有英國的領事保護的權利。

那麼，什麼情況下可以採用立法解釋，什麼情況下應當修改法律呢？實踐中的做法是：凡屬不需要改變原來的法律規定，而是作為一種特殊情況對法律進行變通執行的，可以採用立法解釋的辦法，不修改法律。如關於國籍法在香港、澳門兩個特區的實施的解釋，屬這種情況。從問題的性質看，應當修改法律，但問題比較具體，修改法律一時還提不上議事日程，可以先採用立法解釋的辦法，待以後修改法律時再補充進法律或對法律進行修改。

3.我國法律解釋還包括具體應用解釋

從實踐來看，所有法律解釋都由全國人大常委會來負責顯然行不通。因此，在堅持立法解釋制度的前提下，我國對於法律的具體應用解釋又有進一步的規定，一是全國人大常委會授權最高人民法院在審理案件時，可以就如何具體應用法律的問題作出解釋。這種司法解釋只限於審判工作具體應用法律的問題，不得違背法律法令的原意。二是凡屬檢察院檢察工作中具體運用法律的問題，由最高人民檢察院進行解釋。最高人民法院和最高人民檢察院的解釋如果有原則性的分歧，報請全國人大常委會解釋或決定。三是不屬審判和檢察工作中的其他法律如何具體應用的問題，由國務院及主管部門進行解釋。上述各種具體應用解釋

的地位都低於立法解釋，也就是當上述機關的各種具體應用解釋之間發生分歧時，須以立法解釋為准。

4. 全國人大常委會的法律解釋是最高和最終的

在我國的法律解釋中，全國人大常委會法律解釋是最高的、最終的解釋，與法律本身具有同等效力。具體來說，全國人大常委會的法律解釋對行政機關、審判機關、檢察機關以及公民、法人和其他組織，都具有約束力。任何公民、一切國家機關和武裝力量、各政黨和各社會團體、各企業事業組織，都必須遵守、執行全國人大常委會對法律的解釋。

5. 最終解釋權和司法終審權由不同機構行使

法律的最終解釋權和司法終審權由不同的機構行使，全國人大常委會擁有法律的最終解釋權，但不行使司法終審權；最高人民法院擁有司法終審權，但沒有最終解釋權。全國人大常委會的法律解釋屬抽象解釋，並不直接處理案件。全國人大常委對法律有關條文作出解釋後，具體案件如何處理，仍由有關司法機關依各自的權限和程序辦理，但它們都必須依據有關法律解釋來判案。

二、《香港基本法》解釋體現「一國兩制」原則

《香港基本法》第 158 條規定：「本法的解釋權屬於全國人民代表大會常務委員會。全國人民代表大會常務委員會授權香港特別行政區法院在審理案件時對本法關於香港特別行政區自治範圍內的條款自行解釋。香港特別行政區法院在審理案件時對本法的其他條款也可解釋。但如香港特別行政區法院在審理案件時需要對本法關於中央人民政府管理的事務或中央和香港特別行政區關係的條款進行解釋，而該條款的解釋又影響到案件的判決，在對該案件作出不可上訴的終局判決前，應由香港特別行政區終審法院請全國人民代表大會常務委員會對有關條款作出解釋。如全國人民代表大會常務委員會作出解釋，香港特別行政區法院在引

用該條款時，應以全國人民代表大會常務委員會的解釋為准。但在此以前作出的判決不受影響。全國人民代表大會常務委員會在對本法進行解釋前，徵詢其所屬的香港特別行政區基本法委員會的意見。」第 158 條對《基本法》解釋體制的規定體現了兩個立法意圖。

1. 符合憲法規定的法律解釋制度

《香港基本法》是全國人大制定的全國性法律，對它的解釋首先要符合憲法規定的國家法律解釋制度，即應該由全國人大常委會負責解釋。故第一款的規定和憲法關於法律解釋權屬於全國人大常委會的規定保持一致。

另外，《香港基本法》作為一部全國性法律，不僅在香港特別行政區實施，在全國範圍內都要一體遵行。對《基本法》涉及國家主權範疇和全國性事項的條款，尤其是涉及中央權力的條款和中央與香港特區關係的條款，必須有統一的解釋。只有由全國人大常委會掌握《基本法》的解釋權，才能保證《基本法》在全國的統一理解和統一實施。因此，本條第一款明確肯定了其解釋權屬於全國人大常委會。

根據第一款，全國人大常委會對所有的《基本法》條款都具有解釋權，不論需要解釋的事項是否涉及訴訟案件，不論法院是否審結涉及解釋爭議的案件，不論終審法院是否提請人大釋法，全國人大常委會都有權解釋《基本法》，只要存在釋法的必要性。這也說明全國人大常委會對《基本法》的解釋具有全面性、全權性和主動性的特點。

2. 體現「一國兩制」原則

香港回歸前，實行普通法體制，立法機關負責制定法律，無權解釋法律，司法機關在審理案件時可對案件涉及的法律進行解釋，即所謂「司法解釋」，由此產生的判決也將會成為判例法的一部分。法官在審理案件時對法律進行解釋，並不需要徵求立法機關意見，如果立法機關有不同意見，可以通過立法程序修改、廢除或重新制定相關法律。由此可見，香港的釋法和司法是同一個過

程，法院既是司法機關，也是釋法機關。回歸前英國樞密院司法委員會既是香港的終審法院，也是香港最終的法律解釋機關，它的解釋是最終的，包括香港法院在內的本地任何機關和個人都必須遵循。

回歸後，香港憲制基礎發生根本性變化，全國人大根據《基本法》授予香港包括行政管理權、立法權、獨立的司法權和終審權在內的高度自治權，原有的法律基本保留，設立了香港終審法院，原來英國樞密院司法委員會對香港享有的司法終審權由香港終審法院行使，香港原來普通法下的法律解釋制度也被繼續沿用。這時候規定《基本法》的解釋制度時，就要在遵循「一國」原則、符合國家法律解釋制度前提下，同時照顧香港實行普通法的實際需要，體現「兩制」要求。因此，需要由全國人大常委會授權香港各級法院在審理具體案件時解釋《基本法》，這就是第 158 條第二款和第三款規定的內容。這種頗具匠心的設計，把國家的立法解釋制度與香港特區的司法解釋制度很好地融合在一起，實現了《基本法》解釋體制上「一國」和「兩制」的有機結合。

第二節 《香港基本法》解釋體制及其實踐

一、《基本法》解釋權屬於全國人大常委會

1.全國人大常委會解釋《基本法》的權力來源

全國人大常委會享有《基本法》全面、最高和最終解釋權,既有《基本法》依據,更有憲法依據,憲法第 67 (4) 條規定全國人大常委會有「解釋法律」的職權;此外,《立法法》第 45 條第一款也規定法律解釋權屬於全國人大常委會。這說明,認識人大釋法的權威性、正當性,既要看《基本法》,更要看憲法。只有從全國人大常委會的憲制地位、憲制權力和憲制責任出發,才能正確認識人大釋法。

2.全國人大常委會解釋《基本法》的啟動機制

根據《香港基本法》和有關法律的規定,人大釋法的啟動機制除全國人大常委會自己主動釋法外,還包括國務院提請人大釋法和香港終審法院提請人大釋法。其中國務院提請人大釋法,可以基於國務院自己的判斷,也可以基於特區政府的請求。

迄今為止的五次人大釋法,有兩次(2004 年和 2016 年)是全國人大常委會主動釋法,由委員長會議向全國人大常委會提案而啟動。另外兩次(1999 年和 2005 年)是由行政長官請求、經由國務院向全國人大常委會提案而啟動的。有一次(2011 年)是由特區終審法院向全國人大常委會提請解釋。

上述三種啟動機制,均有充足的法律根據。根據全國人大常委會議事規則的規定,全國人大常委會委員長會議、國務院有權向常委會提出屬常委會職權範

圍內的議案（包括法律解釋案）；根據立法法的規定，國務院可以向全國人大常委會提出法律解釋的請求。香港終審法院無權向全國人大常委會提出解釋《基本法》的議案，但《基本法》第158條規定了終審法院在滿足法定事由條件下應提請人大釋法，在這情況下終審法院不僅有權提請，也有義務依法提請。

對於特區行政長官向國務院提出報告，國務院向全國人大常委會提出解釋議案的啟動方式，有人認為《基本法》第158條只授權特區終審法院在法律規定的事由出現時，應該提請全國人大常委會解釋，而沒有授權行政長官這樣做，因此行政長官無權提請人大釋法。其實，行政長官確實不具有直接向全國人大常委會提請解釋《基本法》的法定權力，但根據《基本法》的規定，行政長官是香港特別行政區的首長，代表香港特別行政區；行政長官依法對中央政府和香港特區負責；行政長官負責執行《基本法》和依照《基本法》適用於香港特別行政區的其他法律。行政長官還要向中央政府述職，就特區實施《基本法》的情況向中央政府彙報，接受中央政府的指令。所以，行政長官向國務院提出報告，建議國務院提請人大解釋《基本法》，是符合《基本法》的。國務院是否接受行政長官的建議，是否向全國人大常委會提案請求解釋《基本法》，由國務院自行決定。而且，行政長官是否建議解釋《基本法》，對人大最終是否解釋《基本法》並不起決定性作用。更何況即使沒有行政長官的報告和建議，沒有國務院向人大提交解釋議案，沒有終審法院向人大提請解釋，全國人大常委會也有權主動解釋《基本法》，它啟動解釋程序並不以其他任何機構或個人是否建議它解釋為前提。

從香港社會的角度看，由香港終審法院依法向全國人大常委會提請釋法，符合香港社會的期待，但這種情況必須有法院在審理案件這個前提，如果法院沒有受理案件，但又發生了需要釋法的情形，這時候就無法通過終審法院的提請機制來提請人大釋法，需要其他的啟動機制發揮作用。即使法院在審理案件中，滿足了需要提請人大釋法的法定事由，但終審法院沒有依法提請人大釋法的話，全國人大常委會主動釋法、國務院向人大提出釋法議案等機制就必定要發揮作用。

3.全國人大常委會解釋《基本法》的程序

全國人大常委會解釋《基本法》，需要按照全國人大常委會解釋法律的一般

程序和《基本法》規定的特別程序進行。根據立法法和全國人大常委會議事規則的有關規定，全國人大常委會解釋法律的一般程序包括四個環節：一是法定主體提出法律解釋要求；二是常委會工作機構研究擬訂法律解釋草案，由委員長會議決定列入常委會會議議程；三是法律解釋草案經常委會會議審議，由憲法和法律委員會根據常委會組成人員的審議意見進行審議、修改，提出法律解釋草案表決稿；四是常委會全體組成人員過半數表決通過法律解釋草案表決稿，常委會發佈公告公佈法律解釋。

全國人大常委會解釋《基本法》既要遵循上述一般程序，還要遵循《基本法》規定的特別程序，即全國人大常委會在對《基本法》進行解釋前，徵詢其所屬的香港特區基本法委員會的意見。香港基本法委員會 12 名組成人員，一半來自內地，另一半來自香港，其中包括法律界人士。徵詢它的意見，有助於了解香港各界特別是法律界對釋法的看法，使釋法工作盡可能照顧到香港的實際情況。

在實踐中，人大釋法在遵循法定的程序之外，還注意廣泛地徵求各方面特別是香港方面的意見。例如，在 2004 年第 2 次人大釋法過程中，全國人大常委會還聽取了香港特別行政區政府政制發展專責小組彙集的香港各界對政制發展問題的諮詢意見和專責小組的意見，聽取了香港特別行政區全國人大代表、全國政協常委的意見。在 2005 年第 3 次人大釋法過程中，全國人大常委會先後聽取了香港特別行政區全國人大代表、全國政協委員和包括法律界在內的香港各界人士的意見。這說明全國人大常委會在行使解釋權力時不僅依法辦事，還充分關注社情民意，把它作為解釋的重要參考因素。

4. 全國人大常委會解釋《基本法》的方法

全國人大常委會解釋《基本法》的方法是忠實於《基本法》的立法原意、探求《基本法》的立法原意。那麼，如何尋找立法原意呢？ 就是尊重法律條文的字面含義，在這一點上，人大釋法和普通法的解釋方法沒有什麼區別。具體而言，全國人大常委會主要運用了兩種具體方法：

第一種方法是借助於法律文本之外的輔助資料確立立法原意。如在 1999 年

第一次釋法中，為確定《基本法》第 22 條第四款和第 24 條第二款第三項的立法原意，全國人大常委會釋法說明指出：第 22 條第四款所確立的制度是基於內地與香港長期以來實行的出入境管理制度，《基本法》的立法原意正是肯定這一制度。

第二種方法是結構主義方法，即不是孤立地理解某一個條款，不片面追求某一條文的字面含義，而是根據某個規範的上下條文及整個法律文本的篇章結構、整個制度的設計意圖進行綜合考察，甚至還要綜合考察立法目的、法律價值、法律精神等因素，以探求有關規範的含義。例如，確定補選行政長官的任期是前任剩餘的任期的 2005 年人大釋法，主要採用結構主義的方式，結合考慮《基本法》第 45 條、第 46 條、第 53 條、附件一等多項條款之間的邏輯關係，以得出最符合立法者所希望表達的應然含義。這種結構主義解釋方法和香港法院更注重某一條文的字面含義有所不同。

二、全國人大常委會授權香港法院解釋《基本法》

1.香港法院可自行解釋《基本法》自治範圍內的條款

根據《香港基本法》第 158 條第二款，全國人大常委會授權香港法院在審理案件時對《基本法》關於香港自治範圍內的條款有自行解釋的權力。這裏的「授權」，表明香港法院對《基本法》的解釋權來自全國人大常委會的授權，不是固有權力，具有從屬性；這裏的法院包括香港終審法院在內的各級法院；這裏的「審理案件」時說明法院只能在審理案件的時候才能釋法。法院奉行「不告不理」，無權主動釋法。法院只能作個案解釋，不能對《基本法》作抽象解釋；這裏的「自行解釋」即法院對自治範圍內的條款可以按照自己的理解獨立作出判決，直至作出終局判決，無需提請全國人大常委會解釋。

《香港基本法》大部分條文涉及高度自治，既說明香港特區高度自治權十分廣泛，也說明人大授權香港法院自行解釋《基本法》的條款範圍十分寬泛。可以看出，中央對特區高度自治的保障和尊重，在《基本法》解釋制度上也得到了充分體現。

有人認為既然人大授權香港法院自行解釋自治範圍內的條款，人大就放棄了解釋「自治範圍內」條款的權力。這種認識是錯誤的。

第一，第158條第一款規定《基本法》的解釋權屬於全國人大常委會，就意味着全國人大常委會對整部《基本法》的所有條文均有解釋權。對於人大釋法的全面性，香港法院明確承認。在劉港榕案 (Lau Kong Yung, FACV 10/1999) 中，法院判決認為全國人大常委會依據《基本法》第158條第一款而享有的《基本法》解釋權應該是全面（general）而不受限制的（unlimited）。它不受第158條第二款及第三款條所約束或限制。1999年2月26日香港終審法院首席法官李國能宣讀終審法院在吳嘉玲案 (Ng Ka Ling, FACV 14/1998)5名法官一致的「澄清判詞」還提到，全國人大常委會根據第158條所具有解釋《基本法》的權力不受香港法院質疑。終審法院在2001年莊豐源案（Chong Fung Yuen, FACV 26/2000）的判決中亦認為：人大常委會根據第158條第一款詮釋《基本法》的權力擴展至《基本法》中的所有條款，而且並非只限制於第158條第三款所指的範圍以外的條款。

第二，因為特區法院獲得的對「自治範圍內」條款的解釋權來自全國人大常委會授權，這種授權關係並不導致全國人大常委會對《基本法》解釋權的喪失。如果全國人大常委會認為特區法院對「自治範圍內」的條款解釋違背了「一國兩制」的精神和《基本法》的原則，造成了十分嚴重的後果，在法理上講，人大當然有權對這部分條款進行解釋。

第三，如果全國人大常委會不再行使《基本法》自治範圍內條款的解釋權，那麼，就沒有必要作出第一款規定。解讀158條第二款、第三款的條文中「審理案件時」、「影響案件的判決」、「終局判決前」等用語，都說明對特區法院的授權是有條件授權。在沒有案件審理而《基本法》實施產生了需要解決的爭議的情形下，人大釋法就必須出場。

第四，全國人大常委會授權特區法院在審理案件時自行解釋《基本法》有關特區自治範圍內的條款，仍然繼續保留對特區自治範圍內條款行使解釋權，只不過一般情況下人大不會因為法院正在審理案件的時候有針對性地、主動地去解釋「自治範圍內」的條款。回歸25年來，人大僅僅五次釋法，啟動釋法十分謹

慎，從不隨意行使釋法權。每一次人大釋法都是事涉重大關鍵問題，即使人大釋法與法院審理的案件有關，人大也沒有介入和干預法院審理個案，香港司法獨立沒有受到任何損害。這充分說明，全國人大常委會對解釋《基本法》採取了十分謙抑的態度。而回歸以來，香港法院依法行使司法權和終審權，常態化地解釋《基本法》自治範圍內條款則十分普遍。

2.香港法院不能自行解釋《基本法》關於中央管理事務和中央與特區關係條款

　　根據《香港基本法》第 158 條第三款的規定，香港特區法院在審理案件時對《基本法》「自治範圍」以外的其他條款也可以解釋，但如需要對《基本法》關於中央政府管理的事務或中央和香港特別行政區關係的條款進行解釋，而該條款的解釋又影響到案件的判決，在對該案件作出不可上訴的終局判決前，應由香港特區終審法院請全國人大常委會對有關條款作出解釋。如全國人大常委會作出解釋，特區法院在引用該條款時，應以人大解釋為准。但在此以前作出的判決不受影響。

　　這裏有幾點需要注意：

　　一是法院解釋《基本法》必須是「在審理案件時」。在不審理案件的時候，法院無權解釋《基本法》。在沒有案件審理的情形下誰來解釋《基本法》？顯然要回到第一款，是全國人大常委會。

　　二是綜合第二款和第三款的理解，香港特區法院對《基本法》的所有條款都有權解釋，但第三款規定的須要提請人大釋法的情況除外。

　　三是香港法院對《基本法》的解釋權不是無限制的。這種限制體現在滿足法定的條件和事由時，終審法院應提請全國人大常委會解釋，如果人大作出解釋，香港法院應當遵守人大解釋，但在此前作出的判決不受影響。這裏法定的事由和條件體現在環環相扣的五個方面：

　　首先，香港法院在審理案件時需要進行解釋的是《基本法》關於中央政府管理的事務或中央和香港特別行政區關係的條款，如果不是這類條款，就不需要

提請全國人大常委會進行解釋。

其次，該條款的解釋又影響到案件的判決。這意味着如果解釋不影響案件的判決，也不必提請全國人大常委會進行解釋。

然後，如果需要提請全國人大常委會解釋，該請求必須在法院對於案件作出終局裁決以前向人大提出，因為在非終局判決之前的階段，案件當事人可以提出上訴，如原審法院對《基本法》的這類條款解釋錯誤，上訴法院還可以糾正，但終局判決作出後就不能上訴了。如果終局判決錯誤的話，就會影響到中央政府行使的權力或中央與特區關係，損害中央的利益。由於香港法院享有終審權，終審法院對《基本法》的條款作出的解釋，將隨判決的生效產生終局的效力，成為具有約束力的判例法。為了避免香港法院在對涉及中央權力和中央與特區關係的條款的解釋同全國人大常委會的解釋不一致，必須規定終審法院在作出終局判決前必須提請人大釋法。這是維護中央利益和權威所必須設定的限制性規定。

再者，一旦全國人大常委會作出解釋，香港特區法院在引用該條款時，必須以全國人大常委會的解釋為準，以維護全國人大常委會對《基本法》的最終和最高解釋權。但此前香港法院已經作出的判決不受影響，也就是說，人大釋法不影響香港法院在此解釋之前作出的判決，也就是對於案件當事人的裁決不受影響。這也是為了保持法院判決的穩定性和權威性，避免變更判決引起更多的複雜問題。

《香港基本法》第 158 條第三款的立法目的在於確立中央與特區在解釋《基本法》問題上既分清職責權限又要協調配合的互動機制。但這個互動機制能否有效運作取決於多種因素，如中央與特區之間的政治互信、對「自治範圍外條款」的理解等諸多因素。在實際操作中不排除會出現特區法院有意無意規避提請義務而不提請全國人大常委會釋法的情況。如果出現這種情況，全國人大常委會完全可以直接解釋有關的條款。1999 年香港終審法院審理的居港權案（上述吳嘉玲案）就涉及到內地居民進入香港的出入境管理，涉及到中央與特區的關係，但終審法院認為不需要提請全國人大常委會釋法，並對《基本法》作出了錯誤的解釋，全國人大常委會便依照第 158 條第一款的規定，對《基本法》的有關條款，包括屬自治範圍內的條款作出了解釋。

　　香港法院在審理案件時對自治範圍內的其他條款的解釋權也是來自全國人大常委會的授權，而非其本身固有的權力。1999 年 2 月 26 日香港終審法院在吳嘉玲案的「澄清」性判詞中表明：「《基本法》第 158（1）條說明《基本法》的解釋權屬於人大常委會。法院在審理案件時，所行使解釋《基本法》的權力來自人大常委會根據第 158（2）及 158（3）條的授權。」

3. 香港法院解釋《基本法》情況

　　《香港基本法》實施以來，香港法院在審理案件過程中解釋《基本法》的情況十分普遍。據統計，法院在判決中對《基本法》的 160 個條文中有超過三分之一的條文有過解釋。終審法院判決的案件中涉及《基本法》解釋的有 100 多件，有效增強了香港社會落實《基本法》的信心。這充分說明全國人大常委會授予香港法院的解釋權得到了很好的、充分的運用，法院獨立的司法權和終審權得到了有效行使，《基本法》在普通法制度下運作良好，顯示了旺盛的生命力。

　　香港終審法院在數個判決中，明確承認全國人大在香港憲制架構中的凌駕性地位；明確認定《基本法》解釋權屬於全國人大常委會，人大釋法有效且對香港所有法院具約束力；明確肯定全國人大對《基本法》作出解釋的權力是源自憲法，這項權力是「全面而不受限制的」；明確承認香港法院解釋《基本法》的權力來源於全國人大常委會的授權。這些判斷，體現了法治精神和專業理性。特別是 2011 年有關剛果金案（Congo, FACV 5/2010）終審法院提請人大釋法，標誌着《基本法》第 158 條有關兩地解釋的合作機制的良好開啟。

　　《基本法》授權香港法院有權解釋《基本法》，但《基本法》並沒有規定其解釋方法。鑒於香港實行普通法，香港法院對《基本法》這一成文法的解釋方法自然會運用普通法的解釋方法。在司法實踐中，香港終審法院還不斷以判例的形式強化普通法方法解釋《基本法》的立場。例如在吳嘉玲案中，終審法院指出，決定《基本法》解釋方法有兩個基礎，即《基本法》的性質與特區的普通法體制，而這就要求特區法院要運用普通法方法解釋《基本法》。在莊豐源案（Chong Fung Yuen, FACV 26/2000）中，終審法院認為，「在香港的法院必須引用普通

法來詮釋《香港基本法》。這是符合《香港基本法》中有關香港特區享有以普通法為基礎的不同法律制度的規定。」

法院在釋法方法上全國人大常委會與香港法院確實存在一定的差異。但這種差異不是造成曾經發生的釋法權衝突的主要原因。1999 年全國人大常委會在居港權案件中對《基本法》第 22 條第 4 款的解釋，與香港高等法院原訟庭和上訴庭在吳嘉玲案的解釋結論一模一樣，而它對於第 24 條第二款第三項的解釋，也正是香港高等法院上訴庭在陳錦雅案（Chan Kam Nga, CACV 40/1998, FACV 13/1998）採納過的解釋——只不過這些解釋後來被終審法院推翻罷了。

這說明，不同法系背景下的釋法主體在釋法方法上存在差異不是關鍵，關鍵得看解釋是否正確解決了《基本法》實施中的問題，是否實現了第 158 條規定的原意。普通法是一個開放和不斷發展的體系，有必要在實踐中發展出一套機制，使得香港法院在解釋《基本法》時能夠主動地接受、引進或者結合借鑒運用全國人大常委會解釋《基本法》的原則和方法，而全國人大常委會在解釋《基本法》的原則和方法時也能夠對普通法的做法有所借鑒，這可能是進一步促進兩地釋法機制良性合作的最佳路徑。

三、全國人大常委會解釋《基本法》的實踐

1.1999 年「居港權案」

這是第一次人大釋法。香港特區終審法院 1999 年 1 月 29 日有關港人所生內地子女居港權的判決，引發社會不同意見。特區政府認為終審法院判決是不合適的，港人所生內地子女居港權問題涉及內地居民進入香港的管理辦法，屬《基本法》規定的中央與香港關係問題，依照《基本法》規定應當由全國人大常委會對基本法的有關規定作出解釋。政府估計有關裁決可導致 167 萬人享有居港權，新移民可能過快湧進香港，社會無法承受。香港社會各界也普遍擔憂幅員狹小的香港難以承受巨量人口湧入帶來的社會、民生壓力，要求和支持香港特區政府提請中央啟動解釋程序，盡快解決問題。1999 年 5 月 20 日，特區行政長官向國務

院提交了《關於提請中央政府協助解決實施〈香港基本法〉有關條款所遇問題的報告》，國務院 6 月 11 日向全國人大常委會提出了《關於提請解釋〈香港基本法〉第 22 條第 4 款和第 24 條第 2 款第（三）項的議案》。6 月 26 日，全國人大常委會通過有關條款的解釋。

根據全國人大常委會對《香港基本法》第 22 條第四款規定的解釋，港人在內地所生子女不論以何種事由要求進入香港，都需要經過內地機構審批，並持有有效證件方可進入香港；根據全國人大常委會對第 24 條第二款第（三）項的解釋，是指無論本人是在香港特別行政區成立以前還是以後出生，在其出生時，其父母雙方或一方須是香港永久性居民。全國人大常委會該次釋法並不影響終審法院 1999 年 1 月 29 日所作的判決。

上述解釋，闡明並澄清了《基本法》的立法原意，使港人在內地所生子女在港居留權問題有了明確的結果，平息了社會的擔心，香港社會對此表示支持。

2.2004 年明確「政改五部曲」

這是第二次人大釋法，涉及港人普遍關心的 2007 年以後的普選問題，也即政制發展問題，圍繞的是《基本法》附件一第 7 條和附件二第 3 條，主要涉及行政長官和立法會的產生辦法。對於 2007 年以後普選行政長官和立法會的規定，是否包括 2007 年，不同人士理解不一。要求 2007 年舉行普選的人士，堅持「2007 年以後」的說法包含了 2007 年。而另一些人士則堅持「2007 年以後」是指從這一年以後的 40 年時間。自 2003 年下半年以來，香港社會對兩個產生辦法是否要修改，怎麼修改，討論熱烈，分歧很大。在此背景下，全國人大常委會委員長會議主動向常委會提出了釋法議案，全國人大常委會於 2004 年 4 月 6 日作出了對《基本法》附件一第 7 條和附件二第 3 條的解釋。

這次人大釋法明確了四項內容：兩個附件中規定的「2007 年以後」，含 2007 年。兩個附件中規定的「如需」修改，是指可以修改，也可以不修改。兩個附件中規定的須經立法會全體議員三分之二多數通過，行政長官同意，並報全國人大常委會批准或者備案，是指兩個產生辦法及立法會法案、議案的表決程序

修改時必經的法律程序。只有經過上述程序，包括最後全國人大常委會依法批准或者備案，該修改方可生效。是否需要進行修改，行政長官應向全國人大常委員會提出報告，由全國人大常委員會依照《基本法》第 45 條和第 68 條規定，根據香港特區的實際情況和循序漸進的原則確定。修改兩個產生辦法及立法會法案、議案表決程序的法案及其修正案，應由特區政府向立法會提出。兩個附件中規定的兩個產生辦法及立法會法案、議案的表決程序如果不作修改，仍適用兩個附件原來的相關規定。

這次釋法，使《香港基本法》附件中有關政制發展的規定更為明確和具體，有效解決了社會爭議。特別是這次釋法彰顯了憲法和《基本法》確立的一項極為重要的原則，即香港政制的發展，涉及中央和特區的關係，必須在《基本法》的框架內進行，決定權應當在中央。

3. 2005 年明確「缺位情況下補選特首的任期」

這是第三次人大釋法。這次解釋緣起於 2005 年 3 月原行政長官董建華辭職後。當時由政務司司長曾蔭權代理行政長官。依據《基本法》第 53 條的規定，行政長官缺位時，應在六個月內選舉產生新的行政長官。但選出的新的行政長官的任期是多少，存在不同理解。有的認為任期應當是新的一屆，即五年任期，有的認為應當是董建華餘下的任期，即兩年多任期。而《基本法》對行政長官缺位情況下補選的行政長官的任期未作明文規定。

在此情況下，署理行政長官曾蔭權於 4 月 6 日向國務院提出了請求國務院提請全國人大常委會解釋《基本法》第 53 條第二款的報告。國務院於 4 月 10 日向全國人大常委會提交了提請解釋議案。全國人大常委會於 4 月 27 日作出了有關解釋。根據解釋，2007 年以前，在行政長官 5 年任期屆滿前出缺的情況下，由任期 5 年的選舉委員會選出的新的行政長官只能完成原行政長官未任滿的剩餘任期。2007 年以後，如對行政長官產生辦法作出修改，屆時出現行政長官缺位的情況，新的行政長官的任期應根據修改後的行政長官具體產生辦法確定。

4.2011 年「剛果金案」

這是第四次人大釋法。「剛果金案」（Congo, FACV 5/2010）緣起於上個世紀 80 年代，一家南斯拉夫公司與剛果民主共和國的一起水電建設工程的信貸協議發生糾紛，經國際仲裁，南斯拉夫公司勝訴，但剛果沒有履行裁決還款。2004 年，該南斯拉夫公司將這筆債權轉讓給美國一家基金公司。2008 年 5 月，這家美國基金公司以剛果、中國中鐵公司等為被告，向香港特區高等法院原訟法庭提起訴訟，要求執行國際仲裁裁決。剛果則主張其享有國家豁免權（state immunity），指香港法院對其無司法管轄權。

案件涉及中央人民政府的外交政策和外國政府在中國境內的司法訴訟中享有的國家豁免權的範圍。香港在回歸前一直採取普通法下國家豁免權的「有限豁免」原則，即外國政府在商業交易上不享有國家豁免權。中國則奉行國家豁免權的「絕對豁免」原則，即外國政府的行為，無論是否商業交易，均享有國家豁免權。香港在回歸後如果實行與中央立場不一致的國家豁免原則，將不符合中國的外交政策

2011 年 6 月 8 日，香港終審法院作出臨時判決，裁定香港特區應遵循中央政府決定採取的國家豁免規則，因此剛果在本案的訴訟中享有國家豁免權，香港法院對剛果無司法管轄權。鑒於該臨時判決涉及對《基本法》關於中央政府管理的事務以及中央和香港特區關係條款的解釋，終審法院認為有責任按照《基本法》第 158 條第三款的規定，在作出終局判決前提請全國人大常委會解釋相關條款，並在全國人大常委會作出解釋後依據該解釋作出最終判決。2011 年 8 月 26 日，全國人大常委會通過了對《基本法》第 13 條第一款和第 19 條的解釋。

解釋包括：一是國家豁免屬國家的外交事務範疇，中央政府有權決定國家豁免規則或政策，在中國領域內統一實施。中央政府有權決定在香港特區適用的國家豁免規則或政策；二是香港特區須遵循國家統一的國家豁免規則或政策，特區法院有責任適用或實施中央政府根據第 13 條第一款所決定採取的國家豁免規則或政策，不得偏離這種規則或政策，也不得採取與此不同的規則或政策；三是中央政府決定國家豁免規則或政策的行為屬《基本法》第 19 條第三款第一句中

所説的「國防、外交等國家行為」，香港特區法院對此行為無管轄權；四是香港原有法律中不符合國家豁免規則或政策的規定不再有效，以確保關於這方面的普通法符合中央政府所決定的國家豁免規則或政策。

5. 2016 年針對「公職人員宣誓」問題

這是第五次人大釋法緣起是 2016 年 9 月香港立法會選舉中，代表本土及「港獨」思潮的當選候任議員梁頌恆（Leung Chung Hang）、游蕙禎（Yau Wai Ching）「辱華宣誓」風波事件和由此引發的訴訟。在梁頌恆、游蕙禎宣誓案中，香港特區高等法院原訟法庭（HCAL 185/2016）和上訴法庭（CACV 224/2016）裁定兩位議員因拒絕作出法律要求的宣誓而喪失其議員資格。梁游二人繼續向終審法院申請上訴許可，被終院駁回（FAMV 7/2017）。

在宣誓爭議的司法覆核案審理期間，全國人大常委會於 2016 年 11 月 7 日針對《基本法》有關宣誓規定的第 104 條作出解釋。該解釋的主要有三項內容：

一是列明「擁護中華人民共和國香港特別行政區基本法，效忠中華人民共和國香港特別行政區」，是宣誓的法定內容，也是參選或出任公職的法定要求和條件。

二是公職人員「就職時必須依法宣誓」的具體含義包括：宣誓是該條所列公職人員就職的法定條件和必經程序。未進行合法有效宣誓或者拒絕宣誓，不得就任相應公職，不得行使相應職權和享受相應待遇。宣誓必須符合法定的形式和內容要求。宣誓人必須真誠、莊重地進行宣誓，必須準確、完整、莊重地宣讀法定誓言。宣誓人拒絕宣誓，即喪失就任該條所列相應公職的資格。宣誓人故意宣讀與法定誓言不一致的誓言或者以任何不真誠、不莊重的方式宣誓，也屬拒絕宣誓，所作宣誓無效，宣誓人即喪失就任該條所列相應公職的資格。宣誓必須在法律規定的監誓人面前進行。監誓人負有確保宣誓合法進行的責任，對符合人大本次解釋和香港特區法律規定的宣誓，應確定為有效宣誓；對不符合的宣誓，應確定為無效宣誓，並不得重新安排宣誓。

三是列明「宣誓人必須真誠信奉並嚴格遵守法定誓言。宣誓人作虛假宣誓

或者在宣誓之後從事違反誓言行為的，依法承擔法律責任」。

人大釋法澄清明確《基本法》第 104 條的立法原意和法律原則，盡快解決候任議員違法宣誓引發的法律爭議，在法律上築起一道嚴格遏制任何刻意違反宣誓的法定要求、蔑視依法宣誓程序、甚至借機鼓吹「港獨」侮辱國家民族等違法行為的防火牆，維護了憲和《基本法》的權威。這次人大釋法澄清了《基本法》第 104 條的立法原意，法院隨後依法作出判決；在這情況下，人大釋法不影響司法獨立，因為法院的功能在於把法律應用到案情事實中，從而獨立地作出判決，而法律中不明確之處，可通過人大釋法予以澄清。

四、人大釋法和香港法院釋法的區別

全國人大常委會是最高國家權力機關的常設機關，香港特區法院是香港特別行政區的地方司法機關。這種性質地位的差別一目了然。

全國人大常委會有權自行啟動解釋權，它可以不以任何機構的提請而啟動。而香港法院在行使解釋權時具有明顯的被動性，它只有在審理案件時才能啟動解釋。

全國人大常委會對《基本法》的解釋權首先是憲法賦予的，是一種主權者的權力，具有固有性、最高性。香港法院解釋《基本法》的權力是根據《基本法》由全國人大常委會授予的，其解釋權的非固有性十分明顯。香港法院對《基本法》涉及中央政府管理的事務或中央和香港特區關係的條款進行解釋時，應當以人大的解釋為准，其解釋權的從屬性亦十分明顯。

全國人大常委會的解釋權不針對個案，是一種抽象解釋，具有普遍性，是否存在訴訟案件對於人大釋法沒有影響。而香港特區法院只能在審理案件中行使解釋權，只能針對具有個案，無權脫離個案進行抽象解釋。

全國人大常委會有權解釋《基本法》的所有條款，具有全面性；香港法院對《基本法》的解釋具有受限性，它可以對《基本法》關於特區自治範圍內的條款進行自行解釋，但就涉及中央政府管理的事務或者涉及中央與香港特區關係的條款來說，如果需要解釋，則必須遵循兩個程序：第一是在作出終局判決前，須

由終審法院提請全國人大常委會就有關條款進行解釋。第二是全國人大常委會的解釋具有最高法律效力，換言之，即香港法院的解釋必須以全國人大常委會的解釋為准。

當然，人大釋法和香港法院釋法有共同的特點，就是釋法的目的都是為了更好地貫徹《基本法》和「一國兩制」方針，維護香港的繁榮和穩定；行使釋法權力都要遵循法治原則，符合法定程序；要忠實於《基本法》原意，實現立法的目的。

第三節　正確處理人大釋法與香港法院釋法的關係

　　25 年來，《基本法》在香港的實施取得了巨大成就，其中《基本法》的解釋實踐功不可沒。在基本法解釋領域，也曾產生過一些爭論，這些爭論主要是圍繞人大釋法和香港法院釋法的關係。從全國人大常委會解釋《基本法》的實踐來看，第一次和第四次解釋都涉及到與終審法院解釋權的關係。第二次和第三次釋法不涉及訴訟案件，與法院無關。第四次釋法被視為是《基本法》第 158 條有關兩地解釋的合作機制的良好開始。第五次釋法正是在梁游宣誓事件引起的訴訟案件審理期間。

　　對於人大釋法，香港有人提出種種質疑和反對，認為人大釋法破壞香港法治。這是把人大釋法視為香港法治的身外之物，顯然是錯誤的。事實上，人大釋法是香港法治的重要組成部分，人大釋法目的就是要維護香港法治。《基本法》是香港法治的核心和基礎，《基本法》是根據憲法制定的。全國人大常委會對《基本法》的解釋權有憲法和《基本法》的依據，其解釋權的正當性、解釋效力的最高性和終極性無可置疑。香港終審法院的多個判決也認為，全國人大常委會對基本法作出解釋的權力是「全面而不受限制的」，不受香港法院質疑。全國人大常委會依法行使解釋權，就是為了定紛止爭，維護《基本法》的權威，維護香港法治。

　　總之，全國人大常委會行使《基本法》解釋權，與香港法院在司法中解釋《基本法》一樣，都是香港法治的重要組成部分。全國人大常委會和香港法院都肩負着維護香港法治、維護《基本法》權威的職責。只有正確處理人大釋法與香港法院釋法的關係，維護人大釋法的權威，保障法院依法行使解釋權，才能正確有效實施《基本法》解釋機制。

第八講
香港的選舉制度

陳端洪

第一節　香港民主政制的基石

一、選舉與民主的關係

1.代表制民主作為現代民主的普遍形式

從本義說，民主即人民的統治或人民的權力。在古希臘小國雅典，民主即人民親自出場。在這裏，民主既是一種政治實體的制度形式，也是一種統治技術，它表示權力的合法形式及其實踐方式。在現代國家，人民的自我統治除了少數情況下採取公投的形式外，最基本的形式是代表制，即人民通過選舉產生統治者，後者代表人民進行決策。於是，產生了作為制度形式的民主和作為統治技術的民主的二分法，民主概念變得五花八門。

選舉與民主是什麼關係？由於各國普遍採用選舉的方式產生政府，有些人對民主的認知背離了民主的原始含義，簡單地將選舉等同於民主；由於逐漸實現了普選，在許多人的眼裏，選舉就是數人頭，幾年數一次；由於實行政黨政治，有人甚至更進一步把民主等同於政黨輪替。

有人認為選舉和民主之間的聯繫是偶然的，主要理由有二：第一，真正的民主是直接民主，沒有選舉；第二，有選舉未必有民主。這兩個理由固然成立，但無法解釋代表制民主的必然性和合理性，也就無法為今人的政治生活提出正確指引。

正確的思路應該是正視現代社會生活的條件，在個人與團體、直接與間接、程序與實質、過程與結果、眾意與公意的辯證關係中去探尋民主的真諦。在現代生活條件下，民主註定是多種要素的混合物。

2. 選舉法

在共和國，選舉法地位殊勝。法國思想家孟德斯鳩在《論法的精神》指出，在民主政治裏，「建立投票權利的法律，就是根本法」；「規定投票方式的法律也是民主政治的一種根本法」；「無疑，人民的選舉應當公開，應當把這點看作民主政治的一條根本法」。

在共和國，選舉法之所以如此重要，當然是由共和政體的性質決定的，同時也是由選舉作為一種權力類型的性質決定的。

英國哲學家邊沁曾經苦心孤詣地設計過一部《憲法典》，提出了很多創造性的設想，其中關於權力的分類就獨樹一幟。《憲法典》第三章第一條規定：「主權屬人民。主權由人民自我保留（reserved by and to the people）。主權通過行使組建權（constitutive authority）的方式得以行使。」第四章第一條規定，「國家權力如次：組建權；立法權；行政權；司法權」。第五章第二條規定，「組建權屬於國家選民全體。」何謂組建權？所謂組建權就是指派立法機關成員或讓他們上位（locate）的權力，以及讓他們下位（dislocate）的權力。組建權相對於運作權（operative powers），後者包括立法權和行政權。邊沁的組建權，以選舉權為核心，是主權的運用方式，也就是人民直接出場的方式，因此高於其他三權。由此亦可見選舉法的法律地位非同尋常。

選舉既是人民整體的權力，也是公民個體的一種政治權利（right）。人們關於如何看待通過投票參與政府的權利的歷史，可分為五個發展階段。在古希臘，個人和政治體密不可分，投票被當作成員身份——公民資格——的自然附屬。在中世紀，人們根據財產或頭銜來投票，投票是一種特權。啟蒙運動之後，在憲政的萌芽期，選舉權被當作抽象的權利，和生命、財產等一樣，被視為一項人權。美國《獨立宣言》所宣稱的「一切政府的正當權力源自被統治者的同意」是後世民主理論的箴言。在十九世紀，人們把投票看成服務於國家目的的一項公共職能，將公民分為積極公民和消極公民，對選舉權設定各種限制。二戰之後，隨着非殖民化以及社會主義國家的崛起，世界出現民主化和立憲的新浪潮，選舉權普遍被作為公民的基本權利寫入憲法。如今，各國憲法上一般都有基

本權利一章。選舉權由憲法和法律創設，受法律的規範，選舉法屬憲法性法律。

二、中央對香港選舉制度的決定權

1.中央對香港政制的原初決定權

選舉制度是政制的一部分。中央對香港政制具有原初決定權，該原初決定權是國家主權的具體應用，是中央的固有權力。

香港特別行政區是中國的一個地方行政區域。中國是一個單一制國家，因此，包括香港在內的任何地區都沒有制憲權，故而不能自主決定選擇何種政治體制。

「一國兩制」是一個主權決斷，這個決斷體現在 1982 年憲法第 31 條。 對香港恢復行使主權後在香港實行「一國兩制」，是國家的政治決斷。

在《中英聯合聲明》第三條，中華人民共和國政府聲明了對香港的基本方針政策。在附件一，中華人民共和國政府對基本方針政策予以具體說明，其中第一條第一款闡明：「中華人民共和國全國人民代表大會將根據中華人民共和國憲法制定並頒佈中華人民共和國香港特別行政區基本法，規定香港特別行政區成立後不實行社會主義的制度和政策，保持香港原有的資本主義制度和生活方式，五十年不變。」

如何看待《中英聯合聲明》第三條以及附件一與中國政府對香港政制決定權的關係？對此，必須明確幾點：

第一，《中英聯合聲明》第三條和附件一均屬中方的單方聲明，無損於中國主權，沒有賦予英方對應的任何權利，更沒有賦予其監督權。

第二，附件一第一條第一款既是一個義務條款，也是一個權利宣告條款，其權利內涵是：中國政府將通過制定《香港基本法》的方式將香港納入中國憲制體系。這意味着自 1997 年 7 月 1 日起，香港原有「憲制」效力終止，香港進入新的憲制時代，新憲制的共同基礎是《中國憲法》和《香港基本法》。這也意味着，自 1997 年 7 月 1 日起，香港政制問題屬中國國內法問題。

第三，《中英聯合聲明》第三條和附件一沒有出現「普選」和「民主」的字眼，只規定了行政長官在當地通過選舉或協商產生，由中央人民政府任命，規定了立法機關由選舉產生。《基本法》較之更進一步，規定了最終實現普選的目標。

2. 中央對香港選舉制度的修改權

中央對香港選舉制度的修改權，源於其對香港政制的原初決定權。

《基本法》正文在第 45 條和第 68 條只分別規定了行政長官產生和立法會產生的原則，具體產生辦法，分別規定在原附件一和原附件二，兩個附件的修改程序另有規定，不適用第 159 條關於《基本法》修改的規定。採取「正文＋附件」的立法模式，就是為了《基本法》更好地適應社會發展需求。

2021 年 3 月 11 日，全國人大通過《關於完善香港特別行政區選舉制度的決定》，授權全國人大常委會直接修改附件一和附件二。3 月 30 日，全國人大常委會通過新的《基本法》附件一和附件二。附件一第 10 條規定，「全國人民代表大會常務委員會依法行使本辦法的修改權。全國人民代表大會常務委員會作出修改前，以適當形式聽取香港社會各界意見。」附件二第 8 條規定，「全國人民代表大會常務委員會依法行使本辦法和法案、議案的表決程序的修改權。全國人民代表大會常務委員會作出修改前，以適當形式聽取香港社會各界意見。」

三、香港選舉制度的法律構成

1. 香港選舉制度的外延

談香港選舉制度的法律構成，首先得界定香港選舉制度的外延。廣義上說，在香港進行的選舉，除了行政長官選舉、立法會選舉外，還包括區議會選舉，另外還有港區全國人大代表的選舉，後者是《基本法》第 21 條規定的香港居民中的中國公民依法參與國家事務管理的正常通道。狹義上，香港選舉制度僅指本地公職的選舉，不包括港區全國人大代表選舉制度。本章將集中討論香港行政長官和立法會的選舉制度。

2. 香港選舉制度的法律構成

香港選舉制度由六種直接的法律淵源構成：1.《基本法》的相關規定；2.《基本法》附件一和附件二；3. 列入《基本法》附件三的與香港選舉相關的全國性法律的相關規定；4. 全國人大和全國人大常委會的相關決定；5. 全國人大常委會對《基本法》以及附件一和附件二的相關解釋；6. 香港本地選舉法及相關法律的相關規定。

需要說明兩點：第一，中國憲法沒有與香港選舉制度直接相關的規定，但憲法和《基本法》共同構成香港特別行政區的憲制基礎。中央對香港選舉制度的原初決定權來源於憲法，根據憲法和《基本法》行使對香港選舉制度的修改權。

第二，《公民權利和政治權利國際公約》25(b) 規定了普選，但 1976 年英國政府在批准時通過保留的方式拒絕該條款在香港適用。所以，1991 年制定的《香港人權法案條例》第 21 條雖然比照《公約》第 25 條規定了選舉權，但在第 III 部《例外及保留條文》13 條「行政會議及立法會」的附注中闡明，「人權法案第 21 條並不要求設立由選舉產生的行政會議或立法會」。

第二節　香港選舉制度的變遷

　　香港選舉制度經歷過兩次重大的變遷。第一次是回歸前後從港英舊選制到特區新選制的根本性變化，其中最有戲劇性的鬥爭是「直通車」的拆毀和臨時立法會的設立。第二次重大變遷發生在 2021 年，落實了「愛國者治港」的原則。

一、特區選舉制度與港英末期選舉制度的關係

　　無可否認，香港回歸前很短時間內存在過選舉制度。回歸後的選舉制度和港英末期的選舉制度有什麼關係？

　　代表制民主的基礎是人民主權。香港回歸以前，中國對香港尚未恢復行使主權，英國怎麼可能允許港人當家作主、港人治港呢？20 世紀 80 年代港英政府眼見香港移交大局已定，突然啟動「代議政制」的改革。其「民主改革」無非是撤退前的戰略部署。從主權的角度來說，香港回歸以後選舉制度的基礎是中國的主權，在制度選擇上，主權體現為制憲權的運用。從法律的角度說，回歸後選舉制度的法律基礎是根據中國憲法制定的《香港基本法》，而非《英皇制誥》和港英政府制定的法律。這是香港選舉制度最根本、最深刻的變化。然而，作為一種技術，原有選舉制度中行之有效的部分是可以借鑒的。

　　為了平穩過渡，1990 年初，剛在《基本法》制定頒佈之前，中英兩國外長對香港立法機關的過渡問題達成協議和諒解。中方同意港英 1995 年產生的最後一屆立法局議員可以有條件地跨越「九七」成為香港特別行政區第一屆立法會的議員。1990 年 4 月 4 日，七屆全國人大三次會議通過的《關於香港特別行政區第一屆政府和立法會產生辦法的決定》第六條規定：「原香港最後一屆立法局的組成如符合本決定和香港特別行政區基本法的有關規定，其議員擁護中華人民共

和國香港特別行政區基本法、願意效忠中華人民共和國香港特別行政區並符合香港特別行政區基本法規定條件者，經香港特別行政區籌備委員會確認，即可成為香港特別行政區第一屆立法會議員。」此即通常所說的「直通車」安排。

1992 年 10 月，香港末代總督彭定康在其施政報告中突然單方面地提出「政改方案」，要單方面改變 1995 年立法局選舉辦法，嚴重違背了《香港基本法》、違背了《中英聯合聲明》、違背了此前兩國外長達成的協議和諒解。儘管隨後中英就香港 1994/1995 年選舉安排問題進行了長達 7 個月 17 輪的談判，但英方堅持「三違反」的「政改方案」並將「政改方案」分兩部分提交立法局討論通過，最後還單方面中止了談判。在這種情況下，中方不得不另起爐灶。全國人大常委會於 1994 年 8 月 31 日通過了《關於鄭耀棠等 32 名全國人大代表所提議案的決定》，作出了港英最後一屆立法局於 1997 年 6 月 30 日終止的決定。「直通車」由此被英方拆毀。

為了避免出現立法真空，在第一屆立法會產生之前必須有一個臨時機構代行立法會的權力。為此，香港特區籌備委員會第二次全體會議通過了《香港特別行政區籌委會關於設立香港特別行政區臨時立法會的決定》。《決定》規定：設立臨時立法會，臨時立法會在第一任行政長官產生之後組成並開始工作；臨時立法會由第一屆政府推選委員會全體委員選舉產生，具體辦法由籌委會確定；臨時立法會在 1997 年 7 月 1 日之前審議、通過的有關法律從香港特別行政區成立之日起實施；臨時立法會工作至香港特區第一屆立法會產生為止，時間不超過 1998 年 6 月 30 日。

根據該《決定》，1996 年 12 月 21 日，第一屆政府推選委員會全體委員成功地選舉產生了香港特別行政區臨時立法會 60 名議員。

香港回歸後，臨時立法會的合法性迅即在馬維騉案（Ma Wai Kwan, CAQL 1/1997）中被挑戰。被告律師稱，臨立會是非法組織，其通過的《香港回歸條例》等法例應被宣佈無效。高等法院上訴庭一致裁定臨時立法會乃合法組織，其通過的法例有效。其後在吳嘉玲案中，臨時立法會的合法性再次被挑戰。終審法院一致裁定臨時立法會是合法組織，其通過的法例有效。

香港特別行政區的創設是中國的主權行為。香港特別行政區第一屆政府

和立法會的組建，是香港特別行政區創設的一個關鍵環節，其間涉及一系列行為，包括外交談判、立法和具體組建的行為，也可能出現預料之外的情況，需要訴諸主權意志，採取必要的應對措施。「直通車」方案被毀棄，屬英方故意製造的例外狀態，臨時立法會的設立是中方採取的富有創造性的補救措施。

二、回歸後的四次政改

1996 年 12 月 11 日，行政長官推選委員會選出了第一任行政長官人選，12 月 6 日中央人民政府給予任命。這是香港歷史上第一次由港人選舉產生本地首長，也是第二次由本地中國公民擔任這一職務。

按照《基本法》原附件一和附件二的規定，香港特區 2002 年選舉產生了第二任行政長官，1998 年、2000 年、2004 年分別選舉產生了第一屆、第二屆、第三屆立法會，分區直接選舉的議員數目不斷增加，《香港基本法》規定的香港回歸後前十年的選舉安排得到全面落實。

2004 年 4 月 6 日，全國人大常委會通過《關於〈中華人民共和國香港特別行政區基本法〉附件一第七條和附件二第三條的解釋》，明確 2007 年以後如需對香港特別行政區行政長官和立法會產生辦法進行修改應遵循的法定程序，為香港回歸十年後上述兩個產生辦法進一步擴大民主成分，直至實現「雙普選」，提供了「五步曲」操作程序。按照這一程序，香港嘗試進行了三次政改。2021 年，中央直接出手另闢程序修改完善香港選舉制度。

1. 2005 年第一次政改

繼 2004 年「4‧6 解釋」之後，全國人大常委會根據香港特別行政區行政長官董建華的報告，經徵詢香港各界的意見，於同年 4 月 26 日做出《關於香港特別行政區 2007 年行政長官和 2008 年立法會產生辦法有關問題的決定》。該決定規定：「2012 年香港特別行政區第四任行政長官的選舉，不實行由普選產生的辦法。2012 年香港特別行政區第五屆立法會的選舉，不實行全部議員由普選產生

的辦法，功能團體和分區直選產生的議員各佔半數的比例維持不變，立法會對法案、議案的表決程序維持不變。在此前提下，2012 年香港特別行政區第四任行政長官的具體產生辦法和 2012 年香港特別行政區第五屆立法會的具體產生辦法，可按照《中華人民共和國香港特別行政區基本法》第 45 條、第 68 條的規定和附件一第七條、附件二第三條的規定作出符合循序漸進原則的適當修改。」

2005 年 10 月 19 日，時任行政長官曾蔭權領導下的香港特別行政區政府根據「4・26 決定」，提出了 2007 年行政長官及 2008 年立法會產生辦法建議方案。該方案擴大了民主成分，得到多數居民的支持。但是，2005 年 12 月 21 日，立法會中自稱「民主派」的議員在表決時對特別行政區政府提出的相關議案投下反對票，致使該方案未能在立法會獲得法定的全體議員三分之二多數通過。2007 年第三任行政長官和 2008 年第四屆立法會只能沿用原有辦法產生。香港特別行政區成立十年後面臨的民主向前發展的第一次機遇就此喪失。

2. 2010 年第二次政改

2007 年 12 月 29 日，因應香港特別行政區行政長官曾蔭權的報告，全國人大常委會作出《關於香港特別行政區 2012 年行政長官和立法會產生辦法及有關普選問題的決定》（「12・29 決定」）。該決定規定：2012 年第四任行政長官的具體產生辦法和第五屆立法會的具體產生辦法可以作出適當修改；2017 年第五任行政長官的選舉可以實行由普選產生的辦法；在此之後，立法會的選舉可以實行全部議員由普選產生的辦法。全國人大常委會把實行普選的時間節點確定在 2017 年這個「五十年不變」中期的前半段，充分彰顯了中央政府落實《基本法》關於最終達至「雙普選」目標的誠意。

根據該決定，2010 年 4 月 14 日，香港特別行政區政府公佈了關於 2012 年行政長官及立法會產生辦法建議方案，並在 6 月 7 日以議案的方式提交立法會。其重點是將行政長官選舉委員會人數由 800 人增至 1200 人，立法會議席由 60 席增至 70 席。2010 年 6 月 24 日及 25 日，立法會分別通過關於 2012 年行政長官和立法會產生辦法的修訂。2010 年 7 月 28 日，行政長官同意這兩個修訂並

報請全國人大常委會批准和備案。2010 年 8 月 28 日，全國人大常委會決定予以批准和備案。

2012 年 3 月和 9 月，第四任行政長官和第五屆立法會按照新的辦法選舉產生。至此，第二次政改完成。

3.2014 年第三次政改

2014 年 8 月 31 日，因應行政長官梁振英的報告，全國人大常委會經廣泛徵求香港各界人士的意見，作出《關於香港特別行政區行政長官普選問題和 2016 年立法會產生辦法的決定》（「8·31 決定」）。該決定根據香港的實際情況和香港多數居民的意願，重申從 2017 年開始行政長官選舉可以實行由普選產生的辦法，明確了行政長官普選制度的若干核心要素；表明在行政長官普選以後，立法會選舉可以實行全部議員由普選產生的辦法。

「8·31 決定」的核心是行政長官提名委員會的組成和提名程序：「（一）須組成一個有廣泛代表性的提名委員會。提名委員會的人數、構成和委員產生辦法按照第四任行政長官選舉委員會的人數、構成和委員產生辦法而規定。（二）提名委員會按民主程序提名產生二至三名行政長官候選人。每名候選人均須獲得提名委員會全體委員半數以上的支持。」

香港所謂的「泛民主派」繼續頑固堅持對抗思維，罔顧《基本法》有關規定，極力攻擊「8·31 決定」，拒絕接受特別行政區政府準備據此提出的行政長官普選方案，反而提出公然違反《基本法》的所謂「公民提名」方案。2014 年 9 月 28 日，他們發動蓄謀已久的非法「佔領中環」運動，持續長達 79 天，企圖以所謂「公民抗命」方式逼迫中央政府收回「8·31 決定」。在依法處置「佔領中環」事件後，2015 年 6 月 18 日，香港特別行政區政府將有關行政長官普選方案提交立法會表決。自稱「民主派」的那些議員集體投下反對票，致使 2017 年實行行政長官普選的目標未能如期實現。2017 年第五任行政長官沿用上一任的選舉辦法產生。

2017 年行政長官普選，是中央順應香港社會民意做出的重大決斷。「8·31

決定」指出，「會議認為，實行行政長官普選，是香港民主發展的歷史性進步，也是香港特別行政區政治體制的重大變革，關係到香港長期繁榮穩定，關係到國家主權、安全和發展利益，必須審慎、穩步推進。」但香港民主派違背公意，不僅遏制了普選，而且種下了「違法達義」的毒果，破壞了法治的根基，留下無窮後患。

4.2021 年第四次政改

2014 年以來，反中亂港勢力發動違法抗爭，破壞民主發展；通過選舉平台和立法會、區議會等議事平台，利用有關公職人員身份，製造宣誓鬧劇、破壞國家認同；極力癱瘓香港特別行政區立法會運作，阻撓香港特別行政區政府依法施政；策劃並實施 2020 年 7 月 11 至 12 日的所謂「民主派初選」，妄圖通過選舉掌控香港立法會主導權，進而奪取香港管治權。這些行為和活動，嚴重損害香港特別行政區的憲制秩序和法治秩序，嚴重挑戰憲法、《香港基本法》的權威，企圖將香港民主發展引入歧途。

中央政府審時度勢，果斷決策，採取了一系列重大舉措，標本兼治，撥亂反正，引領和推動香港局勢和民主發展重回正軌。繼 2020 年香港國安法制定實施後，2021 年 3 月 11 日，十三屆全國人民代表大會四次會議通過《全國人民代表大會關於完善香港特別行政區選舉制度的決定》。王晨副委員長在 3 月 5 日對該決定的草案作説明時指出：「香港社會出現的一些亂象表明，香港特別行政區現行的選舉制度機制存在明顯的漏洞和缺陷，為反中亂港勢力奪取香港特別行政區管治權提供了可乘之機。為此，必須採取必要措施完善香港特別行政區選舉制度，消除制度機制方面存在的隱患和風險，確保以愛國者為主體的『港人治港』，確保在香港特別行政區依法施政和有效治理，確保香港『一國兩制』實踐始終沿着正確方向前進。」

該《決定》明確完善選舉制度應當遵循的基本原則和核心要素，並授權全國人大常委會修改《香港基本法》附件一和附件二。3 月 30 日，十三屆全國人大常委會二十七次會議全票通過新的《基本法》附件一《香港特別行政區行政長

官的產生辦法》和附件二《香港特別行政區立法會的產生辦法和表決程序》，並於 3 月 31 日起實施。《基本法》原附件一和附件二及其修正案不再施行。

香港特區隨即以本地立法方式落實全國人大及其常委會的上述決定和對《基本法》附件一和附件二的修訂。特區政府提出了涵蓋 8 項主體法例和 24 項附屬法例的有關本地法律修訂法案。2021 年 5 月 27 日，香港特別行政區立法會通過《2021 年完善選舉制度（綜合修訂）條例》，標誌着完善香港特別行政區選舉制度的工作順利完成。

第三節　新選舉制度的主要內容和特色

一、重新建構的選舉委員會

1.規模與組成

新的選舉委員會由五大界別（40 個界別分組）1500 名選委組成，新的選舉委員會的界別構成如下：

第一界別：工商、金融界 300 人

第二界別：專業界 300 人

第三界別：基層、勞工和宗教等界 300 人

第四界別：立法會議員、地區組織代表等界 300 人

第五界別：香港特別行政區的全國人大代表、香港特別行政區的全國政協委員和有關全國性團體香港成員的代表界 300 人。

2.職能

選舉委員會的職能主要是提名並選舉產生行政長官；提名所有立法會議員候選人；作為獨立的選舉界別選舉產生 40 名立法會議員。

3.委員產生方式

第一，當然委員（登記審查有效者）：362 名，包括立法會議員、港區全國人大代表、港區全國政協委員、港區基本法委員會委員、大學校長及指定界別分組內若干法定機構、重要諮詢委員會和相關機構負責人。

第二，提名委員（合資格團體提名、審查有效者）：156 席，包括宗教界界別分組及內地港人團體界別分組全部委員，科技創新、會計、法律、體育演藝文化及出版和中醫界別分組的若干委員。

第三，選任委員（經提名、審查、選舉產生的）：982 席，由界別分組內的合資格團體選民或個人選民選出（個人選民適用於鄉議局、港九及新界分區委員會、滅罪會和防火會以及有關全國性團體香港成員），其他界別分組的委員皆由團體選民選出。

4.選舉委員會召集人制度

總召集人由擔任國家領導職務的選舉委員會委員出任，總召集人可在每個界別各指定若干名召集人；總召集人負責必要時召集選舉委員會會議，辦理有關事宜。

二、立法會的組成和選舉辦法

1.立法會的構成

立法會議員總數由原來的 70 名增加為 90 名。立法會議員來源分為三類，即選舉委員會選舉產生的議員（40 名）、功能團體選舉產生的議員（30 名）和分區直接選舉產生的議員（20 名）。直選的選區重新劃分，由原來的五大選區調整為十大選區，每個新選區的直選議員名額為 2 名。

2.議員選舉方式

三種不同來源的議員的選舉方法有所不同，具體規定如下：

選舉委員會選舉產生的議員（40 名）。候選人提名條件：10 到 20 名選委會委員提名，其中每一界別 2 到 4 名。任何合資格選民（不限於選委會）均可爭取提名。每名選委只能提名 1 名參選選委會產生的議席的候選人。選舉委員會按

提名審查確定的名單不記名投票，每一選票所選的人數等於應選名額數（40 人）才有效，得票最多的 40 人當選。

功能團體選舉產生的議員（30 名）。28 個界別，除勞工界產生 3 名議員外，其他每個界別 1 名議員。個人選民制適用於 9 個界別：鄉議局、工程、建築測量都市規劃及園境、會計、法律、教育、醫療衛生、社會福利、港區人大代表和政協委員及有關全體性團體香港成員的代表。團體選民制適用於 19 個界別：漁農、工業（一）、工業（二）、紡織及製衣、商界（一）、商界（二）、商界（三）、金融、金融服務、保險、地產及建造、航運交通、進出口、旅遊、飲食、批發及零售、科技創新、體育演藝文化及出版和勞工。候選人提名條件：界別內 10 到 20 名選民提名 + 選委會五大界別各 2 到 4 名選委提名。每名選委在功能團體選舉中只能以選委身份提名 1 名候選人。各界別選民以無記名投票方式選出該界別立法會議員。

分區直接選舉產生的議員（20 名）。十大選區，每個選區選出 2 名議員。候選人提名條件：所在選區 100 到 200 選民提名加之選委會五大界別各 2 到 4 名選委提名。每名選委在分區直接選舉中只能以選委身份提名 1 名候選人。選民以無記名投票選出 1 名候選人，得票最多的 2 名候選人當選。

3.立法會表決方式的改革

新的「分組點票」機制，要求議員提出的議案、法案和對政府法案的修正案，需分別經過選舉委員會選舉產生的議員（40 名）和功能團體選舉、分區直接選舉產生的議員（30+20=50 名）兩部分出席會議議員的各過半數通過。

三、行政長官選舉方式的調整

因應選舉委員會的重新建構，行政長官選舉辦法更新如下：

候選人提名條件：不少於 188 名選委（選委總數的八分之一）提名，其中五大界別各自不少於 15 名選委提名。

每名選委只可提名一名候選人。

1500 名選委一人一票無記名投票選出行政長官候選人。

行政長官候選人需獲得超過 750 票才當選，然後由中央人民政府任命。

四、候選人資格審查委員會的設立

新選制要全面準確落實「愛國者治港」，突出了對候選人資格審查機制的特別設計與改進，新設立了覆蓋所有候選人的資格審查委員會。

審查範圍全覆蓋：候選人資格審查委員會負責審查選舉委員會委員候選人、立法會議員候選人和行政長官候選人的參選資格，有權作出合格或不合格的決定。

香港國安委聯動審查：香港國安委根據香港警務處國安處的審查情況，就候選人是否符合擁護《香港基本法》、效忠香港特區的法定要求和條件作出判斷，並就不符合資格者向資格審查委員會出具審查意見書。關於審查某人是否擁護《香港基本法》、效忠香港特區的準則，見於《2021 年公職（參選及任職）（雜項修訂）條例》對《釋義及通則條例》的修訂。

對於資格審查委員會根據國安委審查意見書作出的決定，不可提起訴訟，但對於其他方面的審查決定可以提起訴訟。

五、新選舉制度的改進

新選舉制度全面準確貫徹「港人治港」的方針，為「愛國者治港」提供健全的制度保障；從香港實際情況出發，保障香港居民均衡參與，廣泛凝聚香港社會正能量；堅持依法治港，在法治的軌道上有序地發展民主；維護行政主導的憲制架構，促進立法行政良性互動；確保國家牢牢掌握香港特別行政區選舉制度的修改主導權，以利「一國兩制」行穩致遠。

1. 組建權適度集中化，直接選舉和間接選舉相結合

　　新選舉制度最大的亮點是重新建構了選舉委員會，並賦予其三項組建權。與西方選舉制度的去中心化相比，選舉委員會明顯構成了香港組建權的中心。由選舉委員會集中行使多項選舉職權是間接民主選舉的制度形式。

　　以往立法會選舉和行政長官選舉各自獨立，沒有直接關聯。在新選舉制度下，選舉委員會不僅參與提名全部立法會議員候選人，而且單獨選舉產生 40 名議員。此外，在選舉委員會的界別分組中，加重了全國性元素。以選舉委員會為核心機制的這種制度安排有助於改善立法與行政關係。

2. 回歸功能界別初衷，改革團體票和個人票混雜局面

　　以往選舉委員會的界別分組和立法會選舉的功能界別制度的具體設計存在一些結構性問題。選委會和立法會選舉都將相互間關聯性較強的醫學界和衛生服務界分設界別；選委會選舉將關聯性較強的教育界和高等教育界分設界別分組；選委會和立法會選舉對資訊科技界涵蓋範圍的界定又過於狹窄。另外，立法會功能界別中的商界（二）、進出口界、工業界（一）、資訊科技界、地產及建造界、體育演藝文化及出版界、紡織及製衣界、批發及零售界和飲食界都出現團體票和個人票混雜的情況。

　　針對上述問題，新制度作出以下的完善：醫學界和衛生服務界合併為選委會的醫學及衛生服務界別分組和立法會功能界別選舉的醫療衛生界，選委會的教育界和高等教育界合併為教育界，選委會和立法會的資訊科技界改組為科技創新界；此外，將團體票和個人票混雜的上述 9 個立法會功能界別全部改為團體票。

3. 改革地區直選的比例代表制，壓縮激進勢力空間

　　過去立法會地區直選採用比例代表制，在具體運作中逐步暴露出了嚴重的缺陷：一是政黨凝聚力差；二是激進勢力出頭。針對兩方面的問題，新制度對立法會的構成和產生方式作出重大調整。一是減少直選佔比，90 名議員中 20 名

由直選產生。二是重新劃分直選選區，改用雙議席單票制。將全港分為 10 個選區，每個選民投一票，得票多的兩名候選人當選。

4. 還原《基本法》對區議會的功能定位，不再賦予其政治選舉職能

《香港基本法》第 97 條規定：「香港特別行政區可設立非政權性的區域組織，接受香港特區政府就有關地區管理和其他事務的諮詢，或負責提供文化、康樂、環境衞生等服務」。但是，回歸後的一些改革措施導致區議會越來越政治化。針對這種情況，新制度完全取消了區議會在選舉委員會和立法會中的席位，促使區議會回歸原本的職能定位，做好地區服務工作，具有積極意義。

5. 專設資格審查委員會，落實愛國者治港

新制度設立候選人資格審查委員會，專門負責審查並確認立法會議員候選人的資格，並由特區維護國家安全委員會就參選人是否擁護《基本法》和效忠特別行政區作出判斷並出具審查意見書。同時，明確不得就資格審查委員會作出的資格確認決定提起訴訟。

6. 優化兩個產生辦法的修改程序

《香港基本法》原附件一第七條和附件二第三條規定了修改兩個產生辦法的程序。2021 年對兩個產生辦法的修改，由全國人大及其常委會依照憲法和《香港基本法》賦予的權力，以「決定＋立法」的方式進行，具有顯著優點。附件一和附件二都規定了修改權屬於全國人大常委會，不僅鞏固了此次完善選舉制度的成果，也鞏固了修改程序。

六、香港選舉制度的理念基礎

「一國兩制」下的香港選舉制度是個複雜的混合物，因為它在理念上是若干

要素的混合物。這些要素包括愛國愛港、政治平等、代表制、均衡參與等四大理念。2021 年中央主導香港選舉制度改革，在找到了四個原則之間新的平衡點，更加全面準確地落實了四大理念，健全了與憲法《基本法》實施配套的制度和機制。

1. 愛國愛港

香港是中國的一個地方行政區域，其政權機構統治的正當性或者權威應該建立在什麼觀念基礎上呢？如何使治港者既能得到中央的信任又能贏得香港居民的信任呢？這個原則就是愛國愛港。這是共和主義的公民美德在「一國兩制」語境下的轉換話語。

愛國愛港是港人當家做主、實行高度自治的道德基礎，是兩個公共善的組合，一個是國家的公共善，一個是香港的公共善。愛國愛港也是對治港者政治德性的基本要求，只有愛國愛港的從政者才能同時得到港人和中央的信任與加持。

2. 政治平等

《香港基本法》第 25 條規定，「香港居民在法律面前一律平等」；第二十六條規定，「香港特別行政區永久性居民依法享有選舉權和被選舉權」。在這裏，政治平等是法律平等，選舉權和被選舉權都受制於法治。值得注意的是，法律平等權利的主體資格是居民，選舉權和被選舉權的主體資格非常寬泛，包容擁有外國公民資格的香港永久性居民，而非限定於中國公民的範圍。當然，某些職務有公民資格限制。

在香港民主實踐中，少數「反中亂港」分子濫用平等權，以爭取所謂的「真普選」為名，對抗中央，破壞香港法治，甚至企圖癱瘓特區政府，阻礙了香港民主的健康發展。

3.代表制

《香港基本法》設定的香港民主是代表制民主。代表制必然依賴選舉制度，但選舉制度不限於地區直接選舉這種形式，也不等於普選。香港的代表制是一種包含了多種要素和機制的混合代表制。《香港基本法》沒有授權實行「公投」和公民創制。

4.均衡參與

香港的代表制民主，在道德基礎上，除了政治平等外還有一個重要的因素是均衡參與。

為什麼要均衡參與呢？姬鵬飛在香港基本法草案說明中指出，香港政治體制的設計要「兼顧社會各階層的利益，有利於資本主義經濟的發展」。如何兼顧呢？那就是均衡參與。姬鵬飛把政道和治道結合起來考慮，用治道來評價和改造政道，背後的基本觀念是，治理得好的政制才是好政制。

要實現均衡參與，就要用功能代表制來彌補地區代表制的不足。功能代表制的規範理由如下：

第一，人不是抽象的，而是社會的人，勞動是第一哲學。馬克斯・韋伯（Max Weber）說，選票的平等無非表示：在他社會生命的這個特定時間點，個人——帶有職業身份和家庭地位的個人，處於獨特的經濟或社會地位的個人——不見了，只剩一個公民。從這個角度看，功能代表制可補這種「選票的平等」的不足。

第二，社會是異質的，純粹的政治代表不能——至少不能充分地——再現異質社會。異質性表現在多方面，最重要的兩點是勞動分化和階級分化。

第三，社會是一個功能有機體，是多種結盟的複合體，個人在社會中具有多種成員身份，而相應的組織是他們各種身份的保障。因此，真正的民主就當充分反映社會的多元性，讓各種功能組織都選出代表。一個完美的民主應該承認多種選舉單元，而不能僅僅限於公民個人。

　　要充分理解這個理念，就必須從香港作為一個資本主義商業社會的實際出發，回到中央在香港實行一國兩制的初心。商業社會是基於商業社交理性形成的一種和諧狀態，其原則是功用。商業社交理性可以令大家互贏，它的結果是一個富裕的和諧社會。

　　無可置疑，功用與平等之間存在張力，但香港的問題既非要否定商業社會的道德基礎，也非要否定民主的道德基礎，而是要找到一個度，一個平衡點。

第九講
《香港國安法》的
基本原則和設立的機構

黃明濤

　　《中華人民共和國香港特別行政區維護國家安全法》（以下簡稱《香港國安法》）於 2020 年 6 月 30 日由十三屆全國人大常委會二十次會議通過。隨即，全國人大常委會根據《香港基本法》第 18 條將這部法律增列至「《基本法》附件三」之中，作為「在香港特區實施的全國性法律」，並於當天由香港特區行政長官林鄭月娥宣佈將法律刊憲，在香港公佈實施。可以說，《香港國安法》在香港落地，在「一國兩制」的歷史上、以及香港特區的歷史上，擁有着極其重要而特別的位置。由此，香港特區的國家安全法律制度也翻開了新的篇章。

第一節　《香港國安法》的立法背景

　　《香港國安法》是一部由中央立法機關制定的法律，並且是專門針對香港的特定情形、主要在香港實施的法律。從這一點來看，《香港國安法》與香港現行法律很不同，也與目前列於《香港基本法》附件三之中的全國性法律多有不同，是極為特殊的一部法律。想要準確認識並理解這部法律，必須有一個整體的、宏觀的視角，先了解其制定的前後背景、乃至更為長遠的歷史與憲制背景。因此，我們要從香港特區在國安制度上的原初安排說起。

一、香港特區關於國家安全法律制度的原初安排

　　根據《香港基本法》的規定，與國家安全有關的法律制度原本應由香港特

區自行立法予以建立或維繫。《香港基本法》第23條規定，香港特別行政區應自行立法禁止任何叛國、分裂國家、煽動叛亂、顛覆中央人民政府及竊取國家機密的行為，禁止外國的政治性組織或團體在香港特別行政區進行政治活動，禁止香港特別行政區的政治性組織或團體與外國的政治性組織或團體建立聯繫。以上條文即通常所講「23條立法」問題的來源。

不過，自1997年香港回歸，《香港基本法》開始實施，第23條所要求的「自行立法」一直沒有完成。在2002至2003年期間，董建華政府曾推動立法，並於2003年2月14日正式向立法會提出法案（National Security (Legislative Provisions) Bill）。眾所周知，法案在全港引起廣泛爭議，並直接促成當年7月1日的市民大規模遊行。儘管特區政府隨後表示將修改法案，以便挽回本地民意與立法機關的支持，但終因各種原因，於2003年9月5日正式宣佈「撤回」法案。至此，特區政府第一次推動23條立法的嘗試暫告落幕。

此後曾蔭權、梁振英兩任特首任內，「23條立法」事宜也一再被各方面提起。在原則上，特區政府一直都認可，推動國安立法，完成《香港基本法》第23條所提出的要求，乃是一種「憲制責任」。但與此同時，歷屆政府也都未能將此立法事宜作為政府施政的優先選項。行政長官林鄭月娥在擔任行政長官之後的第一份施政報告（2017年）之中，對「23條立法」也表達了相當清晰而謹慎的意見，稱「本屆政府須權衡輕重、謹慎行事，並嘗試創造有利立法的社會環境，讓香港社會可以正面地處理這個對特區的憲制要求」。直到2020年中央直接動用憲法上的特殊權力（exceptional power）主導國安立法，香港特區在本地層面事實上都未能完成23條立法任務。

二、「修例風波」與《香港國安法》的頒佈

2014年6月，國務院新聞辦發佈《「一國兩制」在香港特別行政區的實踐》白皮書，指出「全面準確地理解和貫徹『一國兩制』方針政策，有利於維護國家主權、安全和發展利益」。2015年，全國人大常委會通過《中華人民共和國國家安全法》，貫徹現屆中央政府的「總體安全觀」，其中第40條第3款特別規定，

「香港特別行政區、澳門特別行政區應當履行維護國家安全的責任」。儘管這部法律是一部真正地施行於全國的法律，這一條文也不具有要求香港特區啟動 23 條立法的效果，但明確表明了中央的立場。

2019 年，香港特區爆發「修例風波」，引發長時間的社會抗議和一些街頭暴力事件，其中夾雜「港獨」思潮、極端主義思潮的公開傳播，引起中央嚴重關切。時任港澳辦主任張曉明在《人民日報》撰文，表示「香港尚未完成基本法第 23 條立法，也未設立相應執行機構，這也是近幾年來『港獨』等本土激進分離勢力的活動不斷加劇的主要原因之一」，並認為建立健全維護國家安全的法律制度和執行機制已經是香港的「突出問題和緊迫任務」。事後證明，中央此時已經採取主動，決定在全國人大層面就香港的維護國家安全制度作出法律安排，於是就有了 2020 年 5 月通過的《全國人民代表大會關於建立健全香港特別行政區維護國家安全的法律制度和執行機制的決定》（「5‧28 決定」），根據該《決定》的授權，全國人大常委會迅速通過了《香港國安法》。

《香港國安法》不是對《香港基本法》第 23 條的直接實施。《香港基本法》並不包括對全國人大常委會建立香港特區國安制度的授權或要求。對中央而言，由全國人大作為國家最高權力機關作專門授權制定《香港國安法》，以便在特區未能實現「23 條立法」的情況下，先行建立、健全香港的維護國家安全的法律制度和機制，是一個特殊的制度安排。《香港國安法》第 7 條仍然規定，「香港特別行政區應當儘早完成香港特別行政區基本法規定的維護國家安全立法，完善相關法律」。總之，《香港國安法》的實施不排除未來香港特區最終落實自身國安立法責任。

第二節　《香港國安法》的基本原則

一、專門制度原則

　　《香港國安法》的制定，是中央面對特區長期未能完成「23 條立法」的客觀現實、加之「修例風波」造成社會持續內耗，評估相關影響因素或可選方案之後的舉措。訂立這部法律的立法權不是直接來自《香港基本法》，因此，除卻對特區現有憲制秩序帶來衝擊與更新之外，也凸顯出本法的特殊性。在眾多特點之中，「專門性」是最為突出的，我們不妨稱之為「專門制度原則」，即《香港國安法》是為着一個非常明確、非常特定的目的而制定，是中央運用主權權力專門為香港而制定，意圖解決僅在香港地區存在某種逼切性或迫切性的狀況。這個特點使得國安法不只是不同於過往列入《香港基本法》附件三的一眾「全國性法律」，也令到其不同於香港本地已經施行的有關公共安全、反恐、社團規管或其他懲治嚴重罪行的法律。我們必須清楚認識到《香港國安法》的專門性，才能在執行、適用這部法律時，做到嚴格、嚴謹、亦不過度，秉持着法治精神，兼顧國家安全與市民權利。

1. 追求專門目的

　　專門制度原則的第一個體現就是，本法是為了追求一個專門目的，即在香港特區範圍內維護國家安全。此前全國人大《決定》提出了中央對於近年來香港情勢的判斷，認為「香港特別行政區國家安全風險凸顯，『港獨』、分裂國家、暴力恐怖活動等各類違法活動嚴重危害國家主權、統一和領土完整，一些外國和境外勢力公然干預香港事務，利用香港從事危害我國國家安全的活動」。上述判

斷可歸結為幾個要點：其一，「港獨」及分裂國家。如若「港獨」蔚然成風，勢必挑戰並損及香港特區作為中國主權所轄自治地區的地位，是中央所不能接受的；其二，恐怖活動。恐怖活動屬嚴重犯罪，世界各國均予以鄭重打擊，中央將香港在「修例風波」期間的相關暴力行為評價為「暴力恐怖活動」，可謂相當之消極且負面；其三，外部力量的介入。香港歷來為國際大都市，時刻牽動各國、各界敏感神經，與此同時，中央政府素來介意、提防來自國際間——尤其是西方國家——對於香港事務的負面反應，或者以香港為某種「跳板」對內地重大事件發表意見或發揮影響。從《香港國安法》設立的一系列刑事罪行來看，確實分別對應上以上三個方面，很具體地反映出當前時期中央對於「源自香港的國家安全風險」的認知，也很直觀地反映了實施本法的目標。

這個專門目標——在香港特區維護國家安全——具有很強的針對性，即與通常納入到香港實施的「全國性法律」不同，《香港國安法》並非首先是一部面對全中國、進而也要求在特區同樣實施的法律，而是純粹為香港而打造。這部法律不是以內地為立法背景，無需解決內地的國家安全問題，其中的條文——除個別例外情況——也幾乎不會在內地予以實施。所以，儘管本法包含了一些典型的「內地法律語言」，與香港法律體系之中的通常概念之間不免有裂隙，需要在實施之中有所銜接與適應，但是這些條文也並無來自內地的實施經驗或現成案例以供參考比照。《香港國安法》需要走出一條屬自己的道路。

2.設立專門機構

專門性的第二個體現方式，就是《香港國安法》設立的一系列維護國家安全的新機構。近年來，中央強調了國安機構和執行機制的不足，即使特區尚未根據《香港基本法》制定本地的國安法例，也不能說根據現有法律完全不能對構成國安風險或實際損害的行為予以刑事追訴和懲罰。直至《香港國安法》頒佈，很難說中央對於特區政府——尤其是相關的執法體系——的國安政績是完全滿意的。因此，我們可以看到，《香港國安法》設立了不少新機構，並作出充分授權，使之成為專門履行維護國家安全職責的機構。這些機構可以分為幾類：

第一類，完全新設機構。在現有特區政制架構之中，國安法創設了一些全新機構、或者在現有機構之內創新全新的職能部門。例如，維護國家安全委員會（「國安委」）就是本法設立的全新機構，承擔維護國家安全的「主要責任」，並接受中央人民政府的「監督和問責」。雖然從人員構成上看，國安委之中包括行政長官、政務司司長等一眾司局長，但這絕不是通常的「部會間聯絡機制或會議機制」。因為國安委設有祕書處維繫運作，亦享有制定政策、協調行動等權力，也需要向中央負責，所以是一個新機構。又例如，警務處之內設立國家安全處，為專門的執法部門，擁有情報分析、罪案調查、採取行動等實質性、強力型的權力。國家安全處地位很高，部門負責人由行政長官任命、同警務處處長一樣位列國安委之中。

第二類，向既有機構授予全新的國安權力。《香港國安法》不是憲制性法律，與《香港基本法》相比而言，其不具備全面搭建特區政制的功能及意圖。因此，如若國安法大規模創建新機構，不單是增加立法難度，亦是造成與《香港基本法》或者其他法律不易協調的問題。向既有機構授予專門權力，讓其同樣成為維護國家安全法律制度之中一個單元，是更加方便的、也是常見的立法方式。最典型的，莫過於行政長官在《香港國安法》之下所扮演的新角色了。此處僅舉一例：為配合國安法之下新增機構或職位的人事任免事宜，本法向行政長官授予了人事任免權，其中就有第 13 條所規定的，香港國安委祕書長人選由行政長官提名、中央任命。從這一點可以看出，雖然《香港國安法》確實是全新法例，但並未、亦不可能拋開現存的「《基本法》框架」去另起爐灶。中央在總體上仍需依賴特區既有公權力機關去執行國安法。當然，新的國安體制也加重了如行政長官等官員的角色與責任。

第三類，直接代表中央政府的新設機構。這主要是指「中央人民政府駐香港特別行政區維護國家安全公署」。在《香港國安法》當中，有整整一章條文來規定「國安公署」的地位、權力、履職原則、對外關係、監督與問責等內容。國安公署的設立，不只是新增了一個「中央駐港機構」，而是對特區本地事務的管治權進行了一次前所未有的調整。在下文詳細介紹之前，此處可扼要地講，國安公署與特區之內的國安機構（如國安委等等）分享了國安事務管轄權。因此，

「高度自治」的概念在此不能理解為特區政府有權自行處理所有國安案件。總體而言，國安公署的設立，反映出中央解決特區國安問題的決心之大，亦證明這部法律確實是「一國兩制」政策之下的例外法律。

3. 調整原有制度

專門制度原則的第三個表現方式，就是為了便於對《國安法》所設立罪行的防範、制止和懲治，本法對特區既有法律制度中的相關部分進行了修改。被改變之後的法律制度迎合了維護國家安全的目的，在一定程度上限制、剝奪了犯罪嫌疑人在原有法律框架之下的某些權利，同時也為國安執法機構、司法機構賦予了一定的豁免地位。

試舉一例。《香港國安法》第 42 條第二款規定，涉嫌相關罪行的犯罪嫌疑人、被告人，「除非法官有充足理由相信其不會繼續實施危害國家安全行為的，不得准予保釋」。本條對原有保釋制度及相關司法裁量權有直接影響。就國安法第 42 條的適用問題來說，香港終審法院在黎智英案（Lai Chee Ying [2021] HKCFA 3）作出了權威性的判決。該案上訴至終院前，高等法院原訟庭原來認為，該條文對香港原有法律中關於保釋方面的法律規範（尤其是《刑事訴訟條例》第 9G 條中的有關規範，即除非有被告人潛逃、再犯案或干擾證人等風險，否則准予保釋）並無重大改變。終院則指出，第 42 條就國安法案件來說，排除了原有法律中關於在一般情況下准許被告人保釋候審的推定，並就保釋設定了更高的、更嚴格的要求和標準（即「法官有充足理由相信」被告人在獲保釋後不會「實施危害國家安全的行為」）。

總而言之，《香港國安法》對原有制度的調整可謂必然，這與立法的主要初衷是一致的。但制度調整並不是全面的、無區分的。準確來說，是圍繞着《香港國安法》所訂立的罪行，初步形成了從警方調查、律政司獨立檢控、再到司法機關審判的一套專門程序，或可類比於為某種嚴重犯罪而擴充、修訂了刑事制度。對於《香港國安法》之外的某些危害行為，如若屬其他刑事法律所規管，又或是僅有社會面上的爭議性與危害性、但尚不足以入罪的，就與上述維護國安的

新制度無關了。

二、法制協調原則

1. 與《香港基本法》保持一致

《香港國安法》的頒佈與實施，在香港特區憲制秩序內引入了一部全新法律，確實對現有法律體系有所改變。然而，法律制度的發展與演變總會發生、沒有止期。中央一再強調對於「一國兩制」政策的信心與堅持，我們可以從這個角度來理解國安法與香港現有法律的關係，包括與《香港基本法》之間的關係。首當其衝的一點就是，《香港國安法》應當與《香港基本法》保持一致。

《香港基本法》是香港特區的憲制性法律。《憲法》與《香港基本法》共同構成香港特區的憲制基礎，但兩者的分工其實有所不同。《憲法》確立了整個國家的憲制架構，其中指明了特區在國家之內的特殊地位、以及全國人大等中央機構在處理特區事務方面的權力。具體來說，《憲法》第 31 條、第 62 條確立了創建特區制度的權力在於全國人大，而行使這一權力時所需遵循的實質界限，便是「一國兩制」方針政策，再具體一點來說，就是體現在《香港基本法》全部條文中的各項原則、規則和制度。

全國人大在 1990 年通過《香港基本法》的同時，通過了《關於〈中華人民共和國香港特別行政區基本法〉的決定》，表明了這部法律極為堅實的地位，即《基本法》是符合《憲法》的，有關香港特別行政區的制度與政策均以這部法律為依據。這個意思就是，在具體制度層面，《憲法》已經充分授權《香港基本法》作出安排，因此，《香港基本法》必須付諸實施，否則就不能實現「一國兩制」的目標。從這個角度來看，對《香港基本法》進行修改，不能違反「一國兩制」政策，這反映於《基本法》第 159 條的規定。

「23 條立法」的問題其實是《香港基本法》作為憲制性法律的另一證明，其表明諸如維護國家安全這樣的重大問題在《香港基本法》之中原本也有安排，這是「一國兩制」政策的應有之意。全國人大常委會制定《香港國安法》是根據憲

法和《基本法》制定的，全國人大 2020 年 5 月 28 日作出的「決定」是全國人大常委會進行國安立法的直接依據，而「決定」所援引的憲法條文是與「一國兩制」政策有着直接或間接關聯的條文。

鑒於《香港基本法》已經搭建起香港特區憲制秩序，維護國家安全制度方面的欠缺只是這個憲制秩序的一個「漏洞」或「不足」，所以《香港國安法》必須納入到這個既有秩序之中，並且去填補相關漏洞，才能保持「一國兩制」政策的完整性。《香港國安法》被納入《香港基本法》附件三，也表明中央仍然堅持《香港基本法》作為香港特區憲制基礎的地位。相對而言，《香港國安法》致力於達成專門目標，在整個法律體系之中是依附於《香港基本法》而存在的，但它不是憲制性法律，不同於《香港基本法》的地位。

《香港國安法》的具體條文表明了這部法律與《香港基本法》之間的一致性，或者說，在實施過程中與後者保持一致的一種要求，這是「法制協調原則」的首要方面。《香港國安法》第一條明確規定，《香港基本法》連同《憲法》和全國人大的決定是本法的制定依據。因為「23 條立法」未能落實，而《基本法》第 23 條沒有處理中央為特區進行國安立法的問題，所以，此處所講《基本法》是制定《國安法》的依據，並不是說賦予了立法權，而是提供了其他方面的依據：第一，《香港基本法》確立的特區地位以及與中央的關係是《香港國安法》不言自明的前提；第二，《香港基本法》創建的特區政制架構是《香港國安法》得以運行的主要機構基礎（institutional foundation）；第三，《香港基本法》承諾的特區居民基本權利是《香港國安法》實施過程中需要恪守的消極界限。我們可以假定，如果「23 條立法」此前已順利完成，必定是以《香港基本法》的各項規定作為「法律環境」的，相關罪名與罰則的設置、執法機制的設置都需要顧及或借助於《香港基本法》的已有規定，包括法治原則、司法制度、基本權利等。這個道理基本上可以應用於《香港國安法》。

關於國安制度中的居民權利問題，正如《香港國安法》第四條明確規定的，香港特區維護國家安全「應當尊重和保障人權，依法保護香港特別行政區居民根據香港特別行政區基本法和《公民權利與政治權利國際公約》、《經濟、社會與文化權利國際公約》適用於香港的有關規定享有的包括言論、新聞、出版的自

由，結社、集會、遊行、示威的自由在內的權利和自由。」這一條文不只是再次點名「基本法」，也同時強調了兩個國際人權公約所保障的權利。我們知道，《香港基本法》第 39 條確認了國際人權公約適用於香港的部分所具有的特別憲制地位，而特區法院在過往大量案件之中也明確了這些公約權利與《香港基本法》第三章列舉的居民基本權利之間所形成的彼此支撐的關係，共同保障了基本權利在特區的憲制地位，這對於港人的自由與權利、全社會乃至國際間對於「一國兩制」的信心都極為重要。《香港國安法》在其總則部分作出如此明白的權利承諾，表明本法與《香港基本法》之間的協調一致應當把保護基本權利作為一項重點工作。

在執法所需要的機構基礎方面，《香港國安法》也表現出對《香港基本法》的全面依賴。前文講到國安法設立了一些全新機構，反映出本法為了達成專門目標而作的專門安排。但總體來看，《香港國安法》仍然是主要交給香港特區的現有政府機構去保障實施，這當然是指根據《香港基本法》而創建的政制架構。這種依賴性可以從兩個角度予以概括：一是國安制度是在現有政府架構之中進行增建或修補，並無創造一個完全陌生、隔膜的機構。比如說，香港特區維護國家安全委員會，就是由現有政府高級官員為主而構成，而新增部分僅僅是警務處的國安部門負責人、中央指派的國安顧問等個別成員。可見，特區政府沒有被「甩開」或「繞開」，而是被賦予了更多責任與權力。

又比如受到廣泛關注的「指定法官」（《香港國安法》第四十四條），既非從內地選派而來的法官，亦非在香港為國安事宜而專門培養、招聘或擢升的法官，而是由行政長官在諮詢終審法院首席法官後從香港現有法官之中選任，且任期一年（可以延任），這確保了國安案件的處理仍有獨立司法權之保障，也能延續而非拆解現有司法制度，而「指定法官」制度也與案件管轄權、或者法官如何作出個案判決無關。

二是國安法制度並非僅憑《香港國安法》條文而完整建立起來，必須與《香港基本法》或其他法律相配合，才能合理地予以理解並適用。比如本法第 41 條第一款的規定是，「香港特別行政區管轄危害國家安全犯罪案件的立案偵查、檢控、審判和刑罰的執行等訴訟程序事宜，適用本法和香港特別行政區本地法

律」，原則上確認了本地訴訟程序法律的適用性。再看該條第四款，其規定「涉及國家祕密、公共秩序等情形不宜公開審理的」案件可禁止公眾旁聽「審理程序」，那麼何為「公共秩序」？《香港國安法》之中並未提供答案，必須求諸特區既有法律、並且由法院適時予以澄清。

2.與本地法律相配合

《香港國安法》第 62 條規定，「香港特別行政區本地法律規定與本法不一致的，適用本法規定。」這是一個概括式的規定，目的是確保國安法能夠無障礙地落實，不至於被香港本地法律當中與之相衝突的內容否定或限制。從「新法優於舊法」這個基本的法律原理來看，《香港國安法》在遇到「原有的」本地法律與之衝突的，自然具有優先適用的效力；如果是普通法上的罪名，那麼《香港國安法》作為一部成文法，也當然擁有修改有關普通法規則的效力。但要注意的是，本條所指的「本地法律」並未限定為既往的法律，或者說，不只是一個溯及既往的條文，從字面意思來看，第 62 條可以被解讀為包含「未來可能制定的本地法律」。比如，如果特區立法會在將來制定「23 條立法」或者某些與國家安全或嚴重犯罪有關的法例，則《香港國安法》仍處於優先地位。但「23 條立法」屬《香港基本法》的原初安排，一旦完成本地立法，那麼兩部國安法律之間是否有實施過程中的協調問題，未來需要妥善處理。

不過，《香港國安法》與香港本地法律之間的關係是涵蓋多方面的，不只是法律衝突的解決而已。我們仍然可以根據「法制協調原則」來理解兩者的關係。法律衝突的解決原則與機制是實現法制協調的一種方式，此外，《香港國安法》也包含了其他協調方式：

第一，直接採用本地法律（incorporation）。在《香港國安法》當中，可看到有條文直接採用本地法律之中已經存在的概念，用來定義、補充、解釋國安法上的概念和規則，如《香港國安法》第 64 條，其規定「香港特別行政區適用本法時，本法規定的『有期徒刑』『無期徒刑』『沒收財產』和『罰金』分別指『監禁』『終身監禁』『充公犯罪所得』和『罰款』…」。簡單來講，《香港國安法》

所規定的「有期徒刑」應當直接解釋為本地法已有的「監禁」這個概念。其他以此類推。直接採用的方式省去了不同法系之間的概念轉換或翻譯，是最高程度的法制協調。

第二，援引或指向本地法律（reference）。《香港國安法》在某些條文中，援引或指向本地已有的其他法律，使之與《香港國安法》形成互相配合、補充，共同作為國安制度的組成部分。典型條文可見《香港國安法》第 43 條第一款，其中有這樣的規定，指特區政府警務處維護國家安全部門辦理危害國家安全犯罪案件時，「可以採取香港特別行政區現行法律准予警方等執法部門在調查嚴重犯罪案件時採取的各種措施，並可以採取以下措施…」，其中所謂「現行法律准予…採取的各種措施」這句起到的作用就是引入《香港國安法》以外的本地法作為補充，實際上是共同構成了維護國安制度。

另有一例，是《香港國安法》第 19 條，要求特區政府財政司長「從政府一般收入中撥出專門款項支付關於維護國家安全的開支並核准所涉及的人員編制，不受香港特別行政區現行有關法律規定的限制…」。大家可以留意到，這一類條文在援引本地法律的時候，採取了非常籠統的語句，如「本地法律」、「現行法律」、「現行有關法律」、「其他法律」等，所以，在實施過程中，準確鎖定具體的條例的條文、相關附屬法例、或是判例，是有必要的。

第三，對本地法律提出的政策要求（policy statement）。這個現象可謂《香港國安法》獨有，是指《香港國安法》當中有不少條文將「政策內容」放入本法之中，背後反映的是中央的意圖（intent）或關切（concern）。比如，《香港國安法》第 8 條要求特區的執法、司法機關「應當切實執行本法和香港特別行政區現行法律有關防範、制止和懲治危害國家安全行為和活動的規定」，所謂切實執行現行法律有關規定，實際是一種政治要求，也就是維護國家安全，是諸多法律、諸多部門通力配合才可以達成。

3. 以內地法律為例外

《香港國安法》明確引入了中國內地國家機構對特定情形的案件行使管轄

權，由此，也授權該等機構在辦理案件時適用中國內地法律。與根據《香港基本法》第 18 條實施的其他「全國性法律」不同，《香港國安法》設立了適用內地法律（包括但不限於《中華人民共和國刑事訴訟法》）的程序管道，其效果就是，在特區原有管轄權範圍之內設立了一個特殊法律管轄制度，特區各政府機構無權介入，而是歸屬中央（或者中央的代理人）管轄。但是，在應對國家安全案件的整個法律制度中，這種內地法律的適用仍然是一個「例外」部分。

這個例外乃用於處理《香港國安法》第 55 條規定的複雜、嚴重、重大現實威脅的情形，第 55 條只是在極端特殊和極少數的案件之中才會啟動。具體來說，分為三類：案件涉及外國或者境外勢力介入的複雜情況，香港特別行政區管轄確有困難的；出現香港特別行政區無法有效執行本法的嚴重情況的；出現國家安全面臨重大現實威脅的情況的。

根據第 55 條確定的程序，一旦中央人民政府應特區政府或中央人民政府駐港國安公署的請求，批准由駐港國安公署對某件案件行使管轄權，就立即進入到特別程序之中。國安公署行使立案、偵查的權力，由內地檢察機關（最高人民檢察院指定一個具體的檢察院）行使檢察權——也就是對刑事案件的批准逮捕、審查並提起公訴的權力，由內地法院（最高人民法院指定一個具體的法院）行使審判權。在完成這整套刑事訴訟程序的過程中，《香港國安法》第 57 條規定，適用《刑事訴訟法》等相關法律的規定。這裏的「相關法律」當然是指在內地實施的與刑事案件有關的法律、司法解釋或其他具有法律效力的文件。

在內地法律管轄的案件中，也需要處理到與香港本地其他法律的關係。《香港國安法》第 58 條規定了犯罪嫌疑人獲得律師幫助的權力，並且說「辯護律師可以依法為犯罪嫌疑人、被告人提供法律幫助」。

第三節　《香港國安法》設立的主要機構

一、新設機構

1.國家安全委員會

香港特別行政區維護國家安全委員會，亦可簡稱「國家安全委員會」、「香港國安委」、「國安委」，是《香港國安法》第二章第二節「機構」部分首先規定設立的新機構，其重要性可見一斑。根據《香港國安法》第12條，國安委「負責香港特別行政區維護國家安全事務，承擔維護國家安全的主要責任」。我們知道，《香港國安法》第3條有明確表示，中央政府對特區國安事務有「根本責任」，而特區則負有「憲制責任」，應當履行維護國家安全「職責」。儘管這些詞語包含着鮮明的內地風格，但仍不難看出，特區層面去履行該等「責任」抑或「職責」的主要機構，就是國安委。從《香港國安法》第12條最後一句要求國安委「接受中央人民政府的監督和問責」，也可看到國安委在特區國安制度中的某種「樞紐」地位，以確保《香港國安法》各項規定在香港的落實。

國安委的組成方式在《香港國安法》第13條有明確規定。人員組成方面，由特區行政長官擔任該委員會主席，而其他成員包括：政務司司長、財政司司長、律政司司長、保安局局長、警務處處長、警務處國安處負責人、入境事務處處長、海關關長和行政長官辦公室主任。委員會並下設祕書處，由一位祕書長領導祕書處工作。中央在國安委的人事結構上還有另一重安排，即第15條規定的「國家安全事務顧問」，由中央指派，列席國安委會議，並就委員會履職提供意見。首任國安顧問為中央駐港聯絡辦公室主任駱惠寧。

從人事安排來看，在全部法定委員中，來自紀律部隊的部門首長合共5

位，佔據了委員會半數席位。可以看出，國安法十分在意執法層面的協調與實際效果，才有這樣的偏重於「執法機構」角色。中央對國安委的人事也產生影響，如國安委的大多數成員都可以說是中央原本就給予信任之人選。警務處國安處負責人，雖不是中央政府直接任命，但《香港國安法》也有要求特首在作出該職位任命之前須徵求中央駐港國安公署的意見，所以效果上仍保證了中央的意願獲得貫徹。

國安委的權力是廣泛的。《香港國安法》第 14 條第一款作了一些籠統授權，而其他條文也都有不少個別授權。概括來說，該委員會既有制定政策的權力，也有協調行動的權力，還享有不少特權與豁免——如工作信息不予公開、「作出的決定不受司法覆核」（第 14 條第二款）等，更有在一些人事安排上接受徵詢意見或決定同意與否的權力（第 18 條、第 44 條）。

2.警務處國安處

於香港特區政府警務處下設的「國家安全處」就是《香港國安法》要求設立的「警務處維護國家安全的部門」。按照現時警隊架構，國安處位列「行動處」、「刑事及保安處」等主要組成部門之間，其處長亦屬警隊「高級官員」。而目前，警務處更設有一個「警務處副處長（國家安全）」職位。

國安處的工作範圍，在《香港國安法》第 17 條有交代，包括：收集分析涉及國家安全的情報信息；部署、協調、推進維護國家安全的措施和行動；調查危害國家安全犯罪案件；進行反干預調查和開展國家安全審查；承辦香港特別行政區維護國家安全委員會交辦的維護國家安全工作；執行《香港國安法》所需的其他職責。以上職責涵蓋面廣泛，而《香港國安法》其他條文、以及本地法律之中相關條文有具體辦理國安犯罪方面的授權，如《香港國安法》第 43 條。同樣根據這一條，特區國安委有責任監督警務處國安處以及其他執法機構的執法行動與措施。

2020 年 7 月 1 日，即《香港國安法》實施後第二天，警務處國安處即告成立。在《2020 香港警察年報》當中亦有介紹，國安處於當年 11 月 5 日起更開設

了「國安處舉報熱線」，令市民可以透過不同信息渠道向警隊發出「非緊急舉報」。截至當年年底，就接獲超過 4 萬個舉報訊息。

3. 律政司國安科

《香港國安法》第 18 條規定設立律政司所轄的「專門的國家安全犯罪案件檢控部門」，負責危害國家安全犯罪案件的檢控工作和其他相關法律事務。律政司由此設立了「維護國家安全檢控科」，並由一位「維護國家安全檢控專員」具體領導這個部門。關於國安科的人事安排，《香港國安法》的規定是，國安案件檢控部門的「檢控官」由律政司長徵得特區國安委同意之後任命。

在香港，律政司一向獨立負責對刑事案件的檢控。《香港國安法》第 41 條第一款就規定，「未經律政司長書面同意，任何人不得就危害國家安全犯罪案件提出檢控」。現任律政司司長鄭若驊對此條文有作解讀，認為特區依據《香港國安法》管轄案件時，「大致上都是沿用本地現行的法律程序。律政司作出檢控決定時，必須按證據、法律和《檢控守則》獨立行事，並受到《基本法》保障不受任何干涉」。

4. 駐港國安公署

中央人民政府駐香港特別行政區維護國家安全公署，通常簡稱「駐港國安公署」或「國安公署」，是《香港國安法》設專門一章規定設立的「在港中央機構」。國安公署的設立，以及由此形成的一套處於特區權限範圍之外的國安制度，是《香港國安法》最引人注目的內容之一。

國安公署的職責是：分析研判香港特別行政區維護國家安全形勢，就維護國家安全重大戰略和重要政策提出意見和建議；監督、指導、協調、支持香港特別行政區履行維護國家安全的職責；收集分析國家安全情報信息；依法辦理危害國家安全犯罪案件。最後一點尤其值得注意，這表明在香港的國安案件並非全部由特區機構行使管轄權。《香港國安法》第 55 條列出了國安公署管轄案件的三種情形，上文對此已有介紹。

　　《香港國安法》要求其與特區國安委「建立協調機制」，並且「監督、指導」後者的維護國安工作。在對案件行使管轄權時，國安公署享有要求任何知道案件情況的人進行「如實作證」的權力，且「執行職務的行為，不受香港特別行政區管轄」。但與此同時，《國安法》也都要求國安公署人員遵守香港本地法律。

二、獲授權的原有機構

1.行政長官

　　行政長官是《香港基本法》為特區創設的最重要職位之一。在此基礎上，《香港國安法》對該職位作了廣泛而具體的授權。本法共 66 條，明示提及行政長官的共有 13 個處，位於 8 個不同條文之中。此外，因為在新設的特區國安委之中，行政長官擔任主席，所以通過國安委的運作，行政長官實質上也在行使權力或者享有實質權力。行政長官的「國安法權力」可以分為以下幾類：

　　第一，人事權。《香港國安法》設置的一些專門機構或職位的人事任免權力大體上交給了行政長官，或者由她／他與其他機構共同行使。比如，國安委祕書長提名權、警務處國安處處長任命權（須徵詢國安公署意見）、律政司國安檢控專員任命權（須徵詢國安公署意見）、國安案件法官指定權（「指定法官」）等等。

　　第二，立法權。《香港國安法》第 43 條第三款授權行政長官會同國安委「制定相關實施細則」，為警務處國安處辦理案件採取措施提供具體法律依據。有趣的是，行政長官本來就是國安委主席。因此，行政長官「會同」其本人任主席的國安委行使此項「授權立法」（delegated legislation）之權力，更加凸顯了行政長官的地位。《香港特別行政區維護國家安全法第 43 條實施細則》在 2020 年 7 月 6 日制定，該文件由四項條文和七個附表組成。

　　另外，根據《香港國安法》第 14 條第一款第（二）項，國安委有「推進香港特別行政區維護國家安全的法律制度和執行機制建設」的職責，所謂推進「法律制度」的建設，可以認為包含了特區政府向立法會提出維護國家安全相關法律

草案或根據授權制定附屬法例的情形。

第三，執行權及相關附隨權力。為實施《香港國安法》，行政長官還獲授權一些屬執行性質的權力，具有一定的程序作用或技術性作用。比如，《香港國安法》第 47 條規定，法院審理國安案件須認定「有關行為是否涉及國家安全」或認定「有關證據材料是否涉及國家祕密」時，法庭「應取得」行政長官就該等問題作出的證明書，而該證明書對法庭有約束力。

2. 律政司司長

《香港國安法》授予律政司司長的權力有：一是在徵得國安委同意後，任命律政司維護國安科的檢控官；二是獨立決定對本法規定國安犯罪案件提出檢控；三是在特定情形中，向高等法院審理的國安案件作出指示，從而進行無陪審團之訴訟。

3. 指定法官

《香港國安法》第 44 條要求行政長官從「裁判官、區域法院法官、高等法院原訟法庭法官、上訴法庭法官以及終審法院法官中指定若干名法官，也可從暫委法官或者特委法官中指定若干名法官，負責處理危害國家安全犯罪案件」。這就是「指定法官」。本條同時規定，行政長官在作出「指定」之前，可以徵詢國安委的意見和終審法院首席法官的意見。

要強調的是，指定法官是從特區現任法官之中進行「指定」，而特區的司法機關、法官（涵括法律上的廣義「司法人員」）都受到《香港基本法》的保障及規管。因此，根據《香港國安法》與《香港基本法》須保持一致的原則，行政長官的指定過程、考慮人選的標準、乃至相關行事方式都應當同時符合《香港基本法》的規定與香港法治傳統所要求的長久慣例。被指定的法官，是指在其任期內可處理國安案件，然而任何一宗涉及國安的案件具體應由有關法院的「指定法官」中「哪一位」或者「哪幾位」負責審判，則不是行政長官或任何其他機構可

以干涉的事項，仍遵循香港司法機構現有的通常慣例，由掌管該法院行政事務的首席法官作出安排，以確保國安案件的審理、判決仍然符合法治和司法獨立的基本要求。

第十講
《香港國安法》規定的刑事罪行

黎宏

　　所有的犯罪當中，最為嚴重的莫過於危害國家政權的獨立統一、領土完整、國體和政體安全的危害國家安全罪了。刑法作為國家法，以國家的存在和安全為前提和基礎，危害國家安全罪，就是要推翻或者破壞作為刑法存在前提和基礎的國家。因此，古今中外，各國基於自我防衛的本能，均將危害國家安全的行為視為最嚴重的犯罪，予以最嚴厲的刑罰制裁。我國也不例外。我國現行刑法第二編第一章專門規定了「危害國家安全罪」，計有分裂國家罪、顛覆國家政權罪等 12 個罪名。《香港國安法》對其進一步具體化，在其第三章中專門規定了危害國家安全的罪行和處罰。就其內容而言，比內地刑法分則第一章危害國家安全罪的內容要廣，還包含有內地刑法分則第二章危害公共安全罪中有關恐怖活動犯罪。因此，雖說《香港國安法》中的危害國家安全罪，表面上看只有四個罪名，即分裂國家罪、顛覆國家政權罪、恐怖活動罪、勾結外國或者境外勢力危害國家安全罪，但就其內容而言，不是上述四個罪名所能概括得了的，應當是四類犯罪。

第一節　分裂國家的犯罪

　　中國是一個歷史悠久、幅員遼闊的統一的多民族國家，遼闊的疆域、眾多的人口、豐富的自然資源為中國立於世界民族之林，提供了充分的物質保障和基礎條件，因此，領土和人口絕對是國家的最寶貴資源。同時，從國際法的角度來看，領土和人口也是組成主權國家的基本要素之一。並且，分裂國家的行為一

且成功，在該分裂出去的土地上，作為國家基本法之一的刑法就無法適用，因此，分裂國家罪屬刑法中的極限犯罪，有行為即構成（抽象危險犯），不要求達到既遂或者行為人的目的得逞。《香港國安法》規定了兩種分裂國家的犯罪：一種是分裂國家罪，另一種是煽動、幫助實施分裂國家罪。

一、分裂國家罪

按照《香港國安法》第 20 條，本罪是指分裂國家、破壞國家統一的行為，具體而言，是指以下三種情形：

第一，侵犯國家領土完整，即將香港特別行政區或者中華人民共和國其他任何部分從中華人民共和國分離出去，明目張膽地建立獨立國家，這是最為典型的分裂國家行為。內地前幾年所發生的「疆獨」「藏獨」活動以及目前台灣島內由部分政客操縱的「台獨」活動就是其典型體現。這些活動儘管表現形式各異，但就其實質而言，是完全一樣的，都是意圖將作為中華人民共和國的一部分的新疆、西藏以及台灣從國家版圖中分離出去。

香港無論在歷史上還是在當今的法律上，都是我國不可分離的一部分。《香港基本法》第 1 條載明：「香港特別行政區是中華人民共和國不可分離的部分」。任何組織、策劃、實施、參與將香港從中國版圖中分離出去，或者以香港為據點，組織、策劃、實施、參與將香港以外的其他中國組成部分從中國分離出去的行為，都是侵犯國家領土完整的分裂國家行為。從此意義上講，以追求香港獨立為目的而在英國註冊的政黨組織，在香港展開政黨活動，報名參選立法會，聲稱「最終目標是建立一個國家」，就是企圖將香港從中國分離出去的分裂國家行為的體現。

第二，改變地方的法律地位，即通過非法改變香港特別行政區或者中華人民共和國其他任何部分的法律地位，削弱我國中央政府在本地（如香港）行使主權，改變本地在主權國家中的法律地位的行為。按照我國憲法以及《香港基本法》，香港特別行政區是中國不可分離的部分，是一個直轄於中央人民政府的地方行政區域；由全國人大授權其實行高度自治；中央負責管理其外交和防務；其

法院對國防、外交等國家行為無管轄權；行政長官和行政機關的主要官員，由當地永久性居民中（在外國無居留權）的中國公民擔任，並由中央人民政府任命；其立法機關制定的法律不得同《基本法》相抵觸，而《基本法》的制定、修改權屬於全國人大，解釋權屬於全國人大常委會。這些都是香港特別行政區的法律地位的體現。因此，嘗試改變香港作為中國的一個特別行政區的地位，主張中國應改行聯邦制、香港成為聯邦的其中一州，也屬變相的分裂國家的行為。

第三，妨害國家行使主權，將香港特別行政區或者中華人民共和國其他任何部分轉歸外國統治的行為。不公開建國，但使香港成為其他國家的附屬國或者殖民地，或者以香港為據點，實施使中國的其他任何部分成為其他國家的附屬國或者殖民地，即使國家領土的一部分從屬外國主權或者依附於外國主權，建立傀儡政權的行為也是典型的分裂國家行為。

如某香港居民，在英國國會聲稱，英國應當廢止《中英聯合聲明》，重新恢復英國在香港的統治。這種行為，目前看來，純屬癡人說夢，但在特定歷史時期或者特定背景之下，如果這種在外國國會要求將香港或者中國其他部分轉歸其他國家統治的演說行為有可能產生分裂國家的抽象危險的話，則上述行為有可能構成分裂國家罪。

由於分裂國家往往是憑一己之力難以完成的犯罪，通常要通過組織、策劃他人實施或者參與他人犯罪的方式，聚集眾人而實施，因此，《香港國安法》第20條規定，所謂分裂國家罪的行為方式，是組織、策劃、實施或者參與。

其中，組織，是指為實施分裂國家、破壞國家統一而召集人員、籌措物資等活動，可以採用多種方式，如將具有分裂國家傾向的民族分裂分子聚集糾合起來形成規模力量，採用名利、地位、金錢、色情甚至是強迫手段聚集人員，將招募的人員送入專門為實施分裂國家活動而設立的訓練營地培訓，為分裂國家組織製作專門的旗幟、制定綱領和紀律、安排訓練營地的物資供應、製造供進行分裂活動使用的爆炸物、組織抵抗抓捕的軍事演習等，都屬組織。

組織，不限於對人的聚集，籌集物資、金錢、武裝器械、交通設備的行為，也是組織。為實施分裂國家、破壞國家統一而勾結外國、境外機構、組織、人員的行為，也是組織。按照《香港國安法》第30條的規定，對這種情形

要從重處罰。「組織」行為一般處於陰謀、預備階段，但進入具體實施階段之後的操控、指揮行為，如糾集到行為人之後，率眾實施的行為，也是組織。

所謂策劃，就是謀劃實施分裂國家、破壞國家統一的舉動。這種行為尚處於陰謀、預備階段，比如制定實施分裂國家的犯罪行動計劃、方案，確定參加犯罪活動的人員名單和具體實施步驟。由於分裂國家活動具有極大的風險，犯罪分子在進入具體實施階段之後前，往往需要精心的計劃準備，因此，策劃通常必不可少。

實施，是指着手實施具體的分裂國家、破壞國家統一事項的行為，既包括組織、策劃者將其策劃的內容付諸實施，也包括組織、策劃者以外的其他人在組織、策劃者的組織、指揮下實施分裂國家、破壞國家統一的行為。參與，就是置身於分裂國家、破壞國家統一的活動當中，不論行為人是積極主動參與還是消極被動參與，均可構成。

上述四種行為方式，只要具備其一，即可構成本罪，行為人既策劃、指揮、組織，又實施分裂國家的犯罪活動的，也只以一罪論處，不實行並罰。要注意的是，行為人在實施組織、策劃、實施或者參與實施分裂國家、破壞國家統一的行為時，不要求使用武力或者以武力相威脅。

二、煽動、幫助實施分裂國家罪

按照《香港國安法》第 21 條，本罪是指煽動、協助、教唆、以金錢或者其他財物資助他人實施分裂國家的犯罪。

煽動就是公然即針對不特定或者多數人，鼓吹、宣傳分裂國家的行為；教唆，是讓沒有分裂國家想法的人產生分裂國家的想法。教唆和煽動的區別在於，教唆是針對特定人進行的，而煽動是針對不特定的多數人進行的；教唆，必須是讓被教唆的人開始實施分裂國家的組織、策劃、參與行為；而煽動，並不要求達到這種程度，只要公然實施即可。

教唆的手段、方法多樣，包括囑託、威嚇、欺騙、慫恿、收買等，不拘一格，只要使對方產生犯罪的意圖即可。同樣，煽動的表現形式也是多種多樣。在

公開場合叫喊分裂國家的口號，或者在眾人面前不時舉起寫有分裂國家標語的牌子，或者在社交平台上發佈有關分裂國家的言論，都是煽動。

煽動行為並不一定要造成實際後果，即使是一定程度上令被告自我感覺良好、有存在感，或者增加知名度的煽動行為亦可，因為，這種煽動行為，可能令不知就裏的人被煽動，甚至進行激進行為而成為下一個分裂國家的被告。

另外，候任立法會議員在宣誓時使用「香港國」一詞，之後刻意將「HONG KONG IS NOT CHINA」的旗幟放在桌面上的行為，因為有借電視直播之機針對不特定多數人傳達意圖改變香港並非獨立國家、而是一個直轄於中國中央人民政府的地方行政區域的事實的效果，因此，有構成煽動之嫌。

協助，就是幫助，提供方便，主要是為犯罪分子提供物質幫助以外的幫助，如為分裂國家的犯罪分子傳授犯罪方法、對猶豫不定的人打氣說「放心去吧，家裏的事我替你看着」，鼓勵對方的場合，等等；「以金錢或者其他財物資助」，就是以金錢、器材、設備、交通工具、武器裝備、活動場所等為他人實施分裂國家犯罪提供物質上的幫助。

就煽動而言，本罪是只要行為人在公眾場合針對不特定或者多數人實施了煽動行為，即告成立的行為犯，不以被煽動者實施分裂國家即着手組織、策劃、實施分裂國家、破壞國家統一的行為為必要。換言之，只要行為人實施了煽動行為，無論被煽動者是否實施了分裂國家、破壞國家統一的行為，行為人都構成本罪。但是，就教唆或者幫助而言，根據中國的刑法理論，必須達到被教唆或者被幫助的對方開始着手實施分裂國家行為的程度。行為人僅僅實施了教唆或者幫助，但對方無動於衷，或者該種幫助並沒有被對方所接受，或者該種程度的幫助對對方的犯罪活動沒有任何促進作用（如對準備參與分裂活動的行為人贈送一頂防風的帽子，或者一副眼鏡，或者行為人單方面地暗中為對方行動提供了望風幫助，但行為當時沒有任何風吹草動，望風行為沒有任何效果）的場合，也不能構成本罪。

第二節　顛覆國家政權的犯罪

政權問題是全部政治的根本問題，因此，古今中外的法律無不對圖謀推翻現行國家統治、顛覆國家政權的行為殘酷鎮壓。中國古代最為嚴重的十大類犯罪（即「十惡」）中，首當其衝的就是「謀反」即意圖推翻國家統治的行為。國家作為獨立的存在，像人一樣，具有自我保護的本能。在有人意圖推翻其存在的時候，其當然不會坐以待斃，而是基於自我防衛的本能，對於侵害或者威脅其存在的行為進行強烈反擊，和分裂國家罪一樣，顛覆國家政權的犯罪屬刑法中最為嚴重的極限犯罪，有行為即構成，不存在未遂、既遂之分。《香港國安法》規定了兩種顛覆國家政權的犯罪：一種是顛覆國家政權罪，另一種是煽動、幫助顛覆國家政權罪。

一、顛覆國家政權罪

按照《香港國安法》第 22 條，本罪是指組織、策劃、實施或者參與實施以武力、威脅使用武力或者其他非法手段旨在顛覆國家政權的行為。具體來說，包括以下四種情形：

一是顛覆國家根本制度，即以武力、威脅使用武力或者其他非法手段推翻、破壞中華人民共和國憲法所確立的中華人民共和國根本制度的行為。我國憲法第一條明文規定：「社會主義制度是中華人民共和國的根本制度」。因此，推翻、破壞我國憲法所確立的國家根本制度，就是破壞、推翻社會主義制度。問題是，應當如何理解「推翻社會主義制度」？所謂社會主義制度，就我國的現實而言，是一個開放的、歷史的、不斷發展的概念，是中國共產黨自新中國成立以來不斷探索的問題。

就當今所稱的社會主義制度，2012 年中國共產黨第十八次全國代表大會的

報告中明確指出：「中國特色社會主義制度，就是人民代表大會制度的根本政治制度，中國共產黨領導的多黨合作和政治協商制度、民族區域自治制度以及基層群眾自治制度等基本政治制度，中國特色法律體系，公有制為主體、多種所有制經濟共同發展的基本經濟制度，以及建立在這些制度基礎上的經濟體制、政治體制、文化體制、社會體制等各項具體制度」。

鑒於中國共產黨領導對於我國社會主義制度建設的重大意義和關鍵作用，2017 年中共十九大報告明確指出「中國特色社會主義最本質的特徵是中國共產黨的領導」，並且在 2018 年 3 月通過的憲法修正案中，將其寫入憲法第 1 條第二款，成為憲法條款。

作為我國憲法所確立的根本制度的「社會主義制度」是一個含義廣泛的概念，其除了包括社會形態這一層次之外，還包括基本經濟制度、基本政治制度、基本文化制度、基本社會建設制度和社會主義法律體系。就其中的基本政治制度而言，包括人民民主專政（國體）、人民代表大會制度（政體）、中國共產黨領導的多黨合作和政治協商制度（政黨制度）、民族區域自治制度（民族制度）和基層群眾自治制度等具體制度。

當然，最為根本的，還是「中國共產黨的領導」。憲法第一條明確規定「中國共產黨領導是中國特色社會主義最本質的特徵。禁止任何組織或者個人破壞社會主義制度」。從此意義上講，推翻社會主義制度，意味着就是要改變我國憲法所確立的根本制度的最本質特徵，即中國共產黨的領導。組織、策劃、實施顛覆或者以造謠、誹謗或者其他方式煽動推翻「中國共產黨的領導」的，就要構成顛覆國家政權類的犯罪。

二是推翻國家政權機關，即以武力、威脅使用武力或者其他非法手段推翻中華人民共和國中央政權機關或者香港特別行政區政權機關的行為。國家政權機關，亦稱國家機關，是為了實現國家職能而建立起來的組織，如作為領導機關的中國共產黨中央委員會、作為立法機關的全國人民代表大會、作為行政機關的國務院、作為司法機關的最高人民檢察院和最高人民法院，以及上述機關的下屬機構，都是國家政權機關。就《香港國安法》第 22 條的規定而言，其中所稱的「中央政權機關」，包括中央在香港特別行政區的派駐機構；所稱的「香港特

別行政區政權機關」，主要指香港特別行政區行政長官及其所領導的行政機構、香港特別行政區的立法機構、香港特別行政區的司法機構等。雖說這些國家機關各有其權能，職責不同，但由於其所體現、代表的最終還是中央政府的整體意志，由國家來承擔責任，因此，推翻國家政權機關及其下屬機構，使其無法履職，無法正常地展開活動的行為，實際上也是變相地顛覆國家政權。

三是干擾國家政權機關履職，即以武力、威脅使用武力或者其他非法手段嚴重干擾、阻撓、破壞中華人民共和國中央政權機關或者香港特別行政區政權機關依法履行職能的行為。依法履職是國家政權存在和運行的方式和標誌，因此，出於顛覆國家政權的目的，以武力、威脅使用武力或者其他非法方式嚴重干擾、阻撓、破壞中央國家機關或香港特區政權機關的依法履職活動，本質上就是顛覆國家政權。

四是破壞國家政權機關履職場所，即以武力、威脅使用武力或者其他非法手段攻擊、破壞香港特別行政區政權機關履職場所及其設施，致使其無法正常履行職能的行為。如惡意包圍和衝擊負有憲制功能的中央政府在港設立的駐港機構中聯辦所在的大樓，並塗污國徽的行為；借口反對香港特區政府有關條例修訂，以極為暴力的方式衝擊立法會大樓，肆意損壞立法會設施的行為；縱火燒損法院，使其無法正常履職的行為，只要能夠查明行為人出於顛覆國家政權的目的，就能認定其破壞國家政權機關履職場所的行為構成此罪。

推翻社會主義制度，既可以是推翻我國社會主義制度的整體，也可以是推翻我國社會主義制度的某一方面。顛覆、推翻的手段，可以是暴力形式，也可以是和平演變之類的非暴力形式。通常來說，本罪是行為犯，不要求已經造成了顛覆國家政權、推翻中國共產黨的領導的後果，只要行為人有組織、策劃、實施上述行為，就可構成本罪。但是，在干擾國家政權機關履職的場合和破壞國家政權機關履職場所的場合，情況有所不同。前者要求達到「嚴重干擾」的程度，後者則要求達到「無法正常履行職能」的程度。具體行為是不是達到了「嚴重」或者「無法正常履行職能」，需要結合個案進行判斷。如對有關依法執法的警察的家人進行「人肉搜索」並公之於眾，導致警察的家人無法正常工作或者生活時，可以說達到了「嚴重」干擾的程度；相反地，在政府官員進行新聞發佈會時，進行

惡意謾罵甚至以語言進行人身攻擊，導致新聞發佈會只能草草收場的場合，雖說有干擾政府機關履職的行為，但一般而言，難以說達到了「無法正常履行職能」的程度。

本罪是故意犯罪，且屬「旨在顛覆國家政權」的目的犯。因此，行為人儘管有衝擊有關政府機關、放火破壞有關政府設施等行為，但僅僅是發洩內心的不滿和憤怒，並不具有「顛覆國家政權」的目的時，只能論以普通的毀壞財物罪、放火罪等，而不能以本罪論處。有無「顛覆國家政權」的目的，必須結合行為人的一貫表現、實施相關破壞、顛覆活動時的行為表現、所喊口號、所持主張或者所發表的相關言論、文字等加以判斷。

二、煽動、幫助顛覆國家政權罪

按照《香港國安法》第 23 條，本罪是指以煽動、協助、教唆、以金錢或者其他財物資助他人實施顛覆國家政權的行為。關於煽動等行為的理解，可以參見前述煽動、幫助分裂國家罪的相關理解。

要說明的是，煽動行為入罪涉及與公民言論自由如何界分的敏感話題，因此，在其認定上必須慎重。就各國通例來看，煽動行為入罪的標準，大致上可以分為兩種：一是煽動使用暴力的才構成犯罪，如意大利刑法第 272 條規定，在意大利領域內宣傳和煽動以暴力建立某一社會階級對其他階級的專政、以暴力方式壓迫某一社會階級、或者以暴力方式推翻國家現行的社會制度或者經濟制度，或者宣傳摧毀社會的任何政治和法律制度的，處 1 年至 5 年有期徒刑。二是煽動以暴力以外的方式對抗政府的，也可以構成犯罪。如泰國刑法第 116 條規定，除了煽動民眾使用武力或者暴力，變更國家法律或者政府以外，煽動民間騷亂與仇恨、足以導致國家動亂，或者使民眾違反國家法律的，構成犯罪。我國刑法採取了後一種方式，即成立本罪，不要求煽動暴力顛覆政府，以造謠、誹謗或者其他方式煽動人們採取「和平」、漸進手段顛覆國家政權的亦可。

但是，僅有煽動行為，甚至是使用了非常尖銳激烈甚至是反動措辭的場合，也不一定被認定為煽動顛覆政權罪，還要看行為人實施煽動行為的動機和相關效果，以及煽動是否涉及使用「武力、威脅使用武力或者其他非法手段」。

第三節　恐怖活動犯罪

　　恐怖活動，是指以製造社會恐慌、脅迫國家機關或者國際組織為目的，採取暴力、破壞、恐嚇或者其他手段，造成或者意圖造成人員傷亡、重大財產損失、公共設施損壞、社會秩序混亂等嚴重社會危害的行為。雖說現代社會中對恐怖活動的理解不盡一致，恐怖主義者關於自己的行為也自有其解釋和邏輯，但多數人認為，不管行為人出於什麼樣的目的、信仰，但用殘忍和恐怖手段濫殺無辜、攻擊民用設施，都是不能允許的。恐怖活動已經超越成為社會制度和意識形態的世界公敵，是世界各國刑法的打擊對象。

　　《香港國安法》在第一章第三節中專門規定了恐怖活動罪。只是，本法中所規定的恐怖活動罪，以行為人抱有特定的政治意圖，即「脅迫中央人民政府、香港特別行政區政府或者國際組織或者威嚇公眾以圖實現政治主張」為前提，屬危害國家安全罪，和我國現行刑法將其作為普通刑事犯罪即危害公共安全罪規定刑法分則第二章當中存在不同，這一點需要留意。《香港國安法》中規定了五種恐怖活動犯罪，以下分別介紹。

一、組織、策劃、實施、參與恐怖活動罪

　　按照《香港國安法》第 24 條的規定，本罪是指為脅迫中央人民政府、香港特別行政區政府或者國際組織或者威嚇公眾以圖實現政治主張，組織、策劃、實施、參與實施或者威脅實施以下造成或者意圖造成嚴重社會危害的恐怖活動：（一）針對人的嚴重暴力。如公然對持不同政見者進行無差別攻擊、對勸阻遊行示威者潑油火燒、對記者非法拘禁圍毆數小時、實施用刀砍人、用槍殺人、向人群投擲燃燒瓶等足以讓公眾感到恐懼的行為；（二）爆炸、縱火或者投放毒害

性、放射性、傳染病病原體等一旦使用，瞬間就會造成不特定多數人的傷亡或者重大財產損失的嚴重破壞性的物質，製造恐怖氣氛；（三）如堵塞、關閉作為交通要道的跨海隧道、或者使作為交通樞紐的機場陷入癱瘓狀態，破壞維持現代社會正常運行所不可少交通工具、交通設施、電力設備、燃氣設備或者其他易燃易爆設備；（四）嚴重干擾、破壞與人們的日常生活息息相關的水、電、燃氣、交通、通訊、網絡等公共服務和管理的電子控制系統，讓人產生強烈的恐懼感；（五）以在公共場所駕車沖向人群、駕駛飛機撞擊高樓等其他危險方法嚴重危害公眾健康或者安全。

　　恐怖活動通常表現為爆炸、暗殺、綁架、劫機、投毒等普通犯罪活動，但這些手段在被用於特定政治目的時，為了最大限度地達到恐怖效果，行為人在犯罪之前通常都要精心挑選攻擊目標，盡量尋找那些能以最小的代價達到最大恐怖效果的目標，從而使得上述活動往往具有手段的暴力性和破壞性、對象的不特定性、危害範圍的廣泛性等特徵，此時，儘管所攻擊、干擾、破壞的對象和目標也是普通人或者普通人的生活相關的設施等，但是，其性質則發生了本質上的轉變。恐怖活動的意圖不是普通人的生命、財產，而是通過對普通人的攻擊製造恐怖氣氛，引起一般人的心理恐慌，從而脅迫對手即中央人民政府、香港特別行政區政府或者國際組織作出讓步，因此，上述行為看似普通，但性質特別，構成恐怖活動犯罪。這一點要特別注意。

二、組織、領導、參加恐怖活動組織罪

　　按照《香港國安法》第 25 條的規定，本罪是指組織、領導、參加恐怖活動組織的行為。所謂恐怖活動組織，是指「三人以上為實施恐怖活動而組成的犯罪組織」，具有以下特點：其一，主體至少是三人，這是恐怖活動組織在人數上的最低限度。現實中的恐怖活動組織，少則六七人，多則成百上千人；其二，具有穩定的組織形式。主要成員基本固定，有明顯的首要分子；內部具有約束其成員的成文或不成文的紀律或規則；成員之間分工合作，各司其職，成為一個嚴密的整體；其三，具有特定目的，即脅迫中央人民政府、香港特別行政區政府或者國

際組織或者威嚇公眾以圖實現其政治主張；其四，在手段上，往往是經過精心籌備策劃，在重要時間、地點或針對重要對象，採用暗殺、綁架、爆炸、縱火、恐嚇等方式實施。因此，恐怖活動組織與一般的犯罪集團或其他共犯形式具有明顯的不同。

構成本罪，必須有組織、領導、參加恐怖活動組織的行為。所謂組織，是指鼓動、召集若干人建立或者形成專門從事恐怖活動的比較穩定的組織或者集團；所謂領導，是指在恐怖活動組織中起策劃、指揮、決定作用的。參加分兩種：一種是積極參加，另一種是參加。所謂積極參加，是指主動自覺地加入其中，或者多次參加恐怖組織實施的活動或者在為數不多的活動中起到重要作用；所謂其他參加，是指被脅迫或者被誘惑加入恐怖活動組織，但沒有起到重要作用。沒有參與特定恐怖活動組織，但在明知有其他組織在實施恐怖活動，為了聲援或者助威而單獨恐怖活動的所謂「獨狼」式恐怖分子，屬片面共犯，也能成立本罪。行為人實施組織、領導、參加行為之一的，便成立本罪；是否已經開始實施恐怖活動，不影響本罪的成立。

本罪的主觀要件是故意。即明知是實施恐怖活動的組織而組織、領導或者加入其中。對是否「明知」的認定，應當結合案件具體情況，堅持重證據，重調查研究，以行為人實施的客觀行為為基礎，結合其一貫表現、介入的程度、實施行為的手段、事後態度，以及年齡、認知和受教育程度、所從事的職業等綜合判斷。因上當受騙或者不明真相而加入恐怖組織的，不能成立本罪。因為誤認而加入其中，了解事實真相之後拒不退出的，屬「參加」。

三、幫助恐怖活動罪

按照《香港國安法》第 26 條的規定，本罪是指為恐怖活動組織、恐怖活動人員、恐怖活動實施提供培訓、武器、信息、資金、物資、勞務、運輸、技術或者場所等支持、協助、便利。本罪客觀上表現為，為恐怖活動組織、恐怖活動人員、恐怖活動實施提供培訓、武器、信息、資金、物資、勞務、運輸、技術或者場所等支持、協助、便利。如以募捐、變賣房產、轉移資金等方式為恐怖活動組

織、實施恐怖活動的個人、恐怖活動培訓籌集、提供經費，或者提供器材、設備、交通工具、武器裝備等物資，或者提供其他物質便利；以宣傳、招收、介紹、輸送等方式為恐怖活動組織、實施恐怖活動、恐怖活動培訓招募人員；以幫助非法出入境，或者為非法出入境提供中介服務、中轉運送、停留住宿、偽造身份證明材料等便利，或者充當嚮導、幫助探查偷越國（邊）境路線等方式，為恐怖活動組織、實施恐怖活動、恐怖活動培訓運送人員，就是如此。其中，「培訓」，是指對特定人員有組織地傳授有關恐怖主義的知識、技能、信念等，使其在精神和肉體上適合恐怖活動的需要。這一規定意味着，雖然沒有資助具體實施恐怖活動的個人，但資助了培訓恐怖活動的機構，同樣構成該罪，而不論該培訓機構培訓的人員是否實施了恐怖活動。實施恐怖活動的個人，既包括已經實施恐怖活動的個人，也包括準備實施、正在實施恐怖活動的個人；既包括在我國領域內實施恐怖活動的個人，也包括在我國領域外實施恐怖活動的個人；既包括我國公民，也包括外國公民和無國籍人。

四、準備實施恐怖活動罪

按照《香港國安法》第 26 條的規定，本罪是指製造、非法管有爆炸性、毒害性、放射性、傳染病病原體等物質以及以其他形式準備實施恐怖活動的行為。

本罪實際上是把恐怖活動罪的預備犯視為正犯的規定，即將預備犯單獨作為犯罪加以規定。所謂預備犯，是指為了犯罪而準備工具、製造條件的行為。就刑事立法而言，一般來說，以處罰既遂犯為原則，以處罰未遂犯為例外，處罰預備犯是例外的例外。預備犯的場合，因為行為人尚未着手實施犯罪，距離引起危害結果階段還很遙遠，因此，只有在極為嚴重的犯罪，如殺人、放火、搶劫等場合，才對其予以處罰。立法上單獨規定本為預備犯的準備實施恐怖活動罪，恐怖活動罪的社會危害性之嚴重，可窺豹一斑。本罪客觀上表現為以下兩種行為方式：

一是為實施恐怖活動而準備製造、非法管有爆炸性、毒害性、放射性、傳染病病原體等物質。其中，爆炸性物質，是指炸彈、手榴彈、地雷、炸藥包、雷

管之類，依靠釋放爆炸物的破壞力而造成損害的物質；毒害性物質，是指氰化鉀、砒霜、敵敵畏、「1059」劇毒農藥之類含有能在短期內致人及禽畜傷亡的毒質的有機物或者無機物，包括有毒氣體、有毒液體與有毒固體。鴉片、大麻、嗎啡等雖然也是毒物，但由於其不能在短期內造成大面積的危害結果，所以，不包括在本罪所說的毒物之內；所謂放射性物質，是指通過原子核裂變時放出的射線，能在一定範圍內對人體健康產生傷害作用的物質，包括鐳、鈾、鈷等放射性化學元素；傳染病病原體，是指細菌、病毒、立克次體、寄生蟲等能夠使人體健康受到某種損害以致發生生命危險的致病性微生物；其他危險物品，是指上述物品之外的、能明顯地危害人身健康、安全或對財產造成損害的物品或物質，如易燃易爆物品、危險化學品等。

二是以其他形式準備實施恐怖活動的行為。這種準備活動內容廣泛、形式多樣。如以當面傳授、開辦培訓班、組建訓練營、開辦論壇、組織收聽收看音頻視頻資料等方式，或者利用網站、網頁、論壇、博客、微博客、網盤、即時通信、通訊群組、聊天室等網絡平台、網絡應用服務組織恐怖活動培訓；或者積極參加恐怖活動心理體能培訓，傳授、學習犯罪技能方法或者進行恐怖活動訓練；為實施恐怖活動，通過撥打電話、發送短信、電子郵件等方式，或者利用網站、網頁、論壇、博客、微博客、網盤、即時通信、通訊群組、聊天室等網絡平台、網絡應用服務與境外恐怖活動組織、人員聯絡；為實施恐怖活動出入境或者組織、策劃、煽動、拉攏他人出入境等，為實施恐怖活動進行策劃或者其他準備的情形。

五、宣揚恐怖主義、煽動實施恐怖活動罪

按照《香港國安法》第 27 條的規定，本罪是指宣揚恐怖主義、煽動實施恐怖活動的行為。本罪通常表現為，以製作、散發宣揚恐怖主義的圖書、音頻視頻資料或者其他物品，或者通過講授、發佈信息等方式宣揚恐怖主義，或者煽動實施恐怖活動。其中，「製作」是指編寫、出版、印刷、複製載有恐怖主義思想內容的圖書、音頻視頻資料或者其他物品；「散發」是指通過發行、散佈，或者以

郵寄、網絡發帖、短信、微信、電子郵件等方式發送、轉載，以使他人接觸到恐怖主義信息的行為。

　　散發的對象可以是特定的，也可以是不特定的。這裏的「宣揚」，是指廣泛宣示、傳播，通過媒體等媒介公佈恐怖主義的理念、行徑；「圖書、音頻視頻資料或者其他物品」，包括圖書、報紙、期刊、音像製品、電子出版物，載有恐怖主義內容的傳單、圖片、標語等，在手機、移動存儲介質、電子閱讀器、網絡上展示的圖片、文稿、音頻、視頻、音像製品，以及帶有恐怖主義標記、符號、文字、圖像的服飾、紀念品、生活用品等。「講授」，是指為宣講對象講解、傳授恐怖主義思想、觀念、主張。講授可以當面進行，也可以通過電話、音頻、視頻進行，講授對象可以是特定的，也可以是不特定的。「發佈信息」則是面向特定或者不特定的人，通過手機短信、電子郵件等方式公佈特定消息。

　　實施宣傳製作、散發恐怖主義的圖書、音頻視頻資料或者其他物品的行為，是宣揚恐怖主義的重要環節，因此，只是實施了製作、寄遞、出售等行為，也要按照本罪處理。如企業明知是宣揚恐怖主義的圖書、音頻視頻資料而仍然製作、印刷的；快遞公司明知是宣揚恐怖主義的圖書、音頻視頻資料而仍然寄遞的；書店明知是宣揚恐怖主義的圖書、音頻視頻資料而仍然出售的；網絡平台明知是宣揚恐怖主義的圖書、音頻視頻資料而仍然登於網頁的，同樣可以構成本罪。「煽動」，是指以口頭、書面、視頻音頻等方式對不特定的他人進行鼓動、宣傳，讓其實施恐怖活動的行為。

　　恐怖主義是全人類的公敵。按照 1999 年 12 月 9 日第 54 屆聯合國大會通過《制止向恐怖主義提供資助的國際公約》（2002 年 4 月 10 日生效。中國已於 2001 年 11 月 14 日簽署了該公約），聯合國會員國莊嚴重申毫不含糊地譴責恐怖主義的一切行為、方法和做法，包括那些危害國家間和民族間友好關係及威脅國家領土完整和安全的行為、方法和做法，不論在何處發生，也不論是何人所為，均為犯罪而不可辯護。因此，任何人不得以言論自由、出版自由、新聞報道自由而為其辯解。

第四節 勾結外國或者境外勢力危害國家安全犯罪

　　如果說前面的分裂國家、顛覆政府、進行恐怖活動，主要是「內患」即從內部危害國家安全的話，則勾結外國或者境外勢力危害國家安全，實際上就是通常所說的「外患」，即引狼入室、賣身投靠，依靠外部勢力危害國家安全。與前述的分裂國家等罪等不同，勾結外國或者境外勢力危害國家安全的行為，還有違反國民對國家的忠誠義務的性質。按照源自西方封建社會的臣民有對領主的誠實信用義務觀念，一般認為，現代國家中的國民有忠誠於國家的義務（時至今日，不少國家在接受外國人入籍時，必須舉行忠誠國家的宣誓儀式，原因就在於此）。本國國民勾結外國或者境外勢力，危害其本國國家安全，顛覆本國的國家政權，實際上就是違反其對國家的忠誠義務的表現。按照《香港國安法》第 29 條的規定，所謂勾結外國或者境外勢力危害國家安全犯罪，包括以下兩種類型的行為：

　　一是為外國或者境外機構、組織、人員竊取、刺探、收買、非法提供涉及國家安全的國家祕密或者情報。本罪主體，沒有限制。任何人，無論是香港居民還是非香港居民，是職業情報人員還是非職業情報人員，都包括在內。其中，所謂「境外的機構、組織或者人員」，也沒有法律性質上的限制，只要是境外的機構、組織、人員，不管是官方的還是非官方的，也不管其是否與我國為敵，均不影響犯罪的成立。境外的機構、組織、人員，既包括設置在境外的機構、組織和居住在境外的人員，也包括境外機構、組織設置在我國境內的分支機構和居住在我國境內的人員。

　　所謂「國家祕密」，是指關係國家安全等重大利益，依法在一定時間內只限

於一定範圍內的人員所知悉的事項，如國家的重大決策、國防建設和武裝力量及活動、外交、國民經濟發展過程中必須保密的事項以及科技和國家安全的祕密等。通常有關文件有「絕密」「機密」「祕密」的標示。所謂「情報」，是指國家祕密以外的、一切有關國家的政治、經濟、軍事、外交和科技等不應該讓境外的機構、組織、人員知悉的資料、情況和消息。是否國家祕密或者情報的認定，依據《香港國安法》第47條，應取得行政長官就該等問題發出的證明書，上述證明書對法院有約束力。

本罪的行為方式有竊取、刺探、收買、非法提供四種。其中，竊取，是指採用平和的手段獲取，如盜取、祕密複製或者利用計算機、竊聽、竊照等器械祕密獲取；刺探，就是打聽；收買，是指利用金錢、物質或者其他利益換取；非法提供，是指違反國家法律規定而提供。通過互聯網將國家祕密或者情報非法發送給境外的機構、組織、個人的，構成非法提供。

二是以請求外國或者境外機構、組織、人員單獨實施，或者與外國或者境外機構、組織、人員串謀實施，或者直接或者間接接受外國或者境外機構、組織、人員的指使、控制、資助或者其他形式的支援的方式實施《香港國安法》第29條第一款列舉的下列五種行為之一：（一）對中華人民共和國發動戰爭，或者以武力或者武力相威脅，對中華人民共和國主權、統一和領土完整造成嚴重危害；（二）對香港特別行政區政府或者中央人民政府制定和執行法律、政策進行嚴重阻撓並可能造成嚴重後果；（三）對香港特別行政區選舉進行操控、破壞並可能造成嚴重後果；（四）對香港特別行政區或者中華人民共和國進行制裁、封鎖或者採取其他敵對行動；（五）通過各種非法方式引發香港特別行政區居民對中央人民政府或者香港特別行政區政府的憎恨並可能造成嚴重後果。這五種行為，概括起來，就是由外國勢力或者境外勢力對我國（包括香港特別行政區）發動戰爭、進行制裁、封鎖或者採取其他敵對行動；操控、破壞香港特別行政區選舉、相關法律的執行；引發香港居民對中央人民政府或者香港政府的憎恨；等等。

這類勾結外國或者境外勢力的危害國家安全犯罪比較複雜，總體上講，包括三種情形：第一種是請求即向外國或者境外機構、組織、人員提出要求，希望

對方單獨實施《香港國安法》第 29 條第一款所列五種危害國家安全行為之一；第二種是與外國或者境外機構、組織、人員串謀即通謀、聯絡、策劃，請求對方和自己一起實施《香港國安法》第 29 條第一款所列五種危害國家安全行為之一；第三種是直接或者間接接受外國或者境外機構、組織、人員的指使、控制、資助或者其他形式的支援的方式實施《香港國安法》第 29 條第一款所列五種危害國家安全行為之一。上述三種行為表現不同，但總體上都是屬對外國勢力或者境外勢力的攀附投靠。

　　《香港國安法》第 29 條第一款所列五種危害國家安全的行為，上述行為並不要求一定付諸實施或者變為現實。只要行為人為了實現上述目的而實施，或者策劃、準備實施，即構成犯罪。被勾結參與實施本罪的國外或者境外的組織、機構、人員，按照《香港國安法》第 29 條第三款的規定，與實施本罪的人之間構成共同犯罪。並且，《香港國安法》第 38 條規定，不具有香港特別行政區永久性居民身份的人在香港特別行政區以外針對香港特別行政區實施本法規定的犯罪的，適用本法。這意味着，危害我國國家安全的行為，即使犯罪地的法律不認為是犯罪或者不予處罰，也可以根據本法對其予以追訴。

主要參考書目

許崇德：《中華人民共和國憲法史（上、下卷）》（第二版），福州：福建人民出版社 2005 年版。

蕭蔚雲：《我國現行憲法的誕生》，北京：北京大學出版社 1986 年版。

蔡定劍：《歷史與變革——新中國法制建設的歷程》，北京：中國政法大學出版社 1999 年版。

韓大元：《1954 年憲法的制定過程》（第二版），北京：法律出版社 2021 年版。

韓大元主編：《新中國憲法發展史》，香港：三聯書店（香港）有限公司 2019 年版。

喬曉陽主編：《〈中華人民共和國立法法〉導讀與釋義》，北京：中國民主法制出版社 2015 年版

蕭蔚雲主編：《一國兩制與香港基本法律制度》，北京：北京大學出版社 1990 年版

王叔文主編：《香港特別行政區基本法導論》，北京：中國民主法制出版社 2006 年版。

國務院發展研究中心港澳研究所編寫、朱育誠主編：《香港基本法讀本》，北京：商務印書館 2009 年版。

陳弘毅、鄒平學主編：《香港基本法面面觀》，香港：三聯書店（香港）有限公司 2015 年版。

陳弘毅等主編：《香港法概論》，香港：三聯書店（香港）有限公司 2022 年版。

黃江天：《香港基本法解釋理論及判例研究》，香港：香港城市大學出版社 2018 年版。

鄒平學等：《香港基本法實踐問題研究》，北京：社會科學文獻出版社 2014 年版。

朱國斌等主編：《香港國安法：法理與實踐》，香港：三聯書店（香港）有限公司 2021 年版。

作者簡歷

（次序為先列出三位主編，其他作者根據其在本書撰寫的章號次序列出。）

陳弘毅，香港大學法律學院鄭陳蘭如基金憲法學講座教授，畢業於香港大學、哈佛大學，並取得香港執業律師資格。1984 年起任教於香港大學法律系，曾任法律系主任、法律學院院長。1997 年起兼任全國人大常委會香港特別行政區基本法委員會委員。在香港出版的著作包括《法治、人權與民主憲政的理想》、《西方文明中的法治和人權》、《中國傳統文化與現代民主憲政》、《一國兩制下香港的法治探索》、*An Introduction to the Chinese Legal System*, *The Changing Legal Orders in Hong Kong and Mainland China: Essays on "One Country, Two Systems"* 等。

韓大元，中國人民大學法學院教授、教育部「長江學者」特聘教授。中國人民大學學術委員會副主任，中國人民大學「一國兩制」法律研究所所長。主要研究方向：中國憲法、比較憲法、基本法。代表性著作：《1954 年憲法制定過程研究》、《亞洲立憲主義研究》、《中國憲法學說史研究》、《生命權憲法邏輯》等。兼任全國人大常委會香港基本法委員會委員、中國法學會憲法學研究會名譽會長，國際憲法協會執委會委員，中國法學會法學教育研究會常務副會長，海峽兩岸法學交流促進會副會長等職。

楊曉楠，畢業於香港大學法律學院，法學博士。大連海事大學法學院教授。曾任美國密歇根大學安娜分校格勞修斯學者、香港大學法律學院訪問學者、香港城市大學法學院副研究員、美國德州大學奧斯丁分校訪問學者，兼任中山大學粵港澳發展研究院研究員、中國法學會憲法學研究會理事、副秘書長，中國法學會港澳基本法研究會常務理事、副秘書長。曾發表中英文期刊論文、著作 40 餘項。

任喜榮，畢業於吉林大學法學院，法學博士。現為吉林大學匡亞明特聘教授。中國法學會憲法學研究會、港澳基本法研究會常務理事，吉林省法學會憲法學研究會會長。代表作有《地方人大監督權論》、《刑官的世界：中國法律人職業化的歷史透視》等。

葉海波，畢業於武漢大學法學院，法學博士。現為深圳大學法學院教授，兼任國務院發展研究中心港澳研究所高級研究員、廣東省法學會香港基本法澳門基本法研究會秘書長、深圳大學港澳基本法研究中心副主任，主要研究成果有《特別行政區基本法的合憲性推定》、《中國憲法學方法論爭的理論脈絡與基本共識》、《「根據憲法，制定本法」的規範內涵》、《政黨立憲研究》等。

王磊，北京大學法學院教授、博士生導師，中國法學會憲法學研究會副會長，北京市人大常委會法治顧問，北京市政府立法諮詢專家。畢業於北京大學法學院，法學本科、碩士、博士。研究成果有《選擇憲法》、《布什訴戈爾》、《憲法的司法化》等。2010 年 7 月，王磊教授應邀在韓國國會發表演講；2018 年「一地兩檢」案中出具的專家意見被香港特區高等法院採納。

夏正林，華南理工大學法學院教授，副院長，香港研究中心執行主任。先後畢業於武漢大學、南京大學、中國人民大學，法學博士。兼任中國法學會憲法學研究會常務理事、廣東省憲法學研究會副會長兼秘書長。

鄒平學，法學博士。深圳大學法學院教授、博士生導師，國家社科基金重大項目首席專家。現任深圳大學港澳基本法研究中心主任、港澳及國際問題研究中心主任。兼任中國法學會香港基本法澳門基本法研究會副會長、中國法學會憲法學研究會常務理事。獲廣東省十大優秀中青年法學家、深圳市國家級領軍人才、鵬城學者特聘教授、國家級領軍人才等稱號。

陳端洪，北京大學法學院教授，全國人大常委會澳門基本法委員會委員。研究領域為憲法和政治理論、行政法、港澳基本法。曾兩次借調香港中聯辦工作。

黃明濤，法學博士。武漢大學法學院教授，在《中國法學》等學術刊物發表論文30餘篇、出版著作4部、主持國家社科基金課題等科研項目若干。曾任美國威斯康星大學麥迪遜分校訪問學者、香港大學法律學院訪問學者，曾受美國國務院教育與文化局「國際領導者訪問計劃」邀請赴美訪問。兼任中國法學會憲法學研究會理事、秘書處副秘書長，中國法學會港澳基本法研究會理事、副秘書長，中國人民大學「一國兩制」法律研究所副所長、秘書長，香港城市大學公法與人權論壇聯席研究員。

黎宏，畢業於武漢大學、日本同志社大學，法學博士。清華大學法學院教授，兼任中國法學會刑法學研究會副會長、北京市法學會副會長。代表性著作有《不作為犯研究》、《單位刑事責任論》、《刑法總論問題思考》、《刑法學》等。